UTB **3073**

W0041782

Eine Arbeitsgemeinschaft der Verlage

Böhlau Verlag · Köln · Weimar · Wien
Verlag Barbara Budrich · Opladen · Farmington H lls
facultas.wuv · Wien
Wilhelm Fink · München
A. Francke Verlag · Tübingen und Basel
Haupt Verlag · Bern · Stuttgart · Wien
Julius Klinkhardt Verlagsbuchhandlung · Bad Heilbrunn
Lucius & Lucius Verlagsgesellschaft · Stuttgart
Mohr Siebeck · Tübingen
C. F. Müller Verlag · Heidelberg
Orell Füssli Verlag · Zürich
Verlag Recht und Wirtschaft · Frankfurt am Main
Ernst Reinhardt Verlag · München · Basel
Ferdinand Schöningh · Paderborn · München · Wien · Zürich
Eugen Ulmer Verlag · Stuttgart
UVK Verlagsgesellschaft · Konstanz
Vandenhoeck & Ruprecht · Göttingen
vdf Hochschulverlag AG an der ETH Zürich

Ernst Seibert

Themen, Stoffe und Motive in der Literatur
für Kinder und Jugendliche

facultas.wuv

Ernst Seibert, Univ.-Doz. Mag. Dr., lehrt am Institut für Germanistik der Universität Wien und in der Erwachsenenbildung.

Bibliografische Information der Deutschen Nationalbibliothek
Die Deutsche Nationalbibliothek verzeichnet diese Publikation
in der Deutschen Nationalbibliografie;
detaillierte bibliografische Daten sind im Internet unter
http://d-nb.de abrufbar.

Einband: Atelier Reichert, Stuttgart
Gestaltung und Satz: Atelier Tiefenthaler
Druck und Bindung: CPI – Ebner & Spiegel, Ulm
Printed in Germany

ISBN 978-3-8252-3073-9

Gedruckt mit Unterstützung durch das Bundesministerium
für Wissenschaft und Forschung in Wien.

Inhalt

Das „Jahrhundert des Kindes" ist vorbei. Es stellt sich die Frage, wie die Vision der schwedischen Pädagogin und Schriftstellerin Ellen Key aus dem Jahr 1900 (dt. 1902) rückblickend zu beurteilen ist und wie sich die Sozialisation von Kindern und Jugendlichen im Allgemeinen und insbesondere ihre literarische Sozialisation aus heutiger Sicht präsentiert. Wie immer im Kontext modernisierungstheoretischer Fragen gilt es einerseits, das tatsächlich Neue vom unkritisch Tradierten zu unterscheiden, andrerseits aber auch, das zeitlos Gleichbleibende in seiner Gültigkeit im Auge zu behalten.

Eines der grundlegenden Merkmale in der Entwicklung ästhetischer Erfahrungen auch und nicht zuletzt in frühen Lebensabschnitten ist das Bedürfnis, ein Werk – sei es Literatur, Musik oder bildende Kunst – in allen Details zu erkennen und in einer erneuten Begegnung anhand dieser spezifischen Details wiederzuerkennen. Vor allem in den so genannten reproduzierenden Künsten – im Schauspiel, in der Musik – entsteht die Spannung beim Befassen mit einem Kunstwerk dadurch, dass das bereits Bekannte in der interpretierenden Wiedergabe wiederentdeckt, gleichzeitig aber auch in einer neuen Deutung wahrgenommen wird.

Wir kennen jenes urkindliche Bedürfnis, ein einmal erzählt bekommenes Märchen immer wieder hören zu wollen, und zwar im selben Wortlaut wie beim ersten Mal – gegen kleinste Abweichungen erfolgt meist unwilliges Auflehnen.

Eine Variante dieses „Genauso-Wieder" ist das Déjà-vu-Erlebnis des Erwachsenen, wenn er nach vielen Jahren ein Bilderbuch aus frühesten Kindertagen in der Hand hält. Unter dem Eindruck dieses Phänomens, das manche gar zu passionierten Kinderbuchsammlern werden lässt, drängt sich die Vermutung auf, dass dieses kindliche Bedürfnis nach dem

Wiedererstehen des Gleichen dem Bedürfnis eines kunstinteressierten Erwachsenen im Wesentlichen ähnelt.

Kinderliteratur ist in dieser bestimmten und bestimmenden Weise die erste Literatur, an der alle folgende gemessen wird. Schon allein deshalb erscheint es unangemessen, den gängigen Begriff „Kinder- und Jugendliteratur" pauschal zu reproduzieren; er soll in der Folge nur gezielt bzw. differenziert verwendet werden. Bereits als ein erstes Merkmal der Unterscheidung zwischen Kinder- (einerseits) und Jugendliteratur (andrerseits) sollen die sprachliche Präzision und ihre Wiederholbarkeit genannt werden, die besonders der Kinderlyrik eigen sind. Das Horazische prodesse et delectare – oder auch Sammlung und Zerstreuung, die Konzentration auf das Einzelne, Unverwechselbare der bildlichen und sprachlichen Repräsentation der außersprachlichen Wirklichkeit und gleichzeitig die Ablenkung von ihr sind bereits in dieser ersten Literatur vorhanden.

Wenn mit bewusster Betonung der Konjunktion von Kinder- und Jugendliteratur die Rede ist, so in dem Sinne, dass Kinder, wie sie uns heute in einer globalisierten und gleichzeitig infantilisierten Welt begegnen, durchaus schon jugendliche und Jugendliche nicht selten noch kindliche Attitüden an den Tag legen, dass also die herkömmlichen Altersgrenzen in Frage zu stellen sind. Insofern erscheint es in Bezug auf dieses Genre nicht sinnvoll, zwischen E (Ernst) und U (Unterhaltung) wertend zu unterscheiden. Was der den Heranwachsenden zugedachten Literatur hinsichtlich ihrer Literarizität wohl am abträglichsten ist, ist die pädagogisch-rationale Funktionalisierung, ihre Bestimmung als Mittel zum Zweck.

Schließlich erscheint es problematisch, die den Heranwachsenden zugedachte Literatur als Subsystem eines allgemeinen Literatursystems anzusehen. Vielmehr stellt sich die Aufgabe, Literatur nicht als eine für Heranwachsende, sondern als die der Heranwachsenden zu verstehen und damit als ein Genre, das wie jedes andere im Kontext der Literatur für sich einen implizit oder explizit literarischen Diskurs entwickelt und diesen im Sinne genrespezifischer Kriterien immer wieder neu erfindet und definiert. Wenn in der Folge die systemtheoretische Terminologie fallweise dennoch in Anspruch genommen wird, dann weniger in der Absicht ihrer Unterstützung, sondern mit dem Ziel einer Aufhebung der Grenzen zwischen allgemeiner Literatur und der Literatur für Heranwachsende. Trotz und mit der Präposition „für" soll diese Literatur als ein Genre betrachtet werden, das der allgemeinen Literatur nicht nur zunehmend näher steht, sondern dort, wo sie Literarizität aufweist, in die allgemeine Literatur einfließt bzw. in sie übergeht. Im Gegensatz zu früheren Auffassungen, denen zufolge die Literatur der Heranwachsenden die Aufgabe hatte, eine Vorstufe für die allgemeine Literatur zu bilden, ist sie heute als Genre zu sehen. Diese Sichtweise soll dazu beitragen, Kinder und Jugendliche jeweils in ihrer Zeit – und vor allem heute – besser zu verstehen, bzw. soll sie dem Verständnis zwischen den Generationen förderlich sein.

Wenn die Literaturwissenschaft immer noch ein Elfenbeinturm sein sollte, dann ist die Befassung mit den Literatursparten der Heranwachsenden eine von vielen Möglichkeiten, aus der Abgeschlossenheit des Turmes einen Ausweg zu finden. In diesem Sinne ist der Blickwechsel zwischen Literatur und außerliterarischer Wirklichkeit von entscheidender Bedeutung, liegt doch hierin der Anspruch, sich in angewandter Rezeptionsästhetik mit dem Verhältnis zwischen Literaturschaffenden und Lesenden sowie mit dem Lesen als Verstehensprozess zu befassen, der die Generationen nicht trennt, sondern zu einer gegenseitigen differenzierteren Wahrnehmung beiträgt.

Mit der Trias des Titels des vorliegenden Einführungsbandes – „Themen, Stoffe und Motive" – soll bereits signalisiert werden. dass die Literatur für Kinder und Jugendliche weitestgehend unter allgemeinliterarischen Aspekten behandelt werden soll und dass der integrative Anteil an der Gesamtliteratur auch anhand ihrer nationalgeschichtlichen Sonderentwicklungen wahrzunehmen ist.

Im Laufe des letzten Viertels des vorigen Jahrhunderts hat sich die Kinder- und Jugendbuchforschung im deutschen Sprachraum zu einem beachtlichen und generell akzeptierten Studienzweig der Kultur- und Literaturwissenschaften entwickelt, wobei insbesondere in Deutschland durch enorme Publikationstätigkeit ein Stand der Theoriebildung erreicht wurde, der bereits wieder die Ausbildung von Spezialdisziplinen und -diskursen zur Folge hat.

Zu konstatieren ist auch, dass in kaum einem anderen Studienzweig der Literaturwissenschaft ein derartiges Defizit der österreichischen Forschung gegenüber der deutschen besteht wie in der Theorie zur Literatur für Kinder und Jugendliche, dass es aber auch durchaus fraglich erscheint, die Ergebnisse dieses in Deutschland geführten Diskurses ungeprüft auf die Entwicklung bzw. den momentanen Stand der österreichischen Kinder- und Jugendliteratur zu übertragen.

Mit der Konzentration auf poetologische Aspekte soll einerseits ein Gebiet untersucht werden, auf dem die österreichische Kinder- und Jugendliteratur selbst eine Fülle an Innovationen aufzuweisen hat und auf dem andererseits aus vorangehenden Jahrzehnten bereits interessante Theorieansätze vorliegen (Charlotte Bühler, Richard Bamberger, Gertrud Paukner), deren Weiterentwicklung aus österreichischer Sicht ein bisher nicht in Angriff genommenes Desiderat darstellt.

Gleichviel ist zu berücksichtigen, dass in den in der Forschung und Lehre in Deutschland verbreiteten und erkenntnisfördernden Spezialdiskursen eine terminologische sowie fachliterarische Vielfalt entwickelt wurde, die zumindest in ihren wichtigsten Merkmalen konturiert werden soll.

Daneben stellt sich diese Einführung die Aufgabe, den in den Diskursen vergleichsweise marginal dargestellten Anteil Österreichs, der hierzulande noch wenig erforscht ist, sowie dessen Rezeption und Reflexion verstärkt zu berücksichtigen.

Die in diesem Sinne einerseits um Relativierung, andrerseits um Integration bemühte Herangehensweise möchte zu einer Erweiterung der Diskussion im deutschsprachigen Raum beitragen und versteht sich somit als eine Ergänzung mit der dazu erforderlichen Rücksicht auf Rekapitulation. Keinesfalls sollen damit bestehende Einführungen ersetzt werden. Die hier ausgeführten Überlegungen sind insbesondere der Einführung in die Literatur für Kinder und Jugendliche von Hans-Heino Ewers (Ewers 2000) verpflichtet, die das bislang kompakteste und ein weiterhin gültiges Konstrukt zur Theorie dieser Literatursparte darstellt.

Im Untertitel nennt Ewers sein Werk eine „Einführung in grundlegende Aspekte des Handlungs- und Symbolsystems Kinder- und Jugendliteratur". Damit liegt – nach einer Reihe von Einführungen aus den vorangehenden Jahren – ein Studienbehelf vor, der sich nach dem Verständnis seines Verfassers grundlegend von den vorherigen unterscheidet. Während man bisher zumeist versuchte, nach Gattungs- bzw. Altersrubriken gegliederte Poetiken der Kinder- und Jugendliteratur vorzulegen, entwirft Ewers metapoetologische Systemansätze, als dessen Koordinaten das im jüngeren Diskurs zentrale Begriffspaar Handlungs- und Symbolsystem ausgelotet wird. Die Differenz zwischen Handlungs- und Symbolsystem sei hier nochmals in Erinnerung gerufen: Wenn Literatur für Kinder und Jugendliche auf der Ebene der („zielgruppenorientierten") Produktion, der Distribution, der Rezension und Vermittlung sowie auf der Ebene des pädagogisch-didaktischen Umgangs mit Literatur verstanden wird, ist dies der Zugang, der mit Handlungssystem gemeint ist. Demgegenüber ist Kinder- und Jugendliteratur jedoch auch in ihren intertextuellen Verflechtungen mit der allgemeinen literarischen Entwicklung interpretierbar. Wenn in der Folge diese Aspekte in Betracht kommen, dann vor allem auch der Aspekt der Form-Inhalt-Beziehungen, weil sich daraus das Verständnis einer Literatur für Kinder und Jugendliche im Rahmen vergleichbarer poetologischer Überlegungen und damit im Bereich des Symbolsystems entwickelt.

Die von Ewers verwendete Begrifflichkeit von Handlungs- und Symbolsystem wird jedoch in den vorliegenden Ausführungen aus noch zu erläuternden Gründen mit Metier und Genre umschrieben. Mit dem Metier

„Kinder- und Jugendliteratur" ist, entsprechend dem Handlungssystem, das Umfeld hinsichtlich der Produktions- und Rezeptionsbedingungen gemeint, also sowohl der merkantile als auch der pädagogische Umgang mit Literatur für Heranwachsende, wobei mit diesen Zuschreibungen gleich auch in aller Deutlichkeit der geradezu entfremdende Umgang mit Literatur im Sinne eines Werbens zur Diskussion gestellt werden soll. Der Zugang zum Genre hingegen meint, dem Symbolsystem entsprechend, die Konzentration auf die Texte und ihre Literarizität selbst. Mit der Benennung der Literatur für Kinder und Jugendliche als Genre ist die Absicht verbunden, unmittelbar auf die allgemeinliterarische poetologische Diskussion zu verweisen, der das erste der aufeinander folgenden vier Kapitel gewidmet ist.

Die Voranstellung des Kapitels über den Formenwandel hat zum einen den Grund, die Vielfalt des Genres überschaubarer zu machen und vorab die nicht selten synkretistische Vermengung von inhaltsbezogenen Bezeichnungen nach Themen, Stoffen und Motiven mit den Formalbezeichnungen zu entwirren. Im Begriff des Formenwandels ist schon erkennbar, dass in einer Poetik dieses Genres, die sich als genealogisch versteht, sowohl Dia- als auch Synchronie zu berücksichtigen sind. Die Argumentation mündet in den Versuch eines metapoetologischen Modells, das anstelle der gängigen und voneinander strikt abgegrenzten (lese-)altersbezogenen Sparten Kinderliteratur und Jugendliteratur ein Prinzip der Reversibilität betont, das verdeutlichen möchte, dass Kinder und Jugendliche in ihren Lesebedürfnissen – sowie auch „ihre" Literatur – nicht mehr in einem eindimensional-normativen Sinn definierbar sind.

Aufbauend auf den Überlegungen zum Formenwandel befasst sich das zweite Kapitel mit Methodendiskussionen im Sinne der Interdisziplinarität. Die diachrone Betrachtung erfolgt im dritten, mit „Epochen" überschriebenen Kapitel, das Einblicke in die Geschichte der Literatur für Kinder und Jugendliche geben wird. Es geht hier weniger darum, die Geschichte dieser Literatursparte zu referieren, als vielmehr eine zwischen Genre und Metier differenzierende Sicht auch diachron zu vermitteln. Im vierten Kapitel soll die Gegenwartsdiskussion unter der bis hierher bereits hinterfragten und problematisierten Begrifflichkeit von Kindheit, Jugend und Adoleszenz in einigen exemplarischen Ansätzen genauer untersucht werden.

Besondere Bedeutung kommt dem Begriff der Kindheitsliteratur zu. Im engeren Sinn handelt es sich dabei um eine Bezeichnung für Werke, die nicht explizit kinderliterarisch adressiert sind, sondern Kindheit aus einer gleichsam alterslosen Perspektive thematisieren, bei der also der „implizite Leser" (W. Iser) mit seinem Lesealter nicht festgeschrieben ist, und bei der man nicht in die Verlegenheit gerät, von „zielgruppenorientierter" Literatur zu sprechen – ein Begriff, der in dieser Einführung grundsätzlich vermieden wird. Spätestens in der unmittelbar nach 1945 entstandenen Literatur und insbesondere in ihren Ausprägungen in Österreich sollte erkennbar werden, dass sich – unter diesem stoff- und motivgeschichtlich durchaus bestimmbaren Aspekt der Kindheitsliteratur – mit dem Roman von Ilse Aichinger, *Die größere Hoffnung*, ein eigener literarischer Sektor bildet. Im Zusammenhang mit dem Terminus Kindheitsliteratur soll auf die Erarbeitung eines genrespezifischen Inventars an Themen, Stoffen und Motiven hingearbeitet werden, das mit dekonstruktivistischer Absicht all das, was bisher „Kinder- und Jugendliteratur" gewesen ist, relativiert. Es soll somit dem stoff- und motivgeschichtlichen Diskurs des Genres zumindest der gleiche Rang eingeräumt werden wie dem Gattungsdiskurs, wodurch das Genre eine stärkere Einbindung in das allgemeinliterarische Geschehen erfährt. Kindheitsliteratur wird insofern als methodischer Überbegriff zur Befassung mit Kinderliteratur verstanden, womit die didaktisierende Einschränkung dieses Begriffs aufgehoben und eine Einbindung des Genres sowohl in die Literaturgeschichte als auch in die literaturtheoretische Auseinandersetzung angebahnt werden soll.

Die in diesen vier Kapiteln entwickelten Thesen, Überlegungen und Definitionen gehen auf die an der Universität Wien gehaltenen Vorlesungen „Geschichte der Kinder- und Jugendliteratur (ss 2005), „Gattungen der Kinder- und Jugendliteratur" (ws 2005/06) und „Kindheit in der österreichischen Gegenwartsliteratur" (ws 2006/07) sowie auf themenähnliche Seminare und Betreuungen von einschlägigen Diplomarbeiten und Dissertationen zurück, außerdem auf diverse Beiträge zu dem von der „Studien- und Beratungsstelle für Kinder- und Jugendliteratur" in Wien herausgegebenen Fernkurs für Kinder- und Jugendliteratur, aus denen Teilkapitel in überarbeiteter Form übernommen wurden.

An dieser Stelle möchte ich zunächst all jenen Studierenden danken, die in ihrer Beschäftigung mit der Literatur für Kinder und Jugendliche eine wissenschaftliche Herausforderung gesehen und somit dazu beigetragen haben, für eine hierzulande noch in den Anfängen stehende philologische Spezialdisziplin ein Fundament zu errichten.

Ebenso danke ich meinen Kolleginnen, die in meinem engeren Umfeld in der Forschung und Lehre in Wien mit mir tätig sind, namentlich Susanne Blumesberger, Heidi Lexe und Gunda Mairbäurl, sowie vielen Repräsentanten der Forschung und Lehre in Deutschland, insbesondere Hans-Heino Ewers (Frankfurt am Main), Rüdiger Steinlein (Berlin) und an der Universität zu Köln Otto Brunken, Bettina Hurrelmann und Gisela Wilkending für viele anregende Gespräche und Diskussionen.

Ein abschließender Dank gebührt dem Verlag facultas.wuv, namentlich Sabine Kruse und Karin Ballauff für die überaus kooperative Unterstützung bei der Entstehung dieses Buches.

Wien, am 2. April 2008
Ernst Seibert

1.1 Vorbemerkungen zu einer genealogischen Poetik

Mit der Betonung eines Wandels von Formen der Literatur für Kinder und Jugendliche soll darauf verwiesen werden, dass dieses Genre, wie wir es für unsere Gegenwart wahrnehmen, völlig neuen Rahmenbedingungen unterworfen ist. Es ist unübersehbar, dass die dominanten soziologischen Begriffe wie Globalisierung oder Risikogesellschaft heute immer auch Begriffe sind, in denen das Verhältnis zwischen den Generationen mit angesprochen ist. Wir haben es seit der Wende vom 20. zum 21. Jahrhundert mit einem Wandel sozialer und insbesondere intergenerationeller bzw. genealogischer Strukturen – also Strukturen, die das Verhältnis von Kindheit, Jugend und der so genannten Erwachsenenwelt betreffen – zu tun, dessen Dynamik alle früheren vergleichbaren Formen des Paradigmenwechsels relativierend in den Hintergrund stellt, denkt man etwa an den viel zitierten Paradigmenwechsel im Gefolge der 1968er-Bewegung. Jacques Derrida spricht vom „Bild einer alterslosen Welt" (Derrida 111 ff.) und spielt somit darauf an, dass die Differenz oder auch Spannung zwischen Jugend und Erwachsen-Sein so gering geworden ist, dass sie kein gesellschaftliches Veränderungspotential mehr aufweist.

Wir stellen ebenso fest, dass wir die bislang gültigen Konzepte von Lebensphasen, allein schon die Begriffe Kindheit und Jugend oder Adoleszenz, einer gründlichen Neureflexion unterwerfen müssen. Grundsätzlich ist vor allem auch darauf hinzuweisen, dass dieser Wandel entgegen früheren Formen des Paradigmenwechsels nicht eigentlich diskursbedingt ist. Ihm geht kein propagiertes neues Konzept von Kindheit oder Jugend voraus, wie etwa in der so genannten Jugendschriftenbewegung um 1900 oder eben auch in der Jugend-Revolte um 1968, sondern das schlechthin Neue ist eben die Abwesenheit jeglichen altersrelevanten Diskurses in einer technischen und sozialen Realität, die im Zeitalter der totalen Mediatisierung für alle Generationen gleichermaßen prägend ist.

Formenwandel als ein auf die Dynamik des Genres der Literatur für Kinder und Jugendliche abzielender Begriff geht davon aus, dass unter den hier skizzierten Aspekten Änderungen der literarischen Inhalte nicht weiter überraschen, sondern dass vielmehr inhaltliche und damit auch formale Innovationen derartig greifen, dass die Vergleichbarkeit vor allem auf einer inhaltlichen Ebene der so genannten Kinder- und Jugendliteratur nur mehr bedingt gegeben ist. Vergleichbarkeit erscheint jedoch eher noch möglich unter dem Gesichtspunkt literarischer Formen, die sich seitens der Autorinnen und Autoren mehr oder minder reflektiert, jedenfalls in literaturwissenschaftlicher Hinsicht aus einem traditionellen Formenbestand heraus entwickeln. Auch hieraus ergibt sich die Konsequenz, inhaltliche Momente nicht vorschnell pädagogisch zu bewerten, sondern sie im Sinne einer genregerechten Form-Inhalt-Auseinandersetzung zur Sprache zu bringen.

Die in der aktuellen Theoriediskussion zur Literatur für Kinder und Jugendliche sehr erfolgreich praktizierte Differenzierung von Handlungs- und Symbolsystem, wie sie von Hans-Heino Ewers diskutiert wird (vgl. Ewers 2000), sollte mit dem hier gemeinten Wandel eines traditionellen Systems literarischer Formen durchaus in Zusammenhang gesehen werden, wie noch zu zeigen sein wird.

Zunächst muss jedoch bewusst werden, dass in diesem ersten Abschnitt Literatur sowohl diachron als auch synchron zu betrachten ist, dass aber deshalb stets einsichtig bleiben muss, welche Betrachtungsweise jeweils gemeint ist. Notwendig dazu ist die Klärung des Begriffs Gegenwartsliteratur. Der Begriff „Gegenwartsliteratur" wird – insbesondere dann, wenn es sich um Literatur für Kinder und Jugendliche handelt – weitaus überstrapaziert, wenn man ihn unhinterfragt bis 1945 zurückreichen lässt und sich damit der gängigen Periodisierung in der allgemeinen Literatur anschließt. Die Adressaten selbst, Kinder und Jugendliche, werden die Literatur von der frühen Nachkriegszeit bis in die 1960er und 1970er-Jahre wohl kaum als gegenwärtig auffassen können. So erscheint es angemessen, den Paradigmenwechsel um 1970 auch als Zäsur zur Unterscheidung von synchroner und diachroner Betrachtungsweise anzusehen, geht man einmal pauschal davon aus, dass die Elterngeneration der heutigen Kinder und Jugendlichen in den 1970er-Jahren sozialisiert wurde und somit auch ihre literarische Bildung in dieser Zeit erfuhr.

Gattungsbegriffe haben allerdings a priori diachronen Charakter. Gattungen sind nicht zuletzt als jene Großformen zu verstehen, die zumindest zwei, meist auch mehrere Epochen miteinander verbinden. Sie sind durch-

aus als Tertium Comparationis aufzufassen, als abstrakte literarische
Modelle, die in zwei oder mehr Epochen unterschiedliche Realisierungen
erfahren, wobei sich aus der Summe der Realisierungen von Gattungen
bestimmte Epochenbegriffe herleiten. Ein Beispiel dafür ist das bürgerliche
Trauerspiel, dessen Entwicklung von der Aufklärung bis in die Zeit des
bürgerlichen Realismus zu verfolgen ist. Wenn frühere oder spätere Werke
dem Begriff zugeordnet werden, bezeichnet man sie allenfalls als Früh-
oder Spätformen. Ähnliches gilt für den Entwicklungs-, den Bildungs-
und den Erziehungsroman – Gattungen, denen die Jugendliteratur verwandt ist.

Die Epoche als Periodisierungsbegriff steht in einem bedingten Verhältnis zum Generationenbegriff, so wie man von einer Generation der
Romantiker oder einer expressionistischen Generation spricht, wobei zumindest längere Epochen im Sinne eines Generationenwandels in Früh-,
Hoch und Spätphasen unterteilt werden. Insbesondere in einer genealogischen, auf den Generationenwandel bezogenen Poetik ist es angebracht,
Gattungen als literarische Modelle zu sehen, mit denen sich eine Generationenfolge von Literaturschaffenden eine gewisse, aber gewiss nicht un-
begrenzte Zeit auseinandersetzen. Allgemein kann man dabei von Moden
sprechen, metapoetologisch handelt es sich bei Periodisierungsfragen im
Rahmen einer genealogischen Poetik um die grundsätzliche Auseinandersetzung mit Kindheitsbildern, für die sich traditionelle literarische Formen früher oder später als obsolet erweisen und deren Neudefinition ein
Maß an literarischer Modernität erfordert, das dort, wo es sich tatsächlich
um Innovation handelt, dem der allgemeinen Literatur nicht nachsteht.

Diese Begrifflichkeit soll am Beispiel zweier Gattungen erläutert werden, die für die Gegenwartsliteratur und für die ihr vorangehende Epoche
von dominanter Bedeutung sind und denen deshalb in der vorliegenden
Einführung immer wieder besonderes Gewicht beigemessen wird: die
Phantastische Erzählung und der Adoleszenzroman. Diese beiden Gattungen weisen insofern eine formale Gemeinsamkeit auf, als sie Formen
des genealogischen Übergangs sind: die Phantastische Erzählung als retar-
dierender Abschied von der Kindheit und der Adoleszenzroman als retar-
dierender Abschied von der Jugendzeit. Selbstverständlich werden beide
Gattungsbegriffe hinsichtlich dieser zunächst oberflächlichen Charakterisierung noch zu differenzieren sein. Beide Gattungen weisen zwar genealogische Themen auf, entwickeln ihre Dynamik jedoch weniger aus einem
inter- als aus einem intragenealogischen Ansatz: Das für die Literatur für
Kinder und Jugendliche zentrale Motiv des Generationenkonflikts wird
nicht als äußerer Konflikt des Protagonisten mit der jeweils älteren Generation, sondern eher als innerer Konflikt thematisiert. Insofern lassen sich
beide unter dem Oberbegriff „psychologischer Roman" subsumieren;

beide sind Initiationsmodelle mit einer Tendenz zum kindlichen bzw. jugendlichen Solipsismus.

Ausgangspunkt einer zeitgemäßen genealogischen Poetik ist die Beobachtung eines allgemeinen Genrewandels, dem zufolge Kinder- und Jugendliteratur als zwei differenziert zu behandelnde literarische Subsysteme oder auch Subphänomene einer in der Gegenwartsliteratur vorrangigen Thematisierung von Kindheit gegenüberstehen, wodurch die traditionellen pädagogischen Festschreibungen jener Subsysteme wiederum verstärkt in Frage gestellt werden. Dieser Genrewandel wäre gemäß systemischer Methodik (Hurrelmann 1992) als Öffnung des kinder- und jugendliterarischen Systems gegenüber der allgemeinen literarischen Entwicklung und insbesondere der in dieser Entwicklung zunehmenden Kindheitsthematisierungen zu beschreiben. Letztere lassen sich, was den deutschsprachigen Raum betrifft, vor allem in der österreichischen Gegenwartsliteratur beobachten.

Weiters ist festzustellen, dass sich manch junges Lesepublikum auf einem Lektüreniveau bewegt, das durchaus dem erwachsener Leser und Leserinnen entspricht. Christine Nöstlinger meint in diesem Zusammenhang, es gebe keine Jugendliteratur, sondern nur Kinder- und allgemeine Literatur. Es geht nun nicht darum, auch das Wesen von Kinderliteratur in Frage zu stellen, sondern darum zu verdeutlichen, dass jede Art von Grenzziehung nach einem fiktiven Grad von altersgebundener Lesereife von vornherein illusionär ist. Kinder- und ebenso Jugendliteratur sind grundsätzlich als integrative Literatursysteme zu betrachten: So können jedenfalls avantgardistische Texte im Rahmen des heutigen Formenverständnisses durchaus den Anspruch erheben, ihre Inhalte auf dem Niveau des allgemeinen literarischen Diskurses zu gestalten. [Abb. 1.01: Nöstlinger: *Geplant habe ich gar nichts*]

Auch und vor allem im Zusammenhang mit diesem Genrewandel erscheint es angebracht, anstelle des gängigen, jedoch unbefriedigenden Begriffs der Kinder- und Jugendliteratur dem etwas differenten und in seiner Differenz immer wieder neu zu bestimmenden Begriff einer Literatur bzw. der Literaturen für Kinder und Jugendliche Geltung zu verschaffen. Diese Umschreibung wäre mit der Begründung vorzuschlagen, „ein neues (semantisches) Verständnis des Untersuchungsfeldes anzubahnen" (Seibert 1999a, S. 156). Mit diesem auch von Ewers vorgenommenen Korrektiv zeichnet sich ein Paradigmenwechsel in der wissenschaftlichen Diskussion des Genres ab, der zur Jahrhundertwende die Folgen des (kinder- und jugend-)literarischen Paradigmenwechsels der Jugendrevolte um 1970 durch eine neue Klassifizierung endgültig bestätigt. Ohne Zweifel kann auch die zunehmende Thematisierung von Kindheit in der allgemeinen Literatur als Folge dieses Paradigmenwechsels gesehen werden.

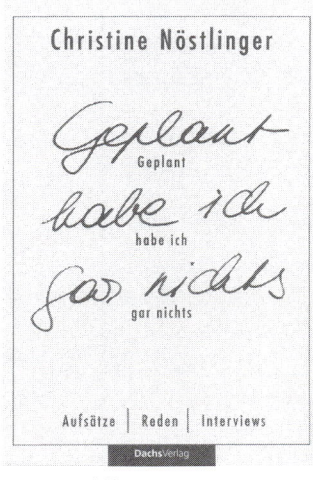

1.01   1.02   1.03

    Sofern man angesichts dieses Strukturwandels überhaupt noch von einer Poetik der Literatur für Kinder und Jugendliche im herkömmlichen Sinn sprechen kann, wird sie sich weniger mit einer Fortschreibung ihrer Genretraditionen beschäftigen, sondern vielmehr damit, dass zwischen Kinderliteratur und einer im oben angedeuteten Sinn verstandenen Kindheitsliteratur ein Prozess der Entgrenzung stattfindet. Dieser Prozess hat sehr frühe Wurzeln, die in Deutschland auf die romantischen Kindheitsgestaltungen eines E.T.A. Hoffmann zurückgehen, etwa auf die in den *Serapionsbrüdern* aufgenommene Märchengeschichte *Das fremde Kind*, in Österreich auf die Kindergestalten der für Kinder gedachten Erzählsammlung *Bunte Steine* von Adalbert Stifter, etwa in der Figur des braunen Mädchens aus *Katzensilber*, in der Stifter eine Verwandte von Goethes Mignon gestaltet. [Abb. 1.02: E.T.A. Hoffmann, *Nussknacker*] [Abb. 1.03: A. Stifter, *Bunte Steine*]

    Im Zuge der Rekonstruktion einer Geschichte der literarischen Thematisierung von Kindheit in Form von Kindheitsadressierungen wird erkennbar, dass Kindheit immer zu einem mehrschichtigen Motiv überhöht wird, insofern sie immer auch, wie alle nicht bloß repräsentative Kunst, als Ausdruck des Widerstandes gegen die gesellschaftliche Norm verstanden wird. Dergestalt basiert eine dekonstruktivistisch verstandene Poetik der Kinderliteratur auf einer allgemeinen Ästhetik der Kindheit, die immer auch eine Ästhetik des Widerstandes ist. In der neueren Literatur für Kinder und Jugendliche artikuliert sich ein derart verstandener Widerstand vor allem auch gegen jegliche pädagogische Vereinnahmung und damit auch gegen pädagogisch definierte Gattungskonzepte.

Schließlich ist festzuhalten, dass eine genealogische Poetik im Vergleich mit einer allgemeinen Poetik zwar auch die Möglichkeit des deduktiven begrifflichen Ableitens birgt, demzufolge alle Gattungen aus den drei Hauptgattungen Lyrik, Epik und Dramatik zu entwickeln wären, dass eine solche Deduktion jedoch nicht adäquat erscheint. Vielmehr ist der Gesamtbestand an Literatur für Kinder und Jugendliche jener Dichtungsgattung zuzuordnen, die etwa von Herbert Seidler als vierte beschrieben wurde, nämlich der didaktischen Literatur (Seidler 1965). Sie unterliegt in der Kategorisierung sehr unterschiedlichen Prinzipien der Gliederung, die jedenfalls in früheren Poetiken oder Einführungen vornehmlich der Auffassung von Literatur als Handlungssystem entsprechen. Die einleitend vorgeschlagene Ersetzung des Begriffspaares „Handlungs- und Symbolsystem" durch „Metier und Genre" stellt sich mithin die Aufgabe, die Differenzierung der Literatur für Kinder und Jugendliche von der Praxis des Metiers abzulösen und einer Genre-Theorie zuzuführen.

1.2 Poetik zwischen Metier und Genre

Kinder- und Jugendliteratur als gängige Bezeichnung ist eine Konzession an die Verwendung eines insofern problematischen Begriffs, als er bei jeglicher Verwendung eigentlich der Präzisierung und der Einschränkung bedarf. So sehr sich diese Doppelbezeichnung sowohl in der Praxis als auch in der Theorie eingebürgert hat, bleibt doch unter poetologischen Aspekten festzuhalten, dass sie nicht für sich in Anspruch nehmen kann, eine klare Zuschreibung vorzunehmen, insofern sie vorgibt, zwei zueinander durchaus disparate Literatursysteme in sich vereinen zu können. In der zwar häufigen, aber deshalb nicht erkenntnisfördernden Verwendung des Doppelbegriffs liegt vielmehr die Ursache hermeneutischer Verwirrung, die in einer poetologischen Untersuchung nicht unerwähnt bleiben darf. In Bezug auf die Frage nach Kinder- oder Jugendliteratur geht es nicht nur um eine Altersgrenze, sondern in erster Linie um den damit gemeinten Formenbestand. Zunächst ist davon auszugehen, dass Kinderliteratur als Repräsentation der „einfachen Formen" (Jolles 1968) bzw. „Einfachheit als Kategorie der Kinderliteratur" (Lypp 1984) immer die historisch früheren Formen weiterentwickelt, und dass Jugendliteratur zu ihr in einem Nachfolge-Verhältnis steht.

Unter diesem Aspekt des Nachfolge-Verhältnisses soll die Möglichkeit genutzt werden, eine begriffliche Unterscheidung von Kinderliteratur und Jugendliteratur im Zusammenhang mit dem Form-Inhalt-Problem

Formenwandel

vorzunehmen. Diese Unterscheidung wird unter dem Aspekt behandelt, dass neue literarische Themen zwar gleichermaßen von der Kinder- und Jugendliteratur wahrgenommen und dargestellt werden, dass aber die Kinderliteratur auf der Basis ihres autochthonen Formenbestandes in sensiblerer Weise mit der Ausbildung neuer formaler Gestaltungselemente reagiert, während sich Jugendliteratur in formaler Hinsicht als weniger innovativ erweist, ihren Formenbestand immer erst in der Nachfolge der Kinderliteratur bzw. der allgemeinen literarischen Entwicklung verändert, nicht zuletzt auch als ein Mitwachsen mit der heranwachsenden Leserschaft.

1.04

Bestätigungen des hier behaupteten unterschiedlichen Innovationspotentials von Kinderliteratur einerseits und Jugendliteratur andererseits finden sich mehrfach in dem Sammelband *Kinderliteratur und Moderne* (Ewers/Lypp/Nassen 1990a), worin der Begriff Jugendliteratur zumindest im Titel schon ausgespart bleibt. Er bietet zahlreiche Beispiele nicht nur für die Modernität von Kinderliteratur an sich, sondern auch für die vielfachen Einflüsse der Kinderliteratur auf die allgemeine künstlerische Entwicklung, etwa die sehr konkrete Rezeption von Lewis Carrolls *Alice* durch Surrealisten wie Louis Aragon und André Breton (ebd., S. 60 ff.). Nur einer von 15 Beiträgen befasst sich mit Jugendliteratur. In diesem Beitrag reflektiert Dagmar Grenz das Verhältnis von Jugendliteratur und Adoleszenzroman und stellt fest: „Der jugendspezifische Adoleszenzroman erreicht trotz seiner Annäherung an den Adoleszenzroman der Erwachsenenliteratur nicht dessen Polyvalenz und Radikalität (gemessen am zeitgenössischen Kontext)" (Grenz, ebd., S. 199). [Abb. 1.04: aus Lewis Carroll: *Alice*]

Die Verschmelzung der beiden Literaturbegriffe zu einem vermeintlichen Sammelbegriff erscheint allenfalls dann berechtigt, wenn Literatur als Metier (Handlungssystem) aufgefasst wird, wie dies v. a. in der Praxis der früheren Jugendbuchkritik üblich war. Gegenüber diesem handlungsorientierten Verständnis, in dem beide Literatursysteme als eine Art Vorstufenliteratur funktionalisiert wurden, als deren Aufgabe es gesehen wurde, ihre Leserschaft auf die eigentliche („Hoch"-)Literatur vorzubereiten oder sie zu ihr hin zu führen, ist unter poetologischen Aspekten entschieden von der Auffassung des Genres (Symbolsystem) auszugehen. Mit dieser Auffassung verbunden ist die Vorstellung einer in formaler Hinsicht autonomen literarischen Entwicklung, die zwar Zusammenhänge mit der allgemeinen literarischen Entwicklung berücksichtigt, diese aber nicht als einseitigen Adaptionsprozess, sondern als Wechselwirkung begreift. Soweit sich solche Wechselwirkungsprozesse vollziehen, geschieht dies mehr in der Wahrnehmung des kinder- als des jugendliterarischen Systems. Insofern erscheint es evident, dass der Begriff der Kinder- gegenüber dem der Jugendliteratur eine poetologische Vorrangsstellung innehat. Kinderliteratur wird dabei auch nicht als Sammelbegriff für beide literarischen Systeme verstanden. Mit der jeweiligen Einschränkung auf den historisch-poetologischen Begriff Kinderliteratur als Genre soll vielmehr der ihm eigene und in seiner kontrastiven Bedeutung gegenüber Erwachsenenliteratur deutlicher zu konturierende Formenwandel erkennbar werden, der sich auch auf den Formenwandel des nachfolgenden Systems der Jugendliteratur auswirkt.

Die bisher entwickelten terminologischen Bestimmungen von Metier und Genre, die sich im Wesentlichen mit denen der Begriffe Handlungs- und Symbolsystem decken, bedürfen nun einer weiteren Differenzierung. Wir haben in beiden Bereichen bisher sowohl von Kinder- als auch von Jugendliteratur gesprochen, die in der Folge als Sparten bezeichnet werden sollen. Oft finden sich die synonym verwendeten Bezeichnungen Kinder- und Jugendbuch, oder auch die hypertrophen Bezeichnungen Kinderbuchliteratur und Jugendbuchliteratur. Das Kinderbuch als Großgattung bzw. Sparte kann im besten Sinne des Wortes als Gesamtkunstwerk verstanden werden. So etwa erläutert es der Philosoph und Kinderbuchsammler Walter Benjamin in seinem Aufsatz „Alte Kinderbücher" (1924). Zumeist ist nicht Kinderliteratur, sondern das Kinderbuch mit seinen Illustrationen Gegenstand des Sammler-Interesses. Im Kompositum Jugendbuch hat das Grundwort jedoch eine andere Bedeutung, die es eher pejorativ jenseits des Kunstanspruches stellt. Jedenfalls wird man unter Sammlern kaum jemanden finden, der sich mit Jugendbüchern befasst.

	Metier (Handlungssystem)	Genre (Symbolsystem)	
Sparten	Kinderbuch (-literatur) „Buch" im Sinne von Buchkunst		präpubertär
	Jugendbuch „Buch" als nüchterner Medienbegriff	Jugendliteratur	postpubertär

Schema 1: Primärgliederung des Untersuchungsfeldes Literatur für Kinder und Jugendliche

Bezüglich weiterer handlungssystemischer Differenzierungen sei auf Ewers verwiesen, der zwischen sanktionierter und nicht-sanktionierter Literatur unterscheidet und sich dabei mit einer Differenzierung dessen befasst, was hier mit Metier der Literatur für Kinder und Jugendliche gemeint ist. Während die Unterscheidung zwischen Jugendbuch und -literatur relativ eindeutig mit der Unterscheidung zwischen Metier und Genre zusammenfällt, können die Begriffe Kinderbuch, Kinderliteratur und auch die manchmal so genannte Kinderbuchliteratur jeweils sowohl dem Metier- als auch dem Genrebereich zugeordnet werden. Wir haben es somit bei der Literatur für Kinder und Jugendliche mit einem sehr komplexen Textkorpus zu tun, noch bevor wir uns überhaupt mit Fragen zu einzelnen Gattungen auseinandersetzen sowie mit deren Relationen zu einer allgemeinen Poetik. Die Komplexität ist dadurch gegeben, dass gegenüber dem relativ einfachen Autor-Leser-Verhältnis, wie es sich in der allgemeinen Literatur darstellt, in der Literatur für Kinder und Jugendliche auf der Seite der Lesenden die Vermittlerinstanzen mitzudenken sind (Institutionen, beratende Stellen, Kinder- und Jugendbuchausschüsse und deren Auswahllisten, sonstige empfehlende Organe, nicht zuletzt Eltern und andere leseberatende Personen), auf der Seite des Autors – zumindest beim Kinderbuch – der Illustrator, nicht selten Verfasser von Vorworten bis hin zum Verlag mit seinem speziellen Profil und seiner Funktion im Rahmen des Metiers, also der Paratext (Genette 1998).

Dieser Komplexität trägt eine ebenfalls von Ewers definierte Begrifflichkeit Rechnung, die zu weiteren Differenzierungen führt und die Unterscheidung von Metier und Genre unterstützt, nämlich die Unterschei-

Stefan Slupetzky

Ein Ei im Getreide

Middelhauve

1.05

Veit eilt herbei:

1.06

dung zwischen Doppelsinn und Doppeladressiertheit (Ewers 1990b). Die Doppel- oder Mehrfachadressierung des Kinderbuches, d.h. der Umstand, dass ein Text sich explizit nicht nur an kindliche, sondern auch an erwachsene Leser wendet, entspricht dem Verständnis von Kinderliteratur als Metier. Davon ist das doppelsinnige Kinderbuch zu unterscheiden, das bei Ewers im Sinne zweier unterschiedlicher Lektüreangebote verstanden wird: eines exoterischen für kindliche und eines esoterischen für erwachsene Leser. Diese Auffassung steht insofern dem Verständnis von Kinderliteratur als Genre näher, als sie Kinderliteratur a priori als ein intertextuelles Medium versteht, dessen primäre Funktion die des Reflektierens ihrer eigenen Formgeschichte ist. Dafür sollen in der Folge einige Beispiele angeführt werden.

1.2.1 Kinderliteratur in modernisierungstheoretischer Sicht

Ein sehr anschauliches Beispiel bietet sich mit Stefan Slupetzkys Bilderbuch *Ein Ei im Getreide*. Dass es keineswegs „nur" ein Bilderbuch für Kinder ist, sondern sich implizit bzw. in einer im obigen Sinn esoterischen Weise auch an erwachsene Leser richtet, wird hier besonders deutlich. [Abb. 1.05: Stefan Slupetzky: *Ein Ei im Getreide*]

Auffallend an diesem Bilderbuch ist die offensichtliche Divergenz zwischen Bild und Text. Liest man lediglich den Text, hat man den Eindruck, eine anwachsende Schar infantiler Erwachsener vorgeführt zu bekommen; in der Reihenfolge des Auftretens sind dies Heide, Heiner und Veit, Koch-

„Eierbrei! Eierbrei!"

1.07

Du siehst sie hier, wie schwarz sie sind,
viel schwärzer als das Mohrenkind.
Der Mohr voraus im Sonnenschein,
die Tintenbuben hinterdrein;
und hätten sie nicht so gelacht,
hätt' Niklas sie nicht schwarz gemacht.

1.08

topf-Otto, Salz-Anna und Wurst-Kurt, gegen Ende gesellen sich zu diesen
noch Barbara, Edelbert, Dimitri, Solomon und Lucullus. Am Schluss steht
nicht zufällig der Name eines römischen Feldherren, der genießerisch in
den Reichtümern aus seinen Beutezügen lebte und als solcher wohl nur
von erwachsenen Lesern dechiffriert wird. Der Anlass ihres Auftretens,
der in einem Streit zweier verfeindeter Gruppen eskaliert, ist ein Ei, das
unter den fresslustigen Erwachsenen zum Konfliktgegenstand wird. Am
Höhepunkt des Streites schlüpft schließlich ein Küken aus dem Ei, worauf
sich alle Erwachsenen ihre Gesichter wie Masken vom Kopf ziehen und
sich – das liebliche Küken bewundernd – selbst in gelbe Küken verwan-
deln. [Abb. 1.06/07: aus Stefan Slupetzky: *Ein Ei im Getreide*]

Die Vorführung der Erwachsenen-Typen erinnert an eine Urgeschichte
der Kinderliteratur, *Die Geschichte von den schwarzen Buben* aus Heinrich
Hoffmanns *Struwwelpeter*: „Da kam der Ludwig hergerannt und trug sein
Fähnchen in der Hand. Der Kaspar kam mit schnellem Schritt und brachte
seine Brezel mit. Und auch der Wilhelm war nicht steif und brachte seinen
runden Reif." [Abb. 1.08: aus Heinrich Hoffmann: *Die Geschichte von den
schwarzen Buben*]

Bei Hoffmann wollen Ludwig mit dem Fähnchen, Kaspar mit dem
Brezel und Wilhelm mit dem Reif bekanntlich dem kohlpechraben-
schwarzen Mohren zu Leibe rücken; der Ausgang ist bekannt: Sie sind am
Schluss „viel schwärzer als das Mohrenkind". Ähnlich (parallel und gegen-
sätzlich) wollen Slupetzkys Figuren, Kochtopf-Otto, Salz-Anna und Wurst-
Kurt, dem weißen Ei sozusagen an die Schale. Die Kontrafaktur findet in-

sofern eine Fortsetzung, als die etwas obskure streitende Erwachsenen-
gruppe bei Slupetzky angesichts der hübschen Farbe ihres Opfers zunächst
die Waffen streckt und dann, wie in der Geschichte von Hoffmann, gleichzeitig die Farbe und das Aussehen des ursprünglichen Opfers annimmt.

Nun könnte man Slupetzkys Version als eine betont sprachspielerische
und verharmlosende Kontrafaktur der Thematisierung von Rassismus
aus dem Kinderbuch-Bestseller lesen; tatsächlich ist diese Version jedoch
thematisch drastischer. Zum einen ist das Ziel der Begierde nicht allein
die Verspottung des anderen, sondern auch dessen Verzehr. Die Figuren
kommen nicht mit so harmlosen Accessoires wie Fähnchen, Brezel und
Reif, sondern gleich mit Kochtopf, Salz und Wurst. Weiters fällt auf, dass
der infantil anmutende Text nicht Kinder, sondern Erwachsene ins Bild
bringt, denen ihre Begierden ins Gesicht geschrieben sind. Angesichts der
Unschuld ihres Opfers sind sie bereit, sich wie auf Befehl diese ausgeprägten Erwachsenen-Gesichter vom Kopf zu ziehen und sich dem Aussehen
ihres Opfers anzugleichen. Man könnte von einem Mimikry-Verhalten
von Erwachsenen angesichts der Erscheinung des Kindlichen sprechen.
Das Kuriose an Slupetzkys Figuren ist aber, dass sie ihre Masken noch in
Händen halten. Offen bleibt somit, ob das alte oder das neue Aussehen jeweils Maske ist und ob sie sich ihre vorigen Gesichter wieder überziehen.
[Abb. 1.09/10: aus Stefan Slupetzky: *Ein Ei im Getreide*]

Damit findet sich in diesem Bilderbuch eine Doppelsinnigkeit, wie sie
radikaler kaum denkbar ist. Durch die Demaskierung der künstlichen Gesichter und die Mimikry, mit denen Erwachsene und Kinder einander ge-
genübertreten, müsste dem erwachsenen Leser bewusst werden, dass
seine Lesart genau konträr zu der des Kindes ist. Der kindliche Leser gewinnt die Einsicht, dass sich die infantilen bzw. debil wirkenden Erwachsenen von der Lieblichkeit des Kükens besänftigen lassen und die Szenerie
in einem friedlichen Ausklang endet. Der erwachsene Leser wird, vor allem wenn er die Folie der *Geschichte von den schwarzen Buben* mitbe-
denkt, vor die Tatsache gestellt, dass sein friedliches Einverständnis dem
Küken (= Kind) gegenüber immer nur eine Selbsttäuschung bzw. eine
Täuschung des Betroffenen ist, weil die Verwandlung in ein Küken nach
Abstreifen der eigenen Maske (= Persona) eben nur ein Bilderbuchgag ist.
Zu fragen bleibt, welche Fassung die „realistischere" ist: Hoffmanns, in
der die Täter schwarz bleiben, oder Slupetzkys, der vorgibt, dass die Täter
zumindest vorübergehend die Farbe ihres Opfers annehmen können.

Die Infragestellung des Kinderbuches als überlieferte literarische
Form, wie sie zum Beispiel in Slupetzkys *Pechleins Glück* vorliegt, hat ein
historisches Vorbild, an dem sie sich messen lässt: Sie erweckt den Eindruck einer Wiederauferstehung der Schildbürger in modernem Gewand.
Hier wird noch deutlicher als im Vorangehenden, dass die Frage der Alters-

Entzückendes Pürzelküken!   Süßes Hühnerglück!

1.09   1.10

zuordnung obsolet ist, so wie sie auch bei den *Schildbürgern* obsolet ist. Kinderliteratur in dieser postmodernen Version kann nicht mehr schlechthin als Funktion im Metier, im eindimensionalen Zusammenspiel von Vermittler und Lesenden verstanden werden, sondern sie wird durch ihre intertextuelle Struktur als Interpretation des Genres mit Verweischarakter auf alle dekonstruktivistisch nur denkbaren Interpretationsmuster verstehbar.

Ob der Autor selbst an Hoffmanns *schwarze Buben* oder an die *Schildbürger* dachte, ist dabei irrelevant. Vielmehr offenbaren literarische Tradition und Rezeption eben dann ihren systemischen Charakter, wenn die Gestaltung unbewusst oder intuitiv erfolgt. Die festgeschriebenen überlieferten Formen werden – wie im Falle der kinderliterarischen Variante der Moritat oder der Schwankgeschichte – in Bezug auf ihr Wirkungspotential unter Beweis gestellt. Damit sprengen sie jede Begrenzung einer pädagogisch-normativen Poetik, v. a. aber die ihnen inhärente Rubrizierung nach einem fiktiven Lesealter.

1.2.2 Jugendliteratur und Adoleszenzroman

1.2.2.1 Jugendbuchtheorie als Organon
Unter den 21 Gattungsbezeichnungen, die Richard Bamberger in seiner *Jugendlektüre* (1955, 2. Aufl. 1965) als altersgestaffelte und nach seinem Verständnis organisch einander ablösende literarische Formen unter dem Titel „Gattungen der Jugendliteratur" gereiht hat, wird zumindest im In-

haltsverzeichnis keine Grenze zwischen Kinderliteratur und Jugendliteratur gezogen. Der Titel des Buches und auch die oben zitierte Überschrift vermitteln, dass Bamberger offenbar mehr die Jugend als das Kind im Auge hatte. Nach der Einführung von acht Gattungsvarianten – vom Bilderbuch bis zur Volks- und Heimatsage – führt er als erste jugendliterarische Gattung das „Umweltbuch" an, sofern es die „Ablösung vom magischen Realismus" (Bamberger 1965, S. 166) signalisiere. Bamberger verwendet in diesem Kapitel eine Formulierung, die als Schlüsselbegriff gelten kann und dieses rund 800 Seiten umfassende Standardwerk früherer österreichischer Jugendbuch-Theorien kennzeichnet: der „pädagogische Wille des Verfassers" (ebd.).

Diese Formulierung, die sich nicht eigentlich auf die Analyse der literarischen Formen konzentriert, sondern auf die ihr zuschreibbare pädagogische Funktion, bildet gewissermaßen die Basis im Werk Bambergers: Es ist auch und gerade in diesem gattungsbezogenen Abschnitt weniger eine Poetik der Kinder- und Jugendliteratur als ein literaturpädagogisches Organon, durchaus im klassischen philosophischen Sinne des Werkzeugs oder im Sinne Kants eine Anweisung, wie eine Erkenntnis zustande gebracht werden soll. (Interessant erscheint der Umstand, dass Bambergers *Jugendlektüre* zeitgleich mit Bertolt Brechts kritischer Schrift *Kleines Organon für das Theater* entstand, die zunächst 1949 erschien, 1952–1954 überarbeitet und 1960 veröffentlicht wurde und in durchaus vergleichbarer Form die didaktische Aufgabe des neuen Theaters bestimmt.)

Bamberger beurteilt grundsätzlich den „pädagogische[n] Wille[n] des Verfassers" – argumentiert somit im Rahmen des Metiers – und nur mittelbar die literarische Form. Auf diese Weise gelingt ihm etwas, das vielleicht bislang nicht gewürdigt wurde: die frühe Form einer Metapoetik der Kinder- und Jugendliteratur, allerdings auf das Metier und nicht auf das Genre bezogen. Diese Metapoetik ist nicht als rein theoretische Abhandlung geschrieben worden, sondern mit der Absicht einer fundamentalen Grundlage des österreichischen Jugendbuchgeschehens und damit auch für die Schaffensbedingungen österreichischer Autorinnen und Autoren, deren Wirkung sich in Zitierungen aus der literaturpädagogischen Praxis bis in die letzten Jahrzehnte des vorigen Jahrhunderts niederschlug. Gleichzeitig ist sie mit ihren apodiktischen Feststellungen eine Fundgrube des Zitierens in Diplomarbeiten und Dissertationen, die in Ermangelung nachfolgender, neuerer Theorien in Österreich bis in die Gegenwart unkritisch in Anspruch genommen wird.

Der „pädagogische Wille des Verfassers" besteht nach Bamberger im Fall des Umweltbuches darin, „Kinder in ihrer Umwelt zu zeigen, damit das lesende Kind sich in deren Welt hineinlebt, Freunde, Hilfe und Ziel gewinnt" (ebd.). Er fasst jedoch die Gattung als altersbezogen weiter gespannt auf, spricht vom „Umwelt-Bilderbuch", vom märchenhaften Bilderbuch und schließlich vom „Familien-, Geschwister- und Freundschaftsbuch", wobei er die letztgenannte Rubrik erweitert:

> „Umweltbücher aus fernen Ländern haben in der gegenwärtigen Weltsituation eine wichtige Funktion. Den anderen kennen, heißt auch, ihn verstehen lernen. Dieser Satz hat besondere Bedeutung im Hinblick auf die Entwicklungsländer. Als exemplarisches Buch sei hier auf *Die Stimme des Jogi* von [Gustav] Urban verwiesen. Hier erleben wir die Umwelt Indiens am Schicksal eines Knaben" (ebd., S. 171f.).

Mit dieser Erweiterung der Gattung Umweltbuch, der er gleich anschließend das Mädchenbuch und das Jungenbuch „organisch" folgen lässt, bereitet er in einem für die damalige Zeit durchaus modernen Sinn dem Thema Ökologie und der Dritte-Welt-Thematik den Eingang in die Jugendliteratur. Gleichzeitig wird aber auch deutlich, dass die als Gattungsbezeichnungen auftretenden Kategorisierungen der Jugendliteratur mit den poetologischen Begriffen, wie sie noch für die Kinderliteratur verwendet wurden, rein logisch nichts mehr gemeinsam haben, sondern nur mehr im Sinne eines Organons Beschreibungsmodelle sind, die zugleich als Modelle des Schreibens nicht nur für die Kritiker, sondern auch für manche Kinder- bzw. Jugendliteraturschaffende verstanden wurden.

Noch deutlicher wird der Organon-Charakter der „Jugendlektüre" im Kapitel über das so genannte Jungenbuch, das Bamberger – in einer allerdings etwas sprunghaften Argumentation – im Sinne einer normativen Poetik vom Abenteuerbuch abgrenzt:

> „Bis vor kurzer Zeit konnte man als Unterschied zwischen Jungen- und Abenteuerbuch gelten lassen, dass das Jungenbuch in heimatlicher Umwelt spiele und das Abenteuerbuch in die weite Welt führe. Das gilt heute nicht mehr: Zahlreiche Jungenbücher haben ihren Schauplatz in China, Afrika oder sonstwo (Dieckmanns *Padu ist verrückt* z.B. auf einer Südseeinsel). Die Unmöglichkeit der Handlung bedingt es geradezu, dass sie nicht in heimatlicher Umwelt spielt. Bleibt also als wesentlicher Unterschied bestehen: Die Abenteuerbücher haben in der Regel Erwachsene als Helden und Kinder und Jugendliche als Nebenfiguren, im Jungenbuch ist es umgekehrt" (ebd., S. 183f.)

Der Vollständigkeit halber ist zu sagen, dass die bei Bamberger im Inhaltsverzeichnis wiedergegebene Rubrizierung nur eine grobe Einteilung aufweist, während sich in den jeweiligen Kapiteln selbst durchaus weitere Gattungsbezeichnungen finden, wie etwa „utopische Romane" unter „Abenteuergeschichten". Eben dieser Umstand bzw. diese Priorität macht deutlich, dass sein eigentliches methodisches Konzept weniger ein poetologisches, sondern ein entwicklungspsychologisches ist bzw. eine Vermengung von beidem, wobei offensichtlich der Lesealter-Ansatz von Charlotte

Bühler (1893–1974) nachwirkt. Sie ließ bekanntlich den drei Stadien des Struwwelpeteralters, des Märchenalters und des Robinsonalters noch ein Heldenalter (13. bis 15. Lebensjahr) und ein Übergangsalter (Mädchen ab dem 14., Jungen ab dem 15. Lebensjahr) nachfolgen. In dem der Gattungsübersicht vorangestellten Kapitel über Lesealter und Lesephasen, in dem Bamberger – ausgehend von Bühler – Elisabeth Schliebe-Lippert und Alexander Beinlich zitiert, gelangt er zu einer Einteilung in die folgenden fünf Phasen:

Bilderbuch- und Kinderreimalter (2.–5./6. Lj.)
Die märchenhafte Lesephase (5.–8./9. Lj.)
Das Umweltalter oder die „sachbetonte Lesephase" (9.–12. Lj.)
Der abenteuerliche Realismus oder die „apsychologisch sensationsgesteuerte Lesephase" (12.–14./15. Lj.)
Die Reifejahre oder der „literarästhetische Bereich der Leseentwicklung" (14.–17. Lj.)

Ohne empirische Untersuchungen zu bemühen, werden zwei Aspekte evident:

a) dass diese Einteilung in ihrer Übertragbarkeit auf die heutige Zeit angesichts einer literarischen Akzeleration einerseits und der zunehmenden Infantilisierung, aber auch Globalisierung des Alltags andererseits fragwürdig ist;

b) dass dem Konzept eine eindimensionale Funktionalisierung des Lesens zugrunde liegt, die sich im nachfolgenden Kapitel über die Gattungsgliederung als handlungsorientiertes Modell bestätigt.

Einen wesentlichen Schritt weiter in Richtung Symbolsystem bzw. Genre führt die Charakterisierung des Jugendbuches, wie sie von Gertrud Paukner unter dem Titel *Die realistische Kindergeschichte und die Erzählung für junge Menschen* (1992) in der Einführung vorgenommen wird. Paukner fasst, wie schon im Titel erkennbar, die Gattung weiter als Bamberger, sodass im Grunde genommen nicht nur die gesamte Jugendliteratur darunter subsumiert werden kann, sondern auch kinderliterarische Texte. Damit leitet Paukner im Vergleich zu Bamberger einen Paradigmenwechsel im poetologischen Diskurs ein, insofern sie eine Gattung nicht mehr primär unter dem Gesichtspunkt des Lesealters, sondern tatsächlich unter dem Aspekt der poetologischen Valenz betrachtet. Sie leitet also bereits einen Wechsel von der Denkweise des Metiers zu der der Genre-Betrachtung ein, der jedoch aufgrund der enormen medialen Präsenz Bambergers kaum Gehör gefunden hat.

Formenwandel

Gegenüber der oben beschriebenen metierorientierten Metapoetik nach Bamberger soll in Weiterführung des Ansatzes von Paukner im folgenden Kapitel ein metapoetischer Ansatz versucht werden, der vom Verständnis von Kinderliteratur und Jugendliteratur als Genre ausgeht.

1.2.2.2 Jugendliteratur und Intertextualität

Bezeichnend für den Formenwandel der Jugendliteratur in den letzten Jahren ist der zunächst als bloße inhaltliche Innovation registrierte Umstand, dass parallel dazu zunehmend der Begriff „Adoleszenzroman" in die Diskussion Eingang findet. Mehr als von einer Koppelung „Kinder- und Jugendliteratur" scheint es heute jedoch berechtigt, von der Koppelung „Jugend- und Adoleszenzliteratur" zu sprechen.

Der Begriff „Adoleszenzroman" ist relativ jung. Er wurde in der neueren deutschen Jugendbuchdiskussion geprägt und hat sich im Laufe weniger Jahre zu einem eigenen Forschungszweig entwickelt, der hier nur im Ansatz konturiert und als Anregung zu vergleichenden Forschungen dargestellt werden kann. Dort wird der Adoleszenzroman im Vergleich mit dem Entwicklungsroman in der Wilhelm-Meister-Nachfolge definiert. Während im Entwicklungsroman die endgültige und erfolgreiche Integration des Helden in die bürgerliche Gesellschaft noch für erstrebenswert und möglich gehalten werde, breche im Adoleszenzroman die Lebensgeschichte ab, noch bevor diese Zielvorstellung Gestalt annehme (Hermanni 1984, S. 33). Konkret heißt es: „Die Reduktion der Biographie auf die kurze Zeitspanne der Adoleszenzphase ist formaler Ausdruck dieser radikalen Verweigerung" (ebd.).

In einer Gegenüberstellung von klassischen Adoleszenzromanen zu Beginn und neuerem Adoleszenzroman gegen Ende des 20. Jahrhunderts sollten zunächst die Gemeinsamkeiten festgehalten werden, unter anderem durch ihre besonderen zeitdiagnostischen Qualitäten. Demnach sind trotz der fast hundert Jahre, die zwischen den Epochen liegen, Gattungsähnlichkeiten festzustellen, die es berechtigt erscheinen lassen, von einem historischen Typus des Adoleszenzromans zu sprechen, der besonders in Österreich traditionelle Züge aufweist. Selbstverständlich liegen auch die Unterschiede auf der Hand. Während der Beginn des Adoleszenzromans im frühen 20. Jahrhundert als impressionistisch und psychoanalytisch geprägte Reaktion auf den Naturalismus zu verstehen ist, entwickeln sich die heutigen Adoleszenzromane unter wesentlich anderen Vorzeichen. Zum einen geht ihnen besonders in Österreich eine Welle der autobiographischen Literatur voran; zum andern steht im Hintergrund – wieder besonders in Österreich – eine institutionell verankerte Jugendliteratur mit massiven pädagogischen Zielsetzungen seit den 1950er-Jahren.

Als ein Erklärungsansatz für das überbordende Thema der Adoleszenz bietet sich die Position Mario Erdheims an, auf die später noch näher einzugehen sein wird. Erdheim zufolge muss Freuds These von der Zweizeitigkeit der sexuellen Entwicklung im Zusammenhang mit seinem Konzept der Familie in ihrem Verhältnis zur Kultur gesehen werden. Freud „vertrat keineswegs die Meinung, die ihm oft, aber fälschlicherweise zugeschrieben wird, nämlich dass die Familie den Kern oder die Zelle der Kultur bildet […]. Schon 1897 tauchte bei Freud die Vorstellung auf, dass Familie und Kultur *antagonistisch* zueinander stehen" (Erdheim 1984, S. 277).

Der Diskurs nach J. D. Salingers *The Catcher in the Rye* wurde in Österreich allenfalls als ein literaturpädagogischer, nicht als ein literarischer geführt. Ein Adoleszenzroman, der sich in seiner Popularität mit Ulrich Plenzdorfs *Die neuen Leiden des jungen W.* vergleichen ließe, liegt in Österreich der 1970er und -80er-Jahre nicht vor. Erst Ende der 1990er-Jahre sind zwei österreichische Debütromane bekannt geworden, Arno Geigers *Irrlichterloh* und Paulus Hochgatterers *Caretta caretta* (beide 1999). Hochgatterers Roman soll hier besondere Aufmerksamkeit gelten: ein Roman über einen jungen Mann, der nach der Abwendung von seiner Familie in sehr abgeklärter Denkweise den gesellschaftlichen Auswüchsen seiner Zeit gegenübersteht. Obwohl Hochgatterers Roman zunächst nicht als Jugendroman erschien, oder vielleicht eben deshalb, erhielt er den Österreichischen Jugendliteraturpreis 2000. [Abb. 1.11: Paulus Hochgatterer: *Caretta caretta*]

Die beiden Werke, mit denen Paulus Hochgatterer schlagartig bekannt wurde, sind *Wildwasser* (1997) und *Caretta caretta* (1999).

Bemerkenswert sind die ähnlichen Anfänge der beiden Romane, die den Protagonisten jeweils im Rahmen eines aktuellen Sportgeschehens einführen: in *Wildwasser* geht es um den Formel 1 Grand Prix von Silverstone und in *Caretta caretta* um die Fußball-WM 1998 in Frankreich.

> „Der Tag, an dem ich von zu Hause wegging, um meinen Vater zu suchen, war der Tag, an dem Johnny Herbert den Grand Prix von Silverstone gewann. Draußen hatte es fünfunddreißig Grad im Schatten und Luftfeuchtigkeit null. Auf der Liegewiese der Bäder fügten die Menschen einander leichte Weichteilquetschungen zu. In der fernsten Einsamkeit des Atlantiks drehte sich angeblich ein mittleres Sturmtief. Seine äußersten Wolkenableger erreichten Neufundland und die Färöer Inseln. Zwölf Runden vor Schluss biss sich Damon Hill am Hinterteil des führenden Michael Schuhmacher fest, und es war nur mehr eine Frage von Minuten, bis er den arroganten Deutschen hinter sich lassen würde. Dann fuhr er eine Linkskurve einen Deut zu spät an, der Williams bohrte sich seitlich in den Benetton, und beide waren draußen" (Hochgatterer: *Wildwasser*, S. 7).

Der Roman *Caretta caretta* ist insofern ähnlich eingeleitet, als er mit dem Endspiel der WM – Frankreich gegen Brasilien – beginnt.

Es sollte aber auch auffallen, dass mit dem saloppen Romanbeginn von *Wildwasser* auf die Einleitung eines der berühmtesten Romane der österreichischen Literatur angespielt wird, nämlich auf Robert Musils *Der Mann ohne Eigenschaften*:

PAULUS HOCHGATTERER

1.11

„Über dem Atlantik befand sich ein barometrisches Minimum; es wanderte ostwärts, einem über Russland lagernden Minimum zu, und verriet noch nicht die Neigung, diesem nördlich auszuweichen. Die Isothermen und Isotheren taten ihre Schuldigkeit. Die Lufttemperatur stand in einem ordnungsgemäßen Verhältnis zur mittleren Jahrestemperatur, zur Temperatur des kältesten wie des wärmsten Monats und zur aperiodischen monatlichen Temperaturschwankung. Der Auf- und Untergang der Sonne, des Mondes, der Lichtwechsel des Mondes, der Venus, des Saturnringes und viele andere bedeutsame Erscheinungen entsprachen ihrer Voraussage in den astronomischen Jahrbüchern. Der Wasserdampf in der Luft war gering. Mit einem Wort, das das Tatsächliche recht gut bezeichnet, wenn es auch etwas altmodisch ist: Es war ein schöner Augusttag des Jahres 1913" (Musil: *Mann ohne Eigenschaften*, S. 9).

Wie Musil spricht auch Hochgatterer von Lufttemperatur und Luftfeuchtigkeit, vom Einfluss der Wetterzonen des Atlantik, wie bei Musil steht auch bei Hochgatterer dahinter die Absicht, das Fiktive eines Romanbeginns zu relativieren durch die Präsentation des Faktischen, der außerliterarischen Wirklichkeit. Die Parallele der beiden Romananfänge setzt sich fort, denn auch für das bei Hochgatterer eingeflochtene faktische Geschehen des Autorennens gibt es schon bei Musil die Vorlage: „Autos schossen aus schmalen, tiefen Straßen in die Seichtigkeit heller Plätze" (ebd.).

Trotz der unterschiedlichen Stilebenen der beiden Romane weisen sie mehr Gemeinsamkeiten auf, als man auf den ersten Blick vermuten würde. Zunächst also die präzise Festlegung des Sommertages: bei Musil astronomisch, bei Hochgatterer durch ein weltbewegendes Sportereignis, das das Motiv der Vatersuche mit sich bringt.

Die Unterschiede zwischen den Romanen Musils und Hochgatterers sind nicht zuletzt auch durch das Tempo des Erzählens bedingt. Um im Vergleich der Zitate zu bleiben: Durch die Steigerung vom normalen, alltäglichen Autoverkehr bei Musil zu dem eines Grand Prix bei Hochgatterer wird gleichsam das Tempo des Romans vorgegeben. Aber sie zeigen auch zwei Welten, die durchaus vergleichbar sind, und der Vergleich wird dann wieder ergiebiger, wenn man Hochgatterers Jakob statt mit Musils Ulrich mit dessen Vorgänger Törless vergleicht.

Ein wichtiges Merkmal der Protagonisten bei Hochgatterer ist ihre Fabulierlust. Auffallend ist einmal mehr die Suspendierung des Politischen und die Dominanz von Familiarität. Die eingeflochtenen Erzählungen sind zumeist familienbezogen und haben, zumal dann, wenn sie die Eltern der Protagonisten betreffen, den Charakter der Konstruktion einer Idealwelt. So spricht er von seiner „[…] Mutter, die sich an der Universität Straßburg mit der computermäßigen Errechnung vollkommener Zahlen beschäftigt" (Hochgatterer, *Caretta*, S. 23). Ausnahme ist der erwähnte Tod des Vaters, das einzige nicht erfundene Familiengeschehen, womit Hochgatterer das Waisen-Motiv aufgreift, verbunden mit dem der Vatersuche (ebd., S. 23). Der Kontrast zu dieser Szenerie, die sich aus Geschichten des notorischen Lügengeschichten-Erzählers aufbaut, ist die harte Realität, die „Scheiß WG" (ebd., 28), der Hintergrund, der vorher nur schlaglichtartig präsent war. Auffallend ist weiters, dass mit beiden genannten Zitaten auch wieder (gewollte oder zufällige) Parallelen zu Musils *Törless* gegeben sind, mit dem Hinweis auf die vollkommenen Zahlen die Zitierung von Törless' Problemen mit imaginären Zahlen, und mit der WG die Zitierung von Törless' ungewollter Wohngemeinschaft mit Reiting, Beineberg und Basini.

Diese Eigenschaft der Protagonisten Hochgatterers – das Fabulieren – ist ihre wichtigste und zugleich auch einzige. Auch darin findet sich die Nähe zu dem *Mann ohne Eigenschaften*. Musil erfindet seinen Protagonisten Ulrich angesichts einer „Welt von Eigenschaften ohne Mann", angesichts eines allgemeinen Verlustes von Identifikation. Es ist dies die Welt der zu Ende gehenden Monarchie, die Zeit eines Umbruchs von entscheidendem Ausmaß. Dieser Umbruchzeit stellt er zunächst seinen Törless und dann seinen Mann ohne Eigenschaften gegenüber. Hochgatterers Protagonisten leben in einer Umwelt, die nicht minder eine Welt des Umbruchs ist, im Vergleich zu Musil allerdings nicht nur des Umbruchs von einer zu Ende gehenden Welt in eine noch unbestimmte neue Welt, sondern in eine Welt, in der der Umbruch zum permanenten Prinzip erhoben wird.

Das andere zentrale Motiv bei Hochgatterer ist die Vatersuche. Auch hier löst er sich von der Figurenwelt der Jugendliteratur, in denen Väter entweder gar nicht vorhanden sind oder in denen das Motiv des Vater-Sohn-Konfliktes dominiert. Die Suche nach dem Vater, das klassische Telemach-Motiv, scheint hingegen ein Kernmotiv insbesondere der österreichischen Gegenwartsliteratur zu sein, von Friedrich Torbergs *Hier bin ich, mein Vater* (1948) bis zu Michael Köhlmeiers *Telemach* (1995); dazwischen wären zahlreiche Werke zu nennen, u. a. etwa Jutta Schuttings *Der Vater* (1982) oder Peter Henischs *Die kleine Figur meines Vaters* (1975). Hochgatterer gestaltet die Figur des jungen Mannes an der Grenze zum Erwachsen-Werden, wobei diese Grenze bestimmt ist von der Suche nach einer Vaterfigur. Es besteht ein unverkennbarer Zusammenhang zwischen Vaterverlust und der Flucht aus der vertrauten Umgebung, die immer nur eine vorübergehende ist: „[…] das gleiche Gefühl wie damals, als sie meinen Stiefvater abholten, und meistens muss ich dann auf der Stelle fort" (ebd., S. 9).

Ein wichtiges Werk der österreichischen Gegenwartsliteratur, Michael Köhlmeiers Telemach-Roman, erweist sich unter dieser Perspektive als ein als historisches Epos getarnter Adoleszenzroman, oder auch als ein Adoleszenzroman der Postmoderne. Er repräsentiert auf seine Weise die besondere mentalitätsgeschichtliche Variante dieser Romangattung. Mit dieser Ausweitung der Vergleiche bestätigt sich einmal mehr, dass der Begriff der Jugendliteratur in den letzten Jahren einen semantischen Wandel erfahren hat und weitaus tiefer und umfassender greift als der Paradigmenwechsel um 1970.

1.3 Zeithorizont des Genres

1.3.1 Produktions- versus Rezeptionsästhetik

Vorerst soll noch nicht die Historizität der Literatur für Kinder und Jugendliche im eigentlichen Sinn behandelt werden, sondern der diachrone Aspekt nur insofern, als das Genre im Allgemeinen als eine ausschließlich gegenwartsbezogene Literatur gelesen und dabei die ihr innewohnende Zeitbedingtheit zumeist überlesen wird. Dieser für eine kinder- oder auch jugendliterarische Rezeptionsästhetik nicht unwesentliche Aspekt hängt mit dem verminderten historischen Bewusstsein ihrer Leserschaft zusammen. Diese Reduktion des Rezeptionshorizonts hat jedoch zur Folge, dass der auch dieses literarische Genre begleitende avantgardistische Anspruch von der Kritik entweder überlesen oder zum Anlass genommen wird, das Genre über die Grenzen des Metiers hinaus in einer breiteren Öffentlichkeit zu diskutieren.

Eine solche Diskussion verläuft zumeist negativ für das Genre an sich, d. h. die Kritik erachtet herausragende Werke wie *Das Schattennetz* von Käthe Recheis (1964) oder *Die Räuberbraut* von Mira Lobe (1974) als Negativbeispiele, die der kindlichen oder jugendlichen Leserschaft zu viel zumuten, und reduzieren die gesellschaftliche Funktion des Genres damit auf das Horazische „prodesse et delectare" bzw. auf die Affirmation einer konservativen Pädagogik. (Die beiden genannten, je für sich enorm avant-gardistischen Werke bzw. deren Rezeption sollen später noch dargestellt werden.) Es geht also in der Folge nicht um Periodisierungsfragen, die dem 3. Kapitel vorbehalten sind, sondern darum, das Gegenwarts- oder eigentlich Gegenwärtigkeitsempfinden, die Vermittlung von Kindheit und Jugend, „wie sie nun einmal ist", als ein bloß bedingtes Empfinden zu re-lativieren und die Bedingungen dieser besonderen rezeptionsästhetischen Funktion der Literatur für Kinder und Jugendliche erkennbar zu machen.

Vorangestellt ist diesem Vorhaben eine Diskussion der Klassiker-Frage, weil sich in diesem Textkorpus die Sonderstellung der Literatur für Kinder und Jugendliche in geradezu paradoxer Weise offenbart: Klassiker insbesondere der Kinderliteratur sind jene tatsächlich (immer noch) rezi-pierten Werke, die an sich das höchste Maß an Historizität aufweisen, die aber dennoch oder gerade deswegen für die Rezipienten einen absolut gültigen Einblick ins Kindheitsleben vermitteln. (Absichtlich ist hier von Rezeption – und nicht von Lesen – die Rede, weil in den seltensten Fällen die Originalfassungen gelesen werden und die Bekanntschaft mit den litera-rischen Figuren und ihren Abenteuern zumeist gar nicht aus der Lektüre, sondern aus medialen Bearbeitungen herrührt.) Ausgehend von der Aus-lotung dieser Paradoxie soll die in Kapitel 1.4 angekündigte Metapoetik des Genres erarbeitet werden.

1.3.2 Zur Gegenwart von Klassikern

Bei aller scheinbaren Einhelligkeit darüber, welche Werke heute zu den Klassikern der Kinder- bzw. Jugendliteratur zu zählen sind, gab es doch die längste Zeit keine Diskussion über Kriterien. Unter den älteren Analy-sen zum Thema Klassiker der Kinder- und Jugendliteratur ist eine der meistzitierten die des französischen Literaturwissenschafters Paul Hazard (1878–1944), dessen Buch *Les livres, les enfants et les hommes* (1932, dt.: *Kinder, Bücher und große Leute* 1952, Vorwort von Erich Kästner) bis in die Gegenwart die Theoriebildung der Literatur für Kinder und Jugendliche mitbestimmt, aber auch Ursache für Unbestimmtheiten und Missver-ständnisse in der Theoriebildung ist. Erich Kästner hebt im Vorwort zur deutschen Ausgabe ein Moment hervor, das eine plausible Zusammenfas-sung aller schon bestehenden und noch denkbaren Klassiker-Kriterien darstellt, das aber in seiner Plausibilität sehr verallgemeinernd ausfällt, nämlich die „Anschauung, daß die Jugend nicht zur Vorstufe fürs Erwach-sensein degradiert werden dürfe, sondern als absoluter Wert erkannt und anerkannt werden müsse" (Kästner, in: Hazard, 11).

Hazards Kernthese geht von der Vorstellung einer kindlichen Eroberung aus: „Ich behaupte, dass sie [die Kinder, E. S.] die besten und berühmtesten unter ihren Lieblingsbüchern in einem kühnen Kampf haben erobern müssen; deren Autoren wandten sich nur an die großen Leute; aber die Kinder haben sie sich einfach zu eigen gemacht" (ebd., 77). Trotz der affirmativen Zustimmung Kästners in seinem Vorwort besteht zwischen seiner Aussage und der zentralen These Hazards eine klar beschreibbare Differenz. Beiden gemeinsam ist die Auffassung, dass Kinder bei der Wahl ihrer Literatur unweigerlich in Autoritätskonflikte geraten. Die Ursache für eine latente Meinungsverschiedenheit liegt darin, dass Hazard und Kästner eigentlich von unterschiedlichen Aspekten der Literatur für Kinder und Jugendliche sprechen und auf unterschiedlichen Ebenen argumentieren. Hazard spricht davon, dass Bücher, die ursprünglich nicht für Kinder gedacht waren, in einem höheren Maß ihr Interesse gefunden haben als all die Kinderbücher, die man ihnen aufgedrängt hat. Er argumentiert damit auf einer rezeptionsästhetischen Ebene. Kästner hingegen leitet von der rezeptionsästhetischen Ebene Schlussfolgerungen für die poetische Praxis ab. Seine Argumentation ist der Versuch, die Frage zu beantworten, wie für Kinder so zu schreiben sei, dass der Inhalt ihr anhaltendes Interesse auch in der Zukunft findet, obwohl es für Kinder der Gegenwart geschrieben ist. Auch hier stellt sich wieder jene Verwechslung von Handlungs- und Symbolsystem, Metier und Genre ein: Hazard spricht vom Genre, Kästner vom Metier der Kinderliteratur.

Die Differenzen dieser unterschiedlichen Argumentationslinien wurden von Klaus Doderer in einem Lexikon-Artikel über Klassiker zwar berücksichtigt, wirken aber dennoch bis in die Gegenwart nach. Doderer unterscheidet drei Ebenen der Kanonisierung von Klassikern: Auf einer ersten werden die jugendgemäßen Werke der als Klassiker anerkannten Nationalschriftsteller wie Ludwig Anzengruber, Wilhelm Busch, Annette von Droste-Hülshoff zusammengefasst; auf der zweiten die Werke der Weltliteratur, mit Betonung des internationalen Charakters, sowohl die ehemaligen Erwachsenenbücher wie Jonathan Swifts *Gulliver*, Miguel de Cervantes' *Don Quijote* als auch Carlo Collodis *Pinocchio*; auf der dritten werden unter weiter gefassten Gesichtspunkten wie Sprache, Distribution oder soziale Herkunft auch Werke oder Figuren wie Tarzan, Winnetou, Micky Mouse, Superman und Asterix ebenfalls zu den Klassikern gezählt (Doderer 1984, Bd. 2, 217 ff.).

Einer der ersten diskursiven Ansätze dazu erfolgte in der Tagung des Arbeitskreises für Jugendliteratur im Jahr 1984, „Von Robinson bis Micky Maus", mit Referaten u. a. von Hans-Heino Ewers, Birgit Dankert und Gisela Wilkending (alle 1984), in denen wesentliche theoretische Positionen formuliert wurden, auf die noch einzugehen sein wird (Informationen

1984). Ein Grund für die Unbestimmtheiten und Missverständnisse in der Klassiker-Diskussion ist gewiss auch darin zu sehen, dass sich der an sich schon widersprüchliche Doppelbegriff Kinder- und Jugendliteratur hier besonders verwirrend auswirkt. Gerade bei den Klassikern wäre zu unterscheiden, ob von Kinder- oder Jugendliteratur die Rede ist. Hier führt das Übergehen der Unterscheidung – neben einem Mangel an historischer Differenzierung – zu Vermengungen, die einen homogenen Kanon nur vorspiegeln. Dessen vermeintliche Homogenität besteht lediglich darin, dass er einen Fundus der ökonomischen Vermarktung darstellt. Aus literaturwissenschaftlicher Sicht indes erscheint es befremdlich, Robinson und Micky Maus zu Leitfiguren eines Kongressthemas zu erheben. Der zu fordernden Unterscheidung entsprechend sind die folgenden Überlegungen auf Klassiker der Kinder-, nicht der Jugendliteratur bezogen.

Differenzierungen zwischen eigentlichen Klassikern und solchen, die gleichsam in einer Grauzone liegen, wurden in Einzelbeispielen wiederholt vorgenommen. Wilkending hebt mit Überlegungen zu vergleichbarer Weltliteratur hervor, dass Robinson „kein Odysseus, kein Jason" sei (Wilkending 1984, 59), aber eben in der Negation werde erkennbar, dass Robinson den utopischen Ort mit den großen Vorbildern teile, allerdings anders damit umgehe: auf eine Weise, die kindlichen Lesern entgegenkomme. Dankert geht in ihrem Beitrag davon aus, dass die Unterscheidung von Klassikern auf der einen und Bestsellern und Lieblingsbüchern auf der anderen Seite eigentlich eine entschiedene Sache sei. Dennoch hat sie einen wesentlichen, innovativen Ansatz zu dieser endlos scheinenden Diskussion entwickelt, der – kurz gefasst – darin besteht, dass die Lieblingsbücher, die sie auch als die „heimlichen Klassiker" bezeichnet, gleichsam domestizierte Versionen der eigentlichen Klassiker darstellen. Während Pinocchio „ernste Lebensexperimente" zu bestehen habe, seien die Kobold-Dummheiten eines Pumuckl unverbindliche Episoden, sie „fordern keine Entwicklung, haben keine Konsequenz" (Dankert 1984, 46).

Offensichtlich ist auch diese Diskussion eine Folge des Paradigmenwechsels der 1970er-Jahre. Erst jetzt ließ man sich in Fachkreisen darauf ein, Metier und Genre der Literatur für Kinder und Jugendliche als Handlungs- und als Symbolsystem getrennt zu sehen und die Literarizität des Genres sowie seine Bedeutung als Sozialisationsfaktor auch kulturgeschichtlich zu reflektieren. Eine Fülle von Beispielen vergessener Literatur, die heute ebenfalls Klassiker sein könnten und die man heute als Außenseiter oder auch als Schlüsseltexte bezeichnet (s. dazu die Diskussion im Jb. d. KJL-Forschung 2006/2007), belegt, dass alles, was der Affirmation von Schule, Haus, Familie und Gesellschaft nicht dienlich war, an den Rand gedrängt wurde. Die Instanz der Vermittler, die durch Rezensionsorgane, Auswahllisten und Empfehlungsbroschüren im Gefolge der Jugendschriftenbewegung anhaltend bis ins zweite und dritte Jahrzehnt nach 1945 das (kinder- und jugend-)literarische Geschehen zu bestimmen suchte und es tatsächlich auch bestimmte, vor allem aber auch die Instanzen des Marktes, standen zumeist außerhalb der literarischen Avantgarde und waren bemüht, familiäre und schulische Wertvorstellungen zu reproduzieren, die mit den literarischen Diskussionen ihrer Zeit nur sehr bedingt in Zusammenhang standen.

Als weitere Vorstufen der neueren Klassiker-Diskussion sind die folgenden theoretischen bzw. interpretatorischen Werke hervorzuheben:

- die Aufsätze von Klaus Doderer „Die Suche nach den Klassikern oder der Zweifel an den ewigen Werten" sowie „Drei Entwürfe von Kindheit" (Doderer 1992, 133 ff. bzw. 88 ff.), in denen er entscheidende weiterführende Thesen anbietet,
- der Sammelband *Klassiker der Kinder- und Jugendliteratur* (Hurrelmann 1995) und
- der Beitrag „Klassiker der Kinder- und Jugendliteratur" in *Praxis Deutsch* (Hurrelmann 1996)
- die Untersuchung von Dieter Richter über Carlo Collodis *Pinocchio*
- die Darstellung *Internationalität der Kinder- und Jugendliteratur zwischen Mythos und Realität* von Emer O'Sullivan
- die Dissertation von Heidi Lexe „‚Nein, meine Suppe ess' ich nicht!'. Verweigerung als zentrales Motiv einer klassischen Tradition in der Kinderliteratur", in der Buchfassung *Pippi, Pan und Potter* und
- das Klassiker-Lexikon von Bettina Kümmerling-Meibauer bzw. ihre Abhandlung *Kinderliteratur, Kanonbildung und literarische Wertung* (2003).

Die als Buch unter dem Titel *Pippi, Pan und Potter* vorliegende Dissertation von Heidi Lexe, zeitgleich mit Kümmerling-Meibauers Abhandlung 2003 erschienen, nimmt sich die Analyse von 13 Klassikern der Kinderliteratur vor und richtet das Augenmerk deutlich auf die Theoriediskussion. Anknüpfend an E. O'Sullivan unterscheidet sie zwischen Kinderbuchklassikern im Hinblick auf kinderliterarische Kanonbildung und Klassikern der Kinder- und Jugendliteratur im Hinblick auf Texte, „die aus dem literaturwissenschaftlichen Funktionszusammenhang heraus kanonisiert werden" (Lexe 2003, 27). Der Untertitel der Arbeit, „Zur Motivkonstellation in den Klassikern der Kinderliteratur", weist darauf hin, dass sie gleichsam eine Ausgangsbasis für eine Motivgeschichte der Kinderliteratur darstellt.

Zur 12. Tagung der Arbeitsgemeinschaft Kinder- und Jugendliteraturforschung im Jahr 1999 liegt ein deduktiv konzipierter Kriterienkatalog vor (vgl. Seibert 1999b). In dem kurze Zeit später erschienenen, breit ausgearbeiteten und eine induktive Methode gewährleistenden Klassiker-Lexikon

1.12   1.13   1.14

von Bettina Kümmerling-Meibauer findet man in der Einleitung eine umfangreiche „Definition des Begriffs ‚Kinderklassiker‘ ", die in den meisten Punkten mit dem davor genannten Kriterienkatalog Parallelitäten aufweist (Kümmerling 1999, Bd. 1, S. x–xvi). In der Folge werden die erwähnten Kriterien zusammengefasst, wobei vorwegzunehmen ist, dass sich beim Versuch, die Kriterien möglichst dicht gebündelt je Werk zu verifizieren, sechs idealtypische Klassiker im engeren Sinn herauskristallisieren: [Abb. 1.12: *Alice* (1865), Abb. 1.13: *Pinocchio* (1880), Abb. 1.14: *Mowgli* (1894), Abb. 1.15: *Peter Pan* (1904), Abb. 1.16: *Nils Holgersson* (1906), Abb. 1.17: *Pippi Langstrumpf* (1945)]

Auf alle diese Werke trifft zu, dass sich jeweils eine Mehrzahl der im Folgenden angeführten Kriterien feststellen lässt, die gegenüber 1999 erweitert und systematisiert zunächst in alphabetischer Reihung genannt werden. Bei der Erläuterung dieser Kriterien geht es zunächst darum, die Konturen eines präziseren Klassiker-Begriffs zu erarbeiten, aus dem sich ein Funktionsmodell der Kinderliteratur am Beispiel der genannten Figuren ableiten lässt. Mit dieser Aufzählung wird das Ergebnis der Überlegungen in deduktiver Sicht vorweggenommen. Es wird davon ausgegangen, dass einzelne Kriterien bei vielen Klassikern anzutreffen sind, in Summe bzw. dicht gebündelt nur bei wenigen Werken, wobei die sechs genannten als Idealtypen im Sinne einer Klassiker-Typologie als Klassiker im engeren Sinn bezeichnet werden können.

Selma Lagerlöf

Wunderbare Reise
des kleinen Nils Holgersson
mit den Wildgänsen
Ein Kinderbuch

Volksausgabe in zwei Bänden
Erstes bis fünftes Tausend
Erster Band

Einzige berechtigte Übersetzung aus dem Schwedischen
von Pauline Klaiber
Albert Langen, München

1.15   1.16   1.17

- Aventiure-Charakter: Die Erlebnisse des Protagonisten vollziehen sich in austauschbaren, jeweils für sich abgeschlossenen Einzelbewährungen. Dennoch wird ein Maß an Geschlossenheit erreicht, das Fortsetzungen womöglich im Sinn der Serie in Frage stellt. Fortsetzungen als Teil 2 eines Erfolgswerkes (*Alice*, *Heidi* oder auch *Bambi*) fallen qualitätsmäßig ab. Singularität (s. u.) ist dadurch gegeben, dass die Sozialisation authentischen Charakter hat, d.h. mit dem Erzählschluss wird das Ende eines Entwicklungsabschnittes (Übergang von Kindheit zu Jugend bzw. Erwachsen-Sein) erreicht.
- Elternferne: Die Protagonisten bewähren sich unabhängig von Eltern, die zumeist überhaupt unerwähnt bleiben. Dieses Kriterium weist eine deutliche Affinität zum Motiv des „Fremden Kindes" auf.
- Inselmotiv bzw. Reiseliteratur als Ursprung (vgl. Mattenklott 1992)
- Intentionalität: Die Werke sind von vornherein für Kinder geschrieben, nicht erst adaptiert (wie *Robinson*, *Gulliver*, *Don Quichotte* etc.). Diese gehören damit nicht zu den Kinderbuch-Klassikern im engeren Sinn. Die Beschränkung auf die so genannte spezifische Kinderliteratur, die auch von E. O'Sullivan als eigene Gruppe genannt wird, von der sie feststellt, dass sie „etwa ab Mitte des 19. Jahrhunderts [...] zur dominanten Form geworden" ist (O'Sullivan 1997, 91), erscheint als erste notwendige Klarstellung, die im Folgenden zu begründen sein wird.
- Internationalität: Verbreitung des Werkes durch Übersetzungen. Das Kriterium hat sich im Laufe der letzten Jahrzehnte enorm verändert,

wie O'Sullivan mit Berufung auf Untersuchungen von H. Heidtmann darlegt. „An die Stelle einer idealistischen Weltliteratur als Dichtung für Kinder ist ein wahrlich internationaler Weltmarkt für Kinderliteratur und -medien getreten" (O'Sullivan 1997, 101). Nichtsdestoweniger ist festzuhalten, dass die nationale Herkunft eines Klassikers für die Leserschaft des Herkunftslandes ein besonderes zusätzliches Identifikationsangebot darstellt. Klassiker sind Weltliteratur und nationale Ikonen in einem.

- Irrationalität als Nachwirken romantischer Märchenmotive (z. B. Motiv des Fliegens als Verfestigung des romantischen Interesses am Traum)
- Lebensbedrohung oder lebensbedrohliche Krankheit stellen häufig eine handlungsbestimmende Zäsur bei den Klassikern dar.
- Programmatik der Titelfigur als Identifikationsangebot: Der Name des Protagonisten ist auch der Titel und signalisiert damit ein bestimmtes kindheitstypologisches Programm. Im Gegensatz zum allgemein literarischen Klassiker-Begriff bezieht sich der kinderliterarische nicht auf bestimmte Autoren, sondern auf bestimmte Werke. Dieses Phänomen, das gewiss zum Erfolg der Klassiker beigetragen hat, wird von B. Hurrelmann als „ikonographische Prägnanz der Mittelpunktsfiguren" bezeichnet (Hurrelmann 1995, 17 f.). Bei manchen Werken, die nicht zu Klassikern geworden sind, lässt sich umgekehrt argumentieren, dass ihnen bei entsprechender Titelgebung eine vermehrte Rezeptionsbereitschaft beschieden gewesen wäre. So etwa bietet der Roman *Das Gemeindekind* von Marie von Ebner-Eschenbach trotz seiner sehr deutlichen inhaltlichen Kindheitsadressierung eben vom Titel her keine kindliche Identifikationsmöglichkeit, sondern verwehrt sie vielmehr durch das Signal der Gesellschaftskritik im Gegensatz zu *Oliver Twist* von Charles Dickens, mit dem er durchaus vergleichbar ist.
- Rebellen-Motiv: Das Scheitern des Rebellen entspricht dem Scheitern einer fortgesetzten Kindheit. Damit verbunden ist die Priorität der Menschen- gegenüber den Tierfiguren. (Weder Felix Saltens *Bambi* noch Waldemar Bonsels *Biene Maja* sind in den Sammelband von B. Hurrelmann aufgenommen.) Die Infragestellung einer bloß repräsentativen Autorität entspricht der Auffassung von Kindheitsgestaltung als einer Ästhetik des Widerstandes.
- Singularität: Dem Autor ist es mit einem (und nur einem) Werk gelungen, das Kindheitsthema besonders überzeugend und mit nachhaltiger Wirkung zu gestalten. Mit diesem Kriterium wird zum einen auf das Phänomen verwiesen, dass jeweils ein Werk eines Autors die anderen – auch wenn es kinderliterarische Werke sind – an Wirkmächtigkeit deutlich überstrahlt; das hat zur Folge, dass nicht der Autor der Klassiker ist (wie im allgemeinliterarischen Spektrum), sondern sein Protagonist.

Formenwandel

Zum anderen wird damit auch die Ende des 19. Jahrhunderts entstehende
Serien-Literatur aus dem engeren Klassiker-Begriff ausgeschlossen.

Diese überarbeitete Version des bereits 1999 veröffentlichten Kriterien-Katalogs versteht sich als ein Angebot zur fortgesetzten Diskussion des Klassiker-Phänomens. Es bleibt festzuhalten, dass diesem und ähnlichen Versuchen das Moment der mehr oder minder zufälligen Beobachtung innewohnt, sodass in der Folge noch ein weiterer Versuch zur Systematisierung vorzuschlagen ist. Ein Kriterium, das ob seiner Evidenz kaum wo Erwähnung findet, ist das Moment des guten Schlusses, das näher besehen jedoch als Ausdruck der Konzentration auf eine utopische Perspektive der Kindheit zu verstehen ist, auf einen in seinem So- und Dasein vorgesellschaftlichen und nicht selten auch vor- bzw. außerfamiliären Zustand des Kindes.

Dieses bisher nicht eigens genannte, wenngleich gewiss oft mitbedachte Kriterium birgt in sich das Moment der Zeitlosigkeit, das insbesondere, wenn nicht ausschließlich, der von der Jugendliteratur auch derart unterscheidbaren Kinderliteratur zukommt. Es hat den Anschein, als würde sich aus diesem zunächst beiläufigen Hinweis eine Diskussion entwickeln lassen, die einen ganz eigenen phänomenologischen Zugang zu diesem Genre ermöglicht, der bisher kaum explizit erwähnt wurde. Das Kinderbuch ist der Thematisierung eines vorgesellschaftlichen Soseins und Daseins verschrieben, das seine Welterfahrung auf den engsten Erfahrungshorizont der Unmittelbarkeit reduziert. Alles, was im Kinderbuch in Erscheinung tritt, ist idealerweise primär räumlich und emotional, nicht zeitlich und nicht rational definiert.

Einmal mehr sei betont, dass Kinderliteratur darin als eine durchaus anspruchsvolle Variante dessen erscheint, was in einem allgemeineren Sinn als Kindheitsliteratur bezeichnet werden kann. Das Utopische, oder anders gesagt die Zeitlosigkeit, ist somit als die Abstraktion der genannten Kriterien zu verstehen, die sich etwa in folgender Weise systematisieren lassen:

Metaebene		Zeitlosigkeit
Autorebene		Intentionalität, Singularität
Werkebene	Form	Aventuire, Irrationalität, Reiseliteratur
	Inhalt	Elternferne, Fremdes Kind, Inselmotiv, Lebensbedrohung, Rebellenmotiv
Rezeptionsebene		Internationalität, Programmatik der Titelfigur

Schema 2: Struktur zu den Kinderbuch-Klassiker-Kriterien

In den 27 ausführlichen Klassiker-Interpretationen, wie sie in den von Bettina Hurrelmann herausgegebenen Klassiker-Studien vorliegen (Hurrelmann 1995), ließen sich eine ganze Reihe von Bestätigungen dieser Kriterien finden. Die Beobachtung zu Johanna Spyris *Heidi*, „Keines der Bücher vor oder nach dem Heidi-Roman hat eine vergleichbare Berühmtheit erlangt, keines außer Heidi den religiös-sentimentalen Lesegeschmack der Zeit überlebt" (ebd., 193), etwa ist eine Bestätigung der These von der Singularität und ließe sich mit jeweils anderer Begründung von den meisten in den Band aufgenommenen Klassikern ebenso behaupten. Der Hinweis von Heidi Lexe, dass dieses Kriterium etwa bei *Pippi Langstrumpf* oder bei *Emil und die Detektive* nur bedingt gültig sei, weil Astrid Lindgren oder Erich Kästner auch durch andere Werke bekannt seien (Lexe 26), liegt auf der Hand. Zum einen ist aber dazu zu sagen, dass diese Figuren mit Abstand die bekanntesten Figuren der genannten Literaturschaffenden sind, zum andern, dass hier das Moment der Figurendominanz, also der Umstand, dass die Figur mehr Popularität aufweist als ihr Autor oder ihre Autorin, auch nicht mehr zutrifft. Lindgren oder Kästner sind mindestens so bekannt wie ihre Figuren, im Gegensatz zu den Autoren der singulär stehenden *Alice*, *Heidi* oder *Mowgli*, *Peter Pan* oder *Pinocchio*. Wir haben es bei Kästner und Lindgren eben durch die Vielzahl der Werke bereits mit einem ganz anderen Autorentyp jenseits des postromantischen Kindheitsbildes zu tun. Damit bestätigt sich das Argument einer in der Zwischenkriegszeit zu Ende gehenden Periode der Entstehung von Kinderbuch-Klassikern.

Das Kriterium der Singularität ist also offensichtlich mit dem einer Autortypologie zu verbinden. Vor allem die Autorinnen, die um 1900 ihre Mädchenromane in Folgebänden veröffentlichten – Clementine Helm mit *Backfischchens Leiden und Freuden* (1863 ff.), Emmy von Rhoden mit *Trotzkopf* (1885 ff.) und Else Ury mit *Nesthäkchen* (1918 ff.) und ebenso Karl May, dessen *Gesammelte Reiseromane* 1882–1910 erschienen, machten mit der Serienhaftigkeit ihrer Werke das Genre zum Metier. Diese literarhistorischen Überlegungen kommen im dritten Kapitel ausführlicher zur Sprache.

Das Zusammenwirken dieser Kriterien in den genannten sechs idealtypischen Klassikern führt zur Frage der Wirkung bzw. zu ihrer vorbehaltlosen Weitergabe von Generation zu Generation. Die von Hurrelmann im Rahmen didaktischer Überlegungen bedachten „intensiven Rezeptionserfahrungen mehrerer Generationen" (Hurrelmann 1996, 19) tragen nachhaltig dazu bei, den Klassiker-Begriff durch schulische und familiäre Tradierung zu determinieren. Die Rezeptionserfahrung wäre allerdings als ein äußeres Kriterium anzuführen, und im Gegensatz dazu die hier erläuterten als innere Kriterien zu verstehen. Zur Verdeutlichung sei nochmals

Hurrelmann zitiert: „Hat man diesen Blickwinkel einmal eingenommen,
so sieht man in der Tat ‚überall Klassiker'" (ebd.).

Gegenüber dieser generalisierenden Sicht, in der allein schon aus marktstrategischen Gründen alle Kinder- und Jugendliteratur, die älter als eine Kindergeneration ist, dennoch weiter verlegt wird und in gezielter Verwechslung mit Longsellern verkaufsträchtig zu Klassikern avanciert, gegenüber diesem rein merkantil-ökonomischen Klassiker-Begriff also, der zum Verkaufs-Etikett mutiert, ginge es darum, sich auf einen genuin literaturwissenschaftlichen Klassiker-Begriff als Konsensmodell zu einigen. Dabei ist auch davon abzusehen, dass durch die Aufnahme von Klassikern in Verlagsprogramme wie Arena oder Ravensburger diese selbst zur Serie werden. Dies ist wohl mit eine Ursache für die schwammige Handhabung des Klassiker-Begriffs auch in der wissenschaftlichen Diskussion, in der literarische Traditionen einerseits und pädagogische und kommerzielle Rezeption andrerseits permanent miteinander verwechselt werden.

Klaus Doderer führte den Begriff „zählebig" als Beschreibung der Wirkung von Klassikern im Allgemeinen ein. Dieser Begriff scheint jedoch eher auf diejenigen zuzutreffen, die nur mit Vorbehalten weitergegeben werden, weil sie lediglich Teile des Kriterienkatalogs erfüllen und damit außerhalb der Klassiker im engeren Sinn stehen. Zählebig ist eher die permanente – auch unter Fachleuten nicht auszumerzende – Vermengung des gesamten Textkorpus, der schon von Birgit Dankert in Klassiker, Bestseller und Lieblingsbücher differenziert wurde. Für die Klassiker im engeren Sinn bildet sich hingegen ein Begriff der Gemeinsamkeit, der als „basale Erinnerung" zu bezeichnen wäre. Es handelt sich dabei um eine besondere Art von Imagologie, die aus meist früher Kindheit Erlebnisbilder ohne Erlebniszusammenhang ins Gedächtnis ruft, wobei diese perseverativ in den Erlebnisverlauf gelangen. In die basalen Erinnerungen sind auch Leseerinnerungen einbezogen, meist verbunden mit Illustrationen bzw. literarischen Figuren. Im Gegensatz zu Archetypen handelt es sich dabei um individuelle Erinnerungen, die allerdings in ihrer qualitativen und quantitativen Präsenz eine Wirkmächtigkeit aufweisen, die sie mit den Archetypen vergleichbar macht. Sie sind möglicherweise als Manifestationen von Archetypen bzw. als Objektivierungen von menschlichen Wesenseigenschaften wie Freundschaft, Trauer, Arbeit, Not, Leid, Ungerechtigkeit – also als Motive früher Welterfahrung zu verstehen.

1.3.3 Literarisches Kinderbuch der Gegenwart

Neuerungen in der Kinderliteratur sind wie alle literarischen Innovationen immer auch begleitet von einem Infragestellen des Inventars an Gattungen. Insofern Kinderliteratur es immer mit einer bipolaren Leserschaft (Eltern und Kinder) zu tun hat und diese Bipolarität in zunehmendem Maße reflektiert, vollzieht sich diese Reflexion in einer zunehmenden Infragestellung von herkömmlichen Formen und Inhalten des Genres.

Wenn dieser Form-Inhalt-Bestand für Eltern nicht mehr verbindlich ist – zu Recht spricht man bei dem Genre von Schnelllebigkeit –, wird er auch von Kindern abgelehnt. Man könnte diese Verunsicherung, die sich selbstverständlich auch auf das Metier auswirkt, als kindlichen Agnostizismus bezeichnen (Seibert 1999a).

Die noch ausführlicher zu behandelnde Gattung der Phantastischen Erzählung, die sich in Österreich besonders ausgeprägt in Auseinandersetzung mit spezifisch österreichischen Literaturtraditionen entwickelte, ist als Beispiel für eine solche Innovation der Kinderliteratur zu verstehen. Generell lässt sich an dieser Stelle sagen, dass Phantastische Kinderliteratur poetologisch als Parodie bzw. Travestie des Märchens aufzufassen ist; ironisiert wird dabei jedoch nicht das Märchen selbst, sondern die Märchenpädagogik, d. h. der pädagogisierende Umgang der Literaturvermittler (des Metiers) mit den Gattungen (dem Genre) der so genannten einfachen Formen. Ihre Funktionalisierung provoziert eine literarische Reaktion, die in Form der phantastischen Erzählung einen generellen Gattungswandel in der Kinderliteratur zur Folge hatte.

Ähnlich wie die Phantastische Erzählung ist auch das vom so genannten „Wiener Autorenkreis" kreierte *Sprachbastelbuch* poetologisch als Parodie aufzufassen, und zwar als Parodie sowohl der autoritären als auch der antiautoritären Wortgläubigkeit in weit zurückreichender österreichischer Tradition der literarischen Sprachkritik. Die Bezeichnung „Wiener Autorenkreis" ist einem Artikel von Ingrid Weixelbaumer entnommen. Sie zählt dazu: Mira Lobe, Vera Ferra-Mikura, Friedl Hofbauer, Karl Bruckner, Wilhelm Meissel, Käthe Recheis, Christine Nöstlinger, Lene Mayer-Skumanz, Ernst A. Ekker und Renate Welsh (Weixelbaumer 1991, S. 72). [Abb. 1.18: *Das Sprachbastelbuch*]

Als eine weitere österreichtypische Innovation ist die verstärkte Präsenz von Autoren der Erwachsenenliteratur in der Kinderliteratur zu werten, die als eine Ausweitung des von Ewers vorgeschlagenen Schemas der „Autorentypen im kindlichen Bereich" zu behandeln wäre. In der Charakteristik ihrer Autorschaft ist ebenfalls von einem Prozess der Abwehr herkömmlicher pädagogischer Funktionalisierungen der kinderliterarischen Gattungen auszugehen. Die hier angedeuteten Tendenzen, von denen die Kinderliteratur der Gegenwart als Genre betroffen ist, sollen in den beiden folgenden Kapiteln unter zwei Begriffen zusammengefasst werden, die als Erweiterungsvorschlag des poetologischen Begriffsinventars (zu dem poetologischen Begriffsinventar) zu verstehen sind.

1.3.3.1 Antikinderroman

Die Revolution von 1968 hatte ein völlig neues Jugendbild und in der Folge auch eine anhaltend neue Jugendliteratur, nicht aber eine wirklich neue Kinderliteratur zur Folge. Was um 1968 als antiautoritäre Erziehung diskutiert und praktiziert, nicht selten auch überstrapaziert und verhängnisvoll prolongiert wurde, war hinsichtlich der Kinderliteratur im Keim schon angelegt: zunächst in Astrid Lindgrens Kinderbuch *Pippi Langstrumpf* aus dem Jahr 1945, von Zeitgenossen ebenso heftig diskutiert, und später in einer relativ stillen Revolution um 1955, die heute ziemlich in Vergessenheit geraten ist. Hierbei handelt es sich um eine literarische Revolution, mitgetragen von der Österreicherin Erica

1.18

Lillegg (1907–1988), die ein gutes Dutzend interessanter Kinderbücher geschrieben hat. Lillegg gehört zu jenen Literaturschaffenden, die meist nur durch ein einzelnes Werk bekannt sind und mit ihrer Bekanntheit gänzlich hinter dieses Werk zurücktreten. Bei ihr ist es der Roman *Vevi* aus dem Jahr 1955 – eine Doppelgängergeschichte mit komplexer Handlungsführung, in der das Alter Ego der Protagonistin sein Unwesen treibt und erst unter Aufwendung von List und einer Art von Naturmagie wieder unschädlich gemacht werden kann.

In der Fachliteratur des deutschsprachigen Raumes war Erica Lillegg eine der am meisten genannten Repräsentantinnen der Phantastischen Erzählung. Die Schweizer Kinderbuchhistorikerin Bettina Hürlimann prägte in ihrem Standardwerk *Europäische Kinderbücher in drei Jahrhunderten* aus dem Jahr 1959 das geflügelte Wort „eine kleine Revolution im deutschen Kinderbuch". Aufgrund mangelnder Recherche bezüglich Lilleggs Biographie von Seiten der Fachkreise, des nachlässigen Umgangs mit der Unterscheidung zwischen „deutsch" und „deutschsprachig" sowie der Tatsache, dass sie in deutschen Verlagen (Ellermann, Thienemann u. a.) publizierte, galt die Autorin fälschlicherweise als Deutsche. In Österreich blieb sie überhaupt weitgehend unbekannt, ebenso wie ihr Mann Edgar Jene, der geistige Vater der Wiener Schule des Phantastischen Realismus. Zudem wurde Kinderliteratur zu jener Zeit in Österreich noch nicht als eigenes Feld im Rahmen literaturwissenschaftlicher Forschung angesehen. Winfred Kaminski (Frankfurt a. M./Köln 1988) bezeichnet *Vevi* immerhin als „erste genuin deutschsprachige Phantastische Erzählung", Gundel

Mattenklott erwähnt sie wiederholt in ihrem Buch *Zauberkreide* (Stuttgart 1989), ohne jedoch auf Lilleggs Biographie einzugehen. *Vevi* sowie etliche andere Werke Lilleggs wurden inzwischen ins Japanische übersetzt, nur in Österreich, v. a. in der österreichischen Fachliteratur, hat man die „deutsche" Autorin ziemlich vergessen, was auch damit zusammenhängen mag, dass sie seit Mitte der 1950er-Jahre mit ihrem Mann in Paris lebte.

Nicht minder relevant als die auf Quellenmaterial beruhende Rekonstruktion eines literarischen Werdeganges ist die Untersuchung literarhistorischer Zusammenhänge, die sich im Fall der Phantastischen Erzählung in Österreich geradezu aufdrängen, vorerst auch ohne Miteinbindung von Erica Lilleggs Schaffen. Es erscheint spannend, darauf hinzuweisen, dass diese Literaturgattung in Österreich auf einem besonderen literarischen Boden gewachsen ist, nämlich auf der von Sprachwitz, Sprachkomik und Sprachkritik getragenen Tradition des Wiener Volkstheaters bis hin zur Skurrilität des Fritz von Herzmanovsky-Orlando. Joh. N. Nestroy, aber auch Hugo v. Hofmannsthal, Karl Kraus und Ludwig Wittgenstein stehen als große Weggefährten in dieser Tradition, die das Zusammenpassen von Sprache und Wirklichkeit als philosophisches Problem, als Wahrheitsproblem schlechthin, aber auch als Auslöser für komödiantische Gestaltung in sich birgt. Offensichtlich lässt sich die österreichische Variante der Phantastischen Erzählung aus der Perspektive verstehen, dass die Skepsis gegenüber sprachlicher Verdinglichung Kindern in höherem Maße gegeben ist als Erwachsenen. Von dieser Einsicht bis zu den Doktrinen der antiautoritären Erziehung ist ein langer Weg.

Diese retrospektive Sicht aus dem Blickwinkel einer vermeintlich simplen Kinderbuchgattung wurde schon mehrfach angestrengt. Eine der prominentesten österreichischen Vertreterinnen der phantastischen Erzählung, Vera Ferra-Mikura, hat sie selbst in ihrem oft zitierten „Schachbrett-Vergleich" mit realen und irrealen Feldern des Erzählens zur Diskussion gestellt. Es lässt sich aber auch prospektiv ein Phänomen feststellen, das die nicht zwingend logische Trennung von Kinderliteratur und allgemeiner Literatur in Frage stellt: das Fortwirken der im Wesentlichen durch die Phantastische Erzählung geprägten Kinderbuchsituation der 1950er und -60er-Jahre innerhalb der allgemeinen Literatur. Dieses Fortwirken ist offenbar in einem Maße gegeben, dem zufolge die als simpel bezeichnete Kinderbuchgattung revidiert werden muss. In der neueren österreichischen Gegenwartsliteratur hat die literarische Verarbeitung des Themas Kindheit – wie bereits an anderer Stelle erwähnt – einen hohen Stellenwert. Bei einer relativ großen und anwachsenden Zahl von österreichischen Autorinnen und Autoren der allgemeinen Literatur trifft man immer wieder auf Bücher, die man als kinderliterarische Zwischenspiele verstehen könnte, wie bei H. C. Artmann, Milo Dor, Barbara Frischmuth, Marianne

Formenwandel

Gruber, Reinhard P. Gruber, Erich Hackl, Peter Handke, Michael Köhlmeier, Friederike Mayröcker, Felix Mitterer und Helmut Zenker. Es sind
wohlgemerkt an Kinder adressierte Zwischenspiele, die neben der ebenso
auffällig intensiven Thematisierung von Kindheit in der österreichischen
Literatur als weiteres Subphänomen einen eigenen literarischen Sektor
darstellen. Schließlich gibt es aber noch ein drittes Subphänomen, das
österreichspezifisch sein dürfte:

Zu beobachten ist etwa, dass in aktuellen Romanen die Protagonisten
nicht nur Kindheitserinnerungen reflektieren, sondern dass auch ihre Leseerinnerungen zu Thema werden. Für Arno Geiger wird in *Es geht uns
gut* der Kinderbuchbestseller *Die drei Stanisläuse* von Vera Ferra-Mikura
zu einer Art Leitfaden. Robert Menasse spricht in *Don Juan de la Mancha*
wiederholt von Karl May, Erich Kästner und Karl Bruckner bzw. von
„Jugendliteratur" und von „Kinderbüchern". Paulus Hochgatterer kommt
in *Die Süße des Lebens* auf Astrid Lindgren, Mira Lobe und Christine
Nöstlinger zu sprechen. Ähnliches Memorieren findet sich bei Barbara
Frischmuth, die unter den österreichischen Literaturschaffenden neben
ihrer Allgemeinliteratur die meisten Kinderbücher veröffentlicht hat. In
ihrem Roman *Die Schrift des Freundes* lässt sie ihre Protagonistin ihrer
Kindheitslektüre gedenken, wobei sie nicht einmal Autorinnen und Autoren nennt, sondern mit Titelangaben wie *Rosa Riedl Schutzgespenst, Wo
die wilden Kerle wohnen* oder *Die Omama im Apfelbaum* die literarische
Imagologie ihrer Kindheit reflektiert.

Bisweilen handelt es sich bei solchen Intertextualitäten auch um eine
harsche Kritik des offenbar als dirigistisch empfundenen Wirkens des Buchklubs der Jugend, wie sie in Menasses Roman *Schubumkehr* zur Geltung
kommt, ähnlich auch bei Werner Kofler in *Guggile* (vgl. Seibert 2005, 263f.).

Dass all diese intertextuellen Anspielungen von allgemeiner Literatur
auf Kinderliteratur, wie auch die fast schon ritualisierte Thematisierung
von Kindheit in der österreichischen Germanistik, allenfalls beiläufig zur
Sprache kommen, könnte man als interpretatorische Kindheitsverdrän-
gung verstehen, eine Einstellung, die immer dann, wenn von Kindheit
oder Kinderliteratur die Rede ist, die Zuständigkeit in die Pädagogik oder
in die Didaktik verschiebt. Bei dieser Ballung von literarischem Kindheits-
verhaftet-Sein müsste hingegen erkennbar werden, dass unter den österreichischen Literaturschaffenden offensichtlich eine (latente) kollektive
Prägung stattgefunden hat, die nach individueller Aufarbeitung drängt.
Die manifeste Realität dieser Prägung lässt sich durchaus in Form von
realen Kollektiven rekonstruieren; zum einen ist dies der Österreichische
Buchklub der Jugend, wie er in den 1950er und -60er-Jahren die literarische
Sozialisation in Stadt und Land bis in die fernsten Gebirgstäler flächen-
deckend, konkurrenzlos und marktbeherrschend versorgte.

Innerhalb dieses Großkollektivs bildete sich Ende der 1960er-Jahre „die Gruppe" (der von Weixelbaumer so genannte „Wiener Autorenkreis"), die weniger programmatisch, eher lustvoll sprachbastelnd, aber auch kritisch sich ins Gehege kommend die Kinderliteratur diskutierte und für sich neu erfand. Es war eine Art Kleinkollektiv zwischen „Gruppe 47" und der „Wiener Gruppe", insofern modern und auf der Höhe der Zeit, jedoch zu sehr mit sich selbst beschäftigt, um als Literaturkollektiv öffentlich zu werden. Was an Programmatik im Buchklub zu viel war, war in der „Gruppe" – bei aller Originalität der Einzelleistungen – an kollektiver Profilierung vielleicht zu wenig. Die allmähliche Auflösung dieser „Gruppe" verlief zeitgleich mit der nun einsetzenden Kindheitsentdeckung durch die allgemeine Literatur, wie sie oben skizziert wurde. Die Lesesituation der Kinder und Jugendlichen der 1950er und -60er-Jahre ist so als das Aufgedeckte dessen zu verstehen, was Sigmund Freud als Deckerinnerung definierte. Da sich bis dahin in Österreich auch die Literaturwissenschaft nicht um die Kinderliteratur gekümmert hatte, gingen offenbar die Literaturschaffenden selbst daran, sie auf ihre Weise aufzuarbeiten.

Erica Lillegg (fast eine Generation älter als die meisten der „Gruppe" und in Paris lebend) war in diese kollektiven Strukturen nicht eingebunden. Das Kollektiv, aus dem heraus ihre Literatur zu verstehen ist, war der Surrealismus, wie er in Österreich in der unmittelbaren Nachkriegszeit diskutiert wurde. Dennoch muss auf das kinderliterarische Umfeld etwas ausführlicher eingegangen werden, um ihre Sonderstellung als österreichische Autorin erklärbar zu machen. Erica Lillegg war – als eine sowohl den Kunstströmungen ihrer Zeit als auch deren Auswirkungen auf Kindheitsfragen gegenüber überaus sensible Autorin – in Österreich so bedeutsam wie Gianni Rodari in Italien, Anna M.G. Schmidt in Holland und Benno Pludra in der DDR. Man könnte mit diesen vier Autoren von einem Autorenquartett europäischer Fortschreibung des Kindheitsbildes von Astrid Lindgren sprechen. Während aber diese Weiterführung in Italien, in Holland und in der DDR tatsächlich so gesehen wurde, fand Lillegg damals in ihrem Land nicht die ihr gebührende Anerkennung als Kinderbuchschriftstellerin. Auf der Suche nach einem Verlag für *Vevi* wurde sie in Wien abgewiesen. In Deutschland hingegen wurde ihre Literatur mit Begeisterung an- und aufgenommen und neben Autoren wie Michael Ende und Otfried Preußler als eine Bereicherung im Rahmen der Kinderliteratur angesehen. Näher besehen sind Lilleggs Bücher tatsächlich anders als die anderen, was durch reine Inhaltsangaben, die hier absichtlich ausgespart bleiben, nur bedingt erkennbar würde und im Fall von *Feuerfreund*, einer magisch-mythischen Muttersuche, noch weit komplizierter als bei *Vevi* und dennoch nichtssagend ausfiele, weil die besondere Faszination ihrer Bücher eben in der Gestaltungsweise liegt. Sie repräsentieren, im

Falle von *Vevi* mit den Illustrationen von Dorothea Stefula, eine einzigar-
tige Facette innerhalb der modernen Kinderliteratur. Lilleggs Revolution
war keine pädagogische, wie die von 1968, sondern eine poetische.

Damit steht Lillegg als eigene Kinderliteratur-Vertreterin neben den
bereits erwähnten modernen Vertretern bzw. Institutionen, dem Kleinkollektiv der „Gruppe" und auch dem Großkollektiv des Buchklubs der
Jugend. So verdienstvoll das Wirken Richard Bambergers als Leiter des
Buchklubs war, nicht zuletzt in Bezug auf die Leseerziehung, so sehr
wurde damit auch eine Funktionalisierung von Kinderliteratur in die
Wege geleitet, die zu ihrer Zeit modern anmutete, die die Kinderliteratur
jedoch auch gegenüber anderen kulturellen Innovationen abschottete.
Dies lässt sich auf die Institutionalisierung zurückführen, durch die zwar
ein nicht zu unterschätzender Beitrag zur Bildung der Nachkriegsjugend
geleistet wurde, zugleich jedoch auch eine Enklave entstanden war. Dass
Ferra-Mikura wenige Jahre zuvor inmitten des allgemeinen literarischen
Geschehens stand und in *Plan* sowie in anderen Literaturzeitschriften veröffentlichte, wurde ausgeblendet, und dass Käthe Recheis mit ihrem
Roman *Schattennetz* (1964) eine Fortschreibung jener anderen österreichischen Version der Trümmerliteratur versuchte, wie sie Ilse Aichinger
1948 mit *Die größere Hoffnung* eingeleitet hatte, verursachte in diesem
Kollektiv eher Irritationen.

So wurden auch Lilleggs außerhalb Österreichs höchst erfolgreiche
Romane *Vevi* und *Feuerfreund* kaum wahrgenommen, obwohl vor allem
Vevi ein zeitloses Werk ist und damit durchaus auch in den Klassiker-
Kanon aufgenommen werden sollte. Wir können heute rückblickend von
einer Früh-, einer Hoch- und einer Spätphase der Phantastischen Erzählung sprechen, wobei die beiden Zäsuren 1955 mit Lilleggs *Vevi* und 1970
mit Nöstlinger angesetzt werden können. Die Frühphase ist als eine allmähliche Ablöse vom Märchen zu verstehen, die Hochphase als ein eigen-
ständiges Genre, in das zunehmend auch soziale Themen einfließen, die
Spätphase als ein allmähliches Verschwimmen der Grenzen zwischen
Phantastischer Erzählung und Fantasy, deren Unterscheidung inzwischen
weitgehend ignoriert wird. Was die Phantastische Erzählung ursprünglich
war, könnte durch eine Neuauflage von *Vevi* in Erinnerung gerufen werden.

Spätestens seit dem Erscheinen des Romans *Schöne Tage* (1974) von
Franz Innerhofer gibt es in der Literaturwissenschaft einen Diskurs um
den Begriff des Antiheimatromans. Die Idee der Negation von Gattungsbegriffen findet sich auch in anderen Genres und nicht immer nur dort,
wo der Idylle eine Antiidylle entgegengesetzt wird. So etwa wird auch der
Detektivgeschichte die Antidetektivgeschichte eines Friedrich Dürrenmatt
oder eines Heinrich Böll entgegengesetzt, dem des Märchens das Anti-
märchen, z. B. Ingeborg Bachmanns *Undine geht*. In der englischen Litera-

tur werden den so genannten Utopias die Dystopias entgegengesetzt, die eine unheilvolle Zukunft repräsentieren, wie Aldous Huxleys *Brave New World* oder George Orwells *1984*.

Nicht zuletzt entstehen in den Gattungen der Kinderliteratur meist durch parodierende Umformungen neue Erzählformen; insbesondere Sagen- und Märchenparodien wie die von Franz Sales Sklenitzka verweisen auf den restriktiven Gehalt der so genannten einfachen Formen dort, wo sie als Instrument der Erziehung in Anwendung gebracht werden. Letztendlich ist auch die besonders in der österreichischen Kinderliteratur ausgeprägte Gattung der Phantastischen Erzählung als kritische Reaktion auf die traditionelle Kinderliteratur zu verstehen. Der Kinderroman von Marianne Gruber, *Esras abenteuerliche Reise auf den blauen Planeten,* könnte schließlich als ein Anti-Science-Fiction-Roman aufgefasst werden.

Grundsätzlich zu unterscheiden von diesen Neuansätzen innerhalb der Gattung Kinderliteratur durch Negation von gattungsimmanenten Erzählformen ist die Infragestellung der Gattung insgesamt. Sie erfolgt durch einen Typus, der als Antikinderroman zu bezeichnen wäre. Beispielhaft dafür sind zwei Romane österreichischer Autorinnen: Elfriede Jelinek, *Michael, ein Jugendbuch für die Infantilgesellschaft* (1972) und Barbara Frischmuth, *Die amoralische Kinderklapper* (1985). Romane dieser Art füllen offenbar eine Lücke innerhalb der avantgardistischen Literatur, in der das Thema Kindheit weitgehend ausgeklammert war bzw. einer nach wie vor pädagogisierenden Kinderbuch-Szene überlassen wurde. Ein weiteres Beispiel stellt Ingeborg Bachmann mit ihrer Erzählung *Alles* aus *Das dreißigste Jahr* mit der Figur des bösen bzw. „dissidenten" Kindes dar, wie Schmidt-Dengler es nennt (W. Schmidt-Dengler 1995b, S. 25).

Noch deutlicher als Elfriede Jelinek nimmt Barbara Frischmuth auf Versatzstücke aus der Kinder- und Jugendliteratur Bezug. Ihre 1985 erschienene *Amoralische Kinderklapper* ist, Jelineks *Michael* in vielem vergleichbar, nicht ihrer sonstigen Erwachsenenliteratur zuzurechnen, aber auch außerhalb der Genres der Kinder- oder Jugendliteratur gelegen, wobei bei Frischmuth hinzuzufügen ist, auch außerhalb ihrer sonstigen Kinderliteratur. Die *Amoralische Kinderklapper* zitiert jedenfalls im Titel und auch in ihrem Motto die *Moralische Kinderklapper* des Johann Karl August Musäus: „Jedoch die treflichen Moralen sind bey der Jugend Nullen ohne Zahlen." Dem Inhalt nach handelt es sich um die Geschichte eines Kindermädchens, das mit der ihr anvertrauten Horde von Kindern deren meist bösartigen Verhaltens wegen nicht zurande kommt. Die Namen der Kinder erinnern deutlich an Kiplings *Dschungelbücher,* an Hoffmanns *Struwwelpeter,* und auch manche weitere Passagen erscheinen geübten Kinderbuchlesern als Anspielung, wie etwa das folgende Zitat als Anlehnung an eine ähnliche Pulswärmer-Sequenz in Else Urys *Nesthäkchen,* mit dem das Frischmuthsche Kindermädchen auch den Namen Annemarie gemein hat. Im Vergleich der beiden folgenden Zitate wird deutlich, dass Frischmuths Kindermädchen Annemarie ein in die Jahre gekommenes Nesthäkchen darstellt, das erheblich an Pausbäckigkeit eingebüßt hat und mit seinen internalisierten Verhaltensnormen der „modernen" Kindergeneration ziemlich hilflos ausgeliefert ist:

> „Weißt du, was dann ist, wenn die Welt untergeht? fragt Leo die Großmutter, die sich Pulswärmer strickt und dazu schwarzen Kaffee trinkt. Woher soll ich das wissen? Wenn sie untergeht, geht sie unter, was soll dann noch sein, sagt die Großmutter,

ohne Leo über den Nickelrand ihrer Brille hinweg anzusehen." (Barbara Frischmuth: *Amoralische Kinderklapper*, S. 89)

[Abb. 1.19: Frischmuth: *Amoralische Kinderklapper*]

1.19

> „Ein alter Frauenkopf mit silbernem Scheitel und ein goldblonder Kinderkopf neigten sich über graue Strickarbeit. [...] Immer langsamer bewegten sich die braungebrannten kleinen Hände, und schließlich schleuderte Annemarie den kaum begonnenen Pulswärmer mit jähem Entschluß auf den Steinboden. [...] „Liebstes, einziges Großmuttchen, was sollen denn bloß unsere Soldaten bei dieser dollen Bärenhitze mit den dicken Pulswärmern? [...]"(Else Ury: Nesthäkchen und der Weltkrieg. Eine Erzählung für Mädchen von 8–12 Jahren. Meidlingers Jugendschriften Verlag GmbH., Berlin o.J., S. 5)

Im fortgesetzten Vergleich der beiden Textstellen, in denen beide Male noch öfters von Pulswärmern die Rede ist, wird die Ähnlichkeit immer deutlicher; der Großmutter-Enkel-Dialog hat eine weltbedrohliche Situation zum Gegenstand, bei Ury die deutschen Soldaten in Russland, also den Ersten Weltkrieg, bei Frischmuth schlicht die Vision eines Weltuntergangs, die von den Utopien einer besseren Welt abgelöst wird. Schließlich ist da wieder das Mädchen Annemarie, quasi das „gealterte Nesthäkchen", das sich bei Ury in noch ernst gemeinte Wortkaskaden verliert, wie sie bei Frischmuth ständig aufs Korn genommen werden.

Die andere Art von Literarisierung der Kindheit, wie sie im Antikinderroman als Innovation erscheint, ist in der Einsicht begründet, dass die Gefahren der Welt, vor denen das Kind bewahrt werden soll, durch ihre

Thematisierung sich selbst parodieren, wobei ihre Funktionalisierung als Erziehungsmittel erkennbar wird. Zum eigentlich Gefährlichen der Welt wird derart ihr infantiler Anschein. In einer zunehmend infantilisierten Gesellschaft, in der die eigentlichen Gefahren der Welt den Kindern, aber auch den Erwachsenen nicht mehr einsichtig sind, wird das permanente Thematisieren als leere und sinnlose Funktion enthüllt. Kindheit wird damit aber gleichzeitig zu einer funktionalisierten Fiktion der Erwachsenenwelt und ihrer Vorstellungen von Erziehung, die sich herkömmlich im Bereich der Familie ereignet, und macht damit die Familie zu einer Enklave eben nicht der Kinder- sondern der Kindheitsbewahrung. Der eigentliche Gegenstand, das Objekt des Bewahrens ist dabei nicht mehr das Kind an sich, sondern seine verdinglichte Infantilität, womit eben das, wovor das Kind bewahrt werden soll, zu seiner ständigen Belastung wird. Der Antikinderroman zeigt sich damit einem Diskurs zuschreibbar, der auf die Gegensätzlichkeit von aufklärerischen und romantischem Kindheitsbild zurückgeht, wobei zu überlegen wäre, ob nicht im modernen Antikinderroman das bei den Klassikern konstatierte postromantische Kindheitsbild seine Fortsetzung findet, die sich sowohl vom aufklärerischen als auch vom romantischen Kindheitsbild kritisch distanziert.

1.3.3.2 Ephemere Kinderliteratur

Neben den hier skizzierten Intertextualitäten, die zu einen Typus des Antikinderromans tendieren, ist noch kurz darauf zu verweisen, dass es in zunehmendem Maße eine ganze Reihe von Kinderbüchern von Autorinnen und Autoren gibt, die in der allgemeinen literarischen Kritik wenn überhaupt, so nur am Rande und als apokryphe Sonderliteratur behandelt werden. Sie sollen fürs Erste als eine ephemer rezipierte oder auch ephemere Kinderliteratur bezeichnet werden.

In einer deduktiven Zuschreibung soll diese ephemere Kinderliteratur von zwei Zugangsweisen her charakterisiert werden, die sich nicht als ausschließende Merkmalskomplexe verstehen bzw. auch nicht das Ziel haben, ausschließende Merkmale der einen und der anderen Kinderliteratur zu konstruieren, sondern nur zum Zwecke des Vergleichs Konturen erkennbar machen sollen. Hier sind zwei Aspekte zu berücksichtigen, ein personenbezogener und ein werkbezogener:

- Zum einen ist zu konstatieren, dass das Verfassen von Kinderbüchern in der skizzierten Bedeutung des Ephemeren mit einem anderen Maß an Sicherheit oder auch Unsicherheit darauf Bezug nimmt, wie ein Kinderbuch sich im Diskursfeld des Metiers entwickelt. Kinderbücher dieser ephemeren Art sind zunächst als Ergebnis eines Entscheidungsprozesses zu betrachten, der bei den Schreibenden davon ausgeht, dass sie die (vermeintliche) Sicherheit im Verfügen über kinderliterarische

Kindheitsbilder, wie sie en vogue sind, nicht in dem Maße aufweisen
wie etablierte Kinderbuchschaffende.

- Aus diesem personenbezogenen Aspekt ergibt sich als werkbezogener Aspekt die Beobachtung, die schon hinsichtlich Elfriede Jelinek und Barbara Frischmuth angedeutet wurde, eine Bezugnahme zu den Klassikern der Kinderliteratur. In diesem Zusammenhang ist zu verdeutlichen, dass der Begriff des Ephemeren keineswegs pejorativ gemeint ist. Vielmehr ist darauf hinzuweisen, dass eine ganze Reihe der Kinderliteratur-Klassiker im eigentlichen Sinn des Wortes für ephemere Zwecke, also nur für den momentanen Gebrauch ihrer Verfasser gedacht waren, von Heinrich Hoffmanns *Struwwelpeter*, der zunächst für den Sohn des Verfassers entstand, oder Lewis Carrolls *Alice*, die für die Tochter seines vorgesetzten Professors erzählt wurde, bis zu Reinhard P. Grubers *Fritz, das Schaf* als eine der neueren väterlichen Märchen-Illusions-Zerstörungen.

Die im Folgenden genannten Autorinnen und Autoren sind sind chronologisch nach Erscheinen ihres jeweils ersten kinderliterarischen Werkes gereiht – Haushofer 1965, Bernhard und Artmann 1966, Frischmuth 1969, Dor 1971, Mayröcker 1971, Zenker 1976, Mitterer 1977 und Marianne Gruber 1992. Die Werke können hier nur mit knappen Interpretationsandeutungen vorgestellt werden. Die Übersicht versteht sich als eine vorläufige Anregung, sich mit dieser „anderen (ephemeren) Kinderliteratur" gleichsam als dekonstruktivistisches Kontrastprogramm zur kinderliterarischen Szenerie auseinanderzusetzen.

Marlen Haushofer zeichnet in ihrem ersten Kinderbuch *Brav sein ist schwer* (1965) eine vordergründige Kindheitsidylle. Als Höhepunkt dieses Romans kann die zweitägige Wanderung der Kinder mit dem Großvater auf die Jagdhütte gesehen werden, die eine deutliche Parallele zu ihrem Roman *Die Wand* darstellt. Von dieser Parallele her lässt sich das kinderliterarische Werk Marlen Haushofers motivgeschichtlich in ihr Gesamtwerk eingliedern, sodass beide Teile zueinander Verweis- bzw. Übersetzungscharakter haben.

1966 gab Gertraud Middelhauve, Verlegerin des gleichnamigen Kinderbuchverlages, die Anthologie *Dichter erzählen Kindern* heraus. Hierbei handelte es sich um das Ergebnis einer Ausschreibung der Süddeutschen Zeitung, auf deren Aufforderung hin etliche Autorinnen und Autoren außerhalb der Kinderbuchszene Erzählungen für Kinder verfassten. Dieser Sammelband enthält u. a. auch die einzige Kindergeschichte, die Thomas Bernhard je schrieb, *Viktor Halbnarr; ein Wintermärchen*. Auch sie weist in ihren Grundzügen erkennbare Korrespondenzen zum Gesamtwerk auf. Hier ist nur darauf hinzuweisen, dass die beiden Protagonisten dieser Geschichte mit dem Motiv der Krankheit zu tun haben; Viktor Halbnarr (der sprechende Name dürfte eine, wenn nicht die einzige, Konzession an das Leserpublikum sein) ist ein Krüppel, der Ich-Erzähler ein Arzt, beide also Figuren, die bei Bernhard häufig vorkommen (vgl. dazu Part 1986). [Abb. 1.20: *Dichter erzählen Kindern*]

Auch Artmann ist in dieser Anthologie vertreten. Seine literarischen Produktionen weisen einen stilistischen Schwebezustand zwischen Erwachsenen- und Kinderliteratur auf.

In einer sprachskeptischen Position, die der von Elfriede Jelinek ähnlich ist, gestaltet Barbara Frischmuth vier Jahre vor Jelineks *Michael* ihr erstes Werk, *Die Klosterschule* (1968), worin sie in vierzehn Prosaskizzen das Bild eines klösterlichen Pensionsalltags entwirft, wie sie ihn selbst im katholischen Internat in Gmunden erlebt hat. Durch eine teils wortgetreue, teils kindlich-naiv eingesetzte, sprachlich verfremdete Wiedergabe eingelernter klösterlicher Regelsätze werden diese ebenso als Phrasen bloßgestellt wie zum Beispiel die medialen Glücksverheißungen in Jelineks Roman *Michael*. Sprache als Instrument der Manipulation zu enttarnen, ist ein verbreitetes Thema der österreichischen Literatur dieser Zeit (so auch in Peter Handkes *Kaspar*). In den genannten Romanen Jelineks und Frischmuths wird aber ihr suggestiv erzieherisches Moment in besonderer Weise erkennbar: Autoritäre, normative und restriktive Erziehungsstrukturen und die daraus zwangsläufig resultierenden Konflikte zwischen den Generationen werden subtil aus einer Kind-Perspektive beleuchtet und damit von Grund auf in Zweifel gezogen. Beiden Autorinnen gemeinsam ist ihr sprachskeptischer Ansatz.

In einem synoptischen Vergleich wären, ähnlich wie bei Marlen Haushofer, gewisse Parallelen zwischen den eigentlichen Kinderbüchern Frischmuths und den anderen thematisch sehr naheliegenden Werken festzustellen. Auffallendes gemeinsames Merkmal in den beiden Kinderbüchern von Milo Dor ist der Umstand, dass ihre Protagonisten keine Kinder sind und dass die Kinder, die eher als Nebenfiguren auftreten, besonders aggressiv erscheinen, dass sie also als Fortschreibungen der „dissidenten Kinderfiguren" (s. o.) zu sehen sind.

Friederike Mayröcker beginnt 1971 damit, auch für Kinder zu schreiben. *Sinclair Sofokles der Baby-Saurier* mit Illustrationen von Angelika Kaufmann (1982 wiederaufgelegt mit Illustrationen von Theodor Eberle) lässt sich, im Vergleich zu ihren anderen Kinderbüchern, inhaltlich linear zusammenfassen. *meine träume, ein flügelkleid* (1974), von der Autorin selbst illustriert, ist wieder in einer Schwebelage zwischen Kinder- und Erwachsenenbuch gehalten. Der erste Teil erzählt vom „König von Köln" (= Kölner Dom), dem seine Krone am Kopf angewachsen ist (= Turmspitzen) und der um Hilfe läutet. Die sich daraufhin um ihn scharenden Menschen gratulieren ihm zum Geburtstag, den er vergessen hat. Der zweite Teil besteht aus Zeichnungen, die Schutzgeister für Ernst Jandl darstellen sollen,

u. a. gegen morgendliche Müdigkeit, gegen Schüchternheit, gegen Geldmangel, Nasenbluten und gegen die Taubheit der Welt. *Pegas, das Pferd* (1980) mit Illustrationen von Angelika Kaufmann, ebenfalls in dieser Schwebelage, ist mit *Minimonsters Traumlexikon. Texte in Prosa* (1968) vergleichbar, es ist das einzige Kinderbuch, aus dem die Autorin selbst vor Kindern gelesen hat. In *Ich, der Rabe und der Mond* (1981) wird „Ich" von einem überdimensionalen Raben mit Bandscheibenschaden per Schnabel in einen Kastanienbaum befördert, wo „Ich" und der Rabe dann gemeinsam den grünen Mond bewundern.

1.20

Das erste Kinderbuch von Helmut Zenker, *Herr Novak macht Geschichten*, wurde 1976 bei Luchterhand veröffentlicht; 1977 erschien *Der Drache Martin* (bereits in 15 Sprachen übersetzt) und 1988 *Der Drache Martin und das entführte Gespenst* (mit Neuauflage der Ausgabe von 1977, diesmal im Breitschopf Verlag).

Bereits Ende der 1960er-Jahre entstand Felix Mitterers Roman *Superhenne Hanna* mit phantastischer Handlung und gleichzeitig sozialkritischem Realitätsbezug, der später fortgesetzt wurde. Hanna, die sprechende und fliegende 99-jährige lebenserfahrene Henne mit Holzbein befreit zusammen mit ihrem Freund Bartl, einem Fuchs, 8 000 Hühner aus ihren Batteriekäfigen. Der motivbedingte Zusammenhang mit Mitterers Anliegen als Literaten ist unschwer zu erkennen. Die Bauernfamilie, in der sich besonders die Kinder zur Mithilfe an der Befreiungsaktion bewegen lassen, steht für die natürliche Vernunft und gegen die Unvernunft einer Ausbeutung der Natur aus Profitgründen.

Die von Ewers angesprochene Dissoziation von Kindheit, Jugendalter und Erwachsenenstatus (Ewers 2000, S. 20), die sich in der Entwicklung des Genres von seinen Anfängen an nachvollziehen lässt, scheint in dem hier angesprochenen Ensemble von Kinderbüchern, das gleichzeitig ein Ensemble doppelsinniger Kinderliteratur ist, weitgehend aufgehoben. Seine optimistische Perspektive einer „Literatur, die von Kindern wie von Erwachsenen herangezogen, von beiden aber auf eine ganz unterschiedliche Weise gelesen wird" (ebd.), scheint hingegen in den Kinderbüchern von Haushofer bis Gruber, in den Geschichten von Bernhard bis Mitterer auf durchaus anspruchsvolle Weise gegeben. Dass die hier behandelten

Autorinnen und Autoren in dem Band von Dagmar Grenz (Grenz 1990) generell ausgespart sind, kann einerseits der heimischen Jugendbuchszene angelastet werden, die sie als eben ephemere Kinderliteratur behandelt, andererseits aber auch einer nicht zu leugnenden Österreich-Vergessenheit im bundesdeutschen Diskurs, auf dessen notwendige Erweiterung um den österreichischen Raum hingewiesen werden muss.

An dieser Stelle ist angesichts der Vielzahl von Literaturschaffenden, die gleichsam „nebenher" für Kinder, seltener bis kaum für Jugendliche schreiben, eine biographische Methode vorzuschlagen, die diesem Befund gerecht wird und keineswegs nur für Gegenwartsautorinnen und -autoren gilt. Entgegen der Praxis, das Verfassen von Kinderbüchern, wenn überhaupt, dann allenfalls als Anhang zur Bibliographie anzuführen, sollten diese Werke

a) chronologisch in den literarischen Werdegang eingefügt werden und
b) sollten jene Momente, die man als Schreibanlass bezeichnet, erkennbar gemacht werden.

ad a) Es erscheint von Interesse, die Kinderbücher von Autorinnen und Autoren der allgemeinen Literatur in den literarischen Werdegang zu integrieren und dabei insbesondere thematische, stoff- und motivgeschichtliche Zusammenhänge und Intertextualitäten zu überlegen. Die gängige Praxis ist es hingegen, die eine von der anderen Literatursparte abzukoppeln und sie jeweils den Spezialisten zu überlassen, was insbesondere dann widersinnig erscheint, wenn man den Biographiebezug nach keineswegs überholter Tradition zu einem unumgänglichen Prinzip der Interpretation erklärt. Diese als konsequente biographische Chronologie einzufordernde Methode führte eben in ihrer Konsequenz dazu, auch und gerade in der Kinderliteratur Schreibanlässe zu erkennen.

ad b) Unabhängig von der Werkgeschichte, in der sich nicht selten abzeichnet, dass wir es bei Kinderbüchern mit (kinder-)literarischen Selbstinterpretationen zu tun haben, sind derartige Zwischenspiele zumeist in besonderer Weise biographiebezogen; oft ist der „implizite Leser" (W. Iser) an einem jungen Menschen in der Familie bzw. in der näheren Bekanntschaft des Autors oder der Autorin festzumachen oder ist auch die Rekapitulation der eigenen Kindheit als Schreibanlass zu sehen. Spätestens nach der Erkenntnis der Doppelsinnigkeit von Kinderbüchern ist festzuhalten, dass sich eine Gleichbehandlung von allgemeiner Literatur und Kinder- bzw. Kindheitsliteratur im Sinne dieser konsequent biographischen Chronologie geradezu aufdrängt. Besondere Beispiele dafür wären etwa Barbara Frischmuth oder Peter Härtling.

1.4.1 Polyvalente Gattungsbezeichnungen

Bei Durchsicht des Sachregisters in dem von Günter Lange 2000 herausgegebenen *Taschenbuch der Kinder- und Jugendliteratur* stößt man auf
etwa 150 großteils aktuelle, zu geringerem Teil historische Gattungsbezeichnungen der Kinder- und Jugendliteratur. Wenn man diese durch die
zusätzlichen Bezeichnungen in dem von Klaus Doderer herausgegebenen
Lexikon der Kinder- und Jugendliteratur bzw. durch die in der Arbeitsstelle
ALEKI in Köln akribisch ermittelten zusätzlichen historischen Gattungsbezeichnungen der *Handbücher zur Kinder- und Jugendliteratur* ergänzt,
kommt man auf eine Zahl von über 200, wobei sich der Versuch einer Systematisierung zwar als sehr reizvoll, jedoch letztendlich ungangbar erweist. Der Grund für diese Aporie ist darin zu sehen, dass sich in der Kin-
der- und Jugendliteratur Korpusbildungen vorwiegend aus der Sicht des
Metiers, weniger aus der des Genres eingebürgert haben, und beim Versuch von logischen Gruppierungen jeweils Parameter erkennbar werden,
die außerhalb poetologischer Kategorienbildung situiert sind.

   Die immanente Bildung von Kategorien in Bezug auf Literatur für
Kinder und Jugendliche setzt eine eindeutige Begriffstrennung in Thema,
Stoff und Motiv voraus. Als kinder- oder jugendliterarische Stoffbehand-
lungen sind solche Werke anzusehen, die deutlich mit symbolbeladenen
literarischen Figuren in Verbindung gebracht werden und dabei eine sich
meist über viele Lesergenerationen erstreckende Tradition aufzuweisen
haben, wie Robinsonaden, die Figur des Indianers oder des Entdeckers,
und selbstverständlich auch historische und mythologische Stoffe. Demgegenüber sind kinder- und jugendliterarische Themen eher zeittypische
Gestaltungen, wie etwa Werke zur Dritte-Welt-Problematik, zum Problem der Drogen, zum Atomkrieg, zum Antisemitismus.

   Schließlich können auch Motive als kleinste Handlungseinheiten insbesondere in der Kinder- und Jugendliteratur gattungskonstituierend
werden, wie etwa alle Arten der Familienerzählungen – rückführbar auf
die klassischen Motive des Vater-Sohn-Konfliktes oder des Motivs der un-
gleichen Brüder/Geschwister –, auch die so genannte antiautoritäre Kin-
der- und Jugendliteratur, die Initiationsgeschichte, das Motiv des Außen-
seiters, aber auch kriminalistische Handlungen, die meist mit dem Begriff
Kinderkrimi oder Detektivgeschichte zusammengefasst werden.

   Aus einer Auswahl an Gattungen, die auf den für das Genre typischen
Stoffen, Themen und Motiven beruht, ergibt sich auf einer abstrakteren
Ebene eine Aufteilung in die folgenden fünf Schwerpunkte: Handlungs-
ort, Handlungszeit, Figuren, Geschlecht und Werte. Damit wird aber

64 gleichzeitig auch die Polyvalenz von Gattungsbezeichnungen erkennbar, für die diese Einteilung nach Stoff, Thema und Motiv nur eine Orientierung im Hintergrund bildet.

	Gattungen nach Themen, Stoffen und Motiven
(A) auf den Handlungsort bzw. eine kindlich/jugendlich typische Situation bezogen	• Abenteuergeschichten mit kindlichen/jugendlichen Protagonisten • Dritte-Welt-Literatur mit spezifischer Kindheits-/Jugendthematik • Fantasy • Feriengeschichten • Robinsonaden • Schulgeschichten, Pensionats-, Internatsgeschichten
(B) auf die Handlungszeit bezogen	• historische Erzählung /geschichtliche Kinder- und Jugendliteratur mit kindlichen/jugendlichen Protagonisten • Kriegserzählung (v. a. „Drittes Reich", Hitlerjugend) • mythologische Erzählungen • proletarisch-revolutionäre Kinder- und Jugendliteratur
(C) figurenzentrierte Gattungsbezeichnungen	• Außenseitergeschichten • Biographien • Detektivgeschichten • Indianergeschichten • Lausbubengeschichten • Rittergeschichten • Schülergeschichten
(D) geschlechtsbezogene Gattungsbezeichnungen	• Adoleszenzromane • Backfischromane • Bandenromane (meist Sonderform des Jungenbuches) • Jeansliteratur • Knaben-/Jungenbücher • Mädchenbücher

Formenwandel

| wissens- und wertevermittelnde bzw. erziehungsorientierte Kinder- und Jugendliteratur | • Antiautoritäre Kindererzählung
• Familienerzählungen
• Missionserzählung
• Ratgeberliteratur
• religiöse Erzählungen
• Sachbücher
• sozialistische Kinder- und Jugendliteratur |

Schema 3: Reduktion der Gattungsvielfalt auf ein Gattungsschema

Selbstverständlich erhebt diese Tabelle keinen Anspruch auf Vollständigkeit; sie versteht sich als Ansatz zu einer dem Genre adäquaten Systematisierung, wobei jede der hier genannten Gattungen so definiert werden müsste, dass sie sich klar von den anderen abhebt. Zur Feriengeschichte (A) etwa wäre zu sagen, dass der Ferienort zum Ort des Außerordentlichen und Nichtalltäglichen wird. Die Jeansliteratur (D) wird von Klaus Doderer in einem Artikel im *Lexikon der Kinder- und Jugendliteratur* als Bezeichnung von Werken erklärt, die das Lebensgefühl Jugendlicher seit den 1970er-Jahren beschreiben und damit das Jungen- und Mädchenbuch weiterentwickeln. Gleichfalls ist zu betonen, dass in dieser Übersicht zunächst eine ganze Reihe von Gattungsbezeichnungen mit Absicht ausgeklammert ist:

a) diffuse Gattungsbegriffe wie etwa das Problembuch oder das so genannte Umweltbuch, aber auch die so genannte realistische Erzählung, also Begriffe, die keine tatsächlich gattungsrelevante Bedeutung aufbringen; auch das Bilderbuch, das selbstverständlich eine genuin kinderliterarische Form darstellt, ist als eine eben nicht literarische, sondern illustrationstechnische Gattung beiseite gelassen; mehr oder minder alle hier genannten Gattungen können auch in Form von Bilderbüchern vorliegen. Ähnliches gilt für den Comic, dem man als Gattung längst nicht mehr gerecht wird, wenn man ihn reduziert im Umfeld von Kinder- und Jugendliteratur diskutiert.

b) Gattungen, die dem Schulfächerkanon entsprechen, wie etwa biologische, historische, technische oder geografische Werke, die analog dem Schulbuch rein auf Wissensvermittlung bedacht sind. Allerdings gibt es in diesem Bereich überaus faszinierende Übergänge wie Reisebücher oder auch philosophische Bücher von der *Kinderlogik* von Karl Philip Moritz bis zu *Sophies Welt* von Jostein Gaarder und vom *Bilderbuch zum Nutzen und Vergnügen der Jugend* von Friedrich Johann Justin Bertuch bis zur *Weltgeschichte für junge Leser* von Ernst H. Gombrich, die in diesem

Sinn verstanden als „Sachbücher" in der Gruppe „wissens- und wertever-
mittelnde Literatur" (E) zusammengefasst sind.

   c) Schließlich sind in dieser Gruppierung mit Bedacht Gattungsbezeichnungen ausgenommen, die nicht eigentlich einer Poetik des Genres
im engeren Sinn, sondern einer allgemeinen Poetik angehören, wie die
Fabel, das Märchen, die Sage, also die „einfachen Formen" (A. Jolles),
auch etwa das Kasperlspiel, der Großstadtroman, der Entwicklungs-, Er-
ziehungs- und/oder Bildungsroman, Science Fiction, die Kurzgeschichte,
das Tagebuch, die Liebesgeschichte, die Lügengeschichte, die Gespenster-
geschichte, sowie die ganz allgemeinen Gattungsbegriffe wie Epik, Lyrik
und Drama mit all ihren Untergattungen wie etwa der Nonsens-Dich-
tung, die jeweils nur ihre – wenn auch bisweilen sehr originellen – kinder-
und jugendliterarischen Varianten aufweisen.

Es erscheint nicht sinnvoll, eine Poetik der Literatur für Kinder und Jugendliche mit Gattungsbegriffen aus der allgemeinen Literatur anzurei-
chern, vielmehr sollten die originär genrebezogenen Gattungsbegriffe in
einer davon unterschiedenen Differenzierung erkennbar werden. Diese
Differenzierung möchte selbstverständlich nicht davon absehen, dass es
eine Reihe von Gattungsbegriffen gibt, die sowohl in der allgemeinen Literatur als auch in der Literatur für Kinder und Jugendliche ihren Platz
haben. Eben in diesen Fällen, wie z. B. beim Großstadtroman, empfiehlt es
sich jedoch, die Identität des Begriffs zu überprüfen. Erich Kästners *Emil
und die Detektive* kann allein vom Titel her als Detektivroman (wenngleich eher dessen Parodie), aber auch als Großstadtroman (in eher einge-
schränkter Form) gelesen werden, beides in bedingter Zuordnung zu diesen Gattungsbegriffen. Es handelt sich allenfalls um kindliche Versionen
der in Anspruch genommenen poetologischen Bezeichnungen.
   Die in der Ausklammerung (a–c) genannten partikularpoetologischen
kinder- und jugendliterarischen Zuordnungen wären also von den eigentlichen kinder- und jugendliterarischen Gattungsbezeichnungen im engeren
Sinn zu unterscheiden, wie sie in der vorangehenden Übersicht vorliegen.
Mit dieser Unterscheidung von Gattungsbezeichnungen sollen in einer
weiteren Übersicht die traditionell eingebürgerten Gattungsbegriffe diskutiert werden, wie sie in gängigen Einführungen vorliegen. In der in der
folgenden Tabelle zusammengefassten Übersicht sind zwei österreichische
Werke älteren Datums (Bamberger und Int. Institut – Späteres dieser Art
liegt nicht vor) zwei deutschen jüngeren Datums gegenübergestellt. Das
Ziel dieser synoptischen Gattungsübersicht ist es, im historischen, aber
auch im nationalen Vergleich einige Schwerpunkte des Gattungsdiskurses
thematisierbar zu machen bzw. auf einige Auffälligkeiten hinzuweisen.

Das früheste Beispiel repräsentiert die oben schon diskutierte Jugendlektüre von Richard Bamberger; die dem Buch folgende Nummerierung
der 21 Gattungen macht die altersbezogene Reihung erkennbar, die dem
Organon-Charakter des Buches entspricht, wie er oben erläutert wurde.
Als zweites Beispiel wurde die Einführung des Internationalen Instituts
(Internationales Institut 1992) gewählt, weil sie, wie aus der auch hier bei-
gegebenen Nummerierung erkennbar, noch weitgehend dem Konzept
von Bamberger folgt, allerdings in ihren zwölf Gattungen gegenüber
Bamberger einige Umstellungen in der Reihenfolge vornimmt. In diesen
Umstellungen zeichnet sich ab, dass Bambergers Altersstufenpoetik, die
oben bereits erläutert wurde, zwar revidiert, jedoch durch kein neues
Konzept ersetzt wurde und somit unreflektiert fortwirkt.

In den beiden deutschen Einführungen erfolgt keine Reihung der Gattungen. Ewers betrachtet die von ihm genannten 16 Gattungen nicht als
Konzept seiner Theoriebildung, sondern listet sie in dieser Form (alpha-
betisch) nur in seiner Bibliographie auf. Lange führt unter der Überschrift
„Gattungen" 17 Kapitel an und erwähnt unter der Überschrift „Medien
und Sachbuch" sechs weitere Kapitel, die damit aus dem eigentlichen Gat-
tungskanon ausgeschieden sind und die in der hier vorliegenden Tabelle
als „extern" bezeichnet werden. Die jeweils neu hinzugekommenen Gattungsbezeichnungen werden unten angeführt.

Bamberger 1955/65		Int. Institut 1992		Ewers 2000	Lange 2000
Bilderbuch	1	Bilderbuch	1	Bilderbuch, Bilderbogen, Illustration	Bilderbuch
Kinderreim, -lied	2	Kinderlyrik	2	Lyrik, Lied	Kinderlyrik
Märchen	3	Märchen	3	Märchen, Sage	
Kunst- Dichtermärchen	4				
phantastische Geschichte	5	Phantastische Erzählung	5	Phantastische Erzählung	Phantastische Kinder- und Jugendliteratur
Götter- Heldensagen	6	Sage	4		
Rätsel, Fabeln	7				Fabel
Volks-, Heimatsage, Legende	8				
Umweltbuch	9	realist. Kindergesch. und Erzählung für junge Menschen	6	Kinderroman	realistische Kinder- und Jugendbücher
Mädchenbuch	10			Mädchen-literatur	
Jungenbuch	11				

Bamberger 1955/65		Int. Institut 1992		Ewers 2000	Lange 2000
Abenteuerbuch	12	Abenteuererz.	7	Abenteuer-literatur	Abenteuer-literatur
Biographien	13				
Historische Erz.	14			Historischer und zeitgeschichtlicher Roman	Geschichtliche Kinder- und Jugendliteratur
Zeitgeschichte	15				zeitgeschichtliche Kinder- und Jugendliteratur
Tiergeschichte	16	Tierbuch	8	Tiererzählung	Tierbuch
relig. Jugendb.	17	Religion	12		religiöse Kinder- und Jugendliteratur
Sachbuch	18	Sachbuch	9	Sachbuch	(extern) Sachbücher für Kinder und Jugendliche
Bücher für junge Menschen	19			Jugendroman, Adoleszenzroman	Adoleszenzroman
Zeitschrift	20	Zeitschrift	11	Zeitschrift [etc.]	(extern) Zeitschriften für Kinder und Jugendliche
Information und Zeitvertreib	21				
		Comics	10	Comic	Comics für Kinder und Jugendliche
				Kinder- und Jugendtheater	(extern) Kinder- und Jugendtheater
				Kriminal- und Detektivgeschichte	Krimis für Kinder und Jugendliche
				Science Fiction	Science Fiction für Kinder und Jugendliche
					psychologischer Kinderroman
					(extern) Kinderfunk und Hörspiele für Kinder
					(extern) Kinderfernsehen

Schema 4: synoptische Gattungsübersicht

Unter den Auffälligkeiten in diesem Vergleich verdienen die folgenden Punkte besondere Beachtung:

- Die österreichischen Einführungen weisen im Vergleich zu den deutschen keine Kriminal- und Detektivgeschichte auf, was vermutlich auf

Formenwandel

ein Phänomen zurückzuführen ist, das hier nur mit „Kästner und die
Folgen" zu umschreiben wäre. (Am Rande sei vermerkt, dass die Infantilisierung dieser Gattung, wie sie Thomas Brezina betreibt, wohl auch mit dem Mangel an Tradition dieser Gattung in Österreich begründbar ist.)

- Die Reduktion der Zahl an Gattungen, wie sie das Internationale Institut in der Einführung von 1992 gegenüber der von Bamberger 1955/65 vornimmt, erklärt sich bei näherem Studium z. T. aus Begriffszusammenlegungen. Auffallend ist, dass in Österreich das Mädchenbuch nicht mehr als eigene Gattung diskutiert wird.
- Ebenso fehlt in Österreich auch 1992 noch die Gattung des Adoleszenzromans, die zu dieser Zeit in Deutschland bereits sehr intensiv diskutiert wurde.
- Bei Ewers fehlt das religiöse Jugendbuch.
- Lange geht dazu über, partikularpoetologische kinder- bzw. jugendliterarische Zuschreibungen wie Theater, Zeitschriften, aber auch das Sachbuch aus den Gattungen im eigentlichen Sinn auszuklammern.
- Aus einer Reihe von Gattungen bildet sich ein Konsens über den Kanon im Gattungsdiskurs. Neben den weiteren partikularpoetologischen kinder- und jugendliterarischen Zuschreibungen wie Lyrik oder (zeit-)geschichtliche Erzählung, neben den einfachen Formen wie Märchen, Sage, Fabel, Bilderbuch oder Zeitschrift sind dies allerdings nur ganz wenige Gattungen, über die offensichtlich Konsens besteht und die auch unter gleichbleibendem Begriff behandelt werden, sodass hier eigentlich nur die Phantastische Erzählung, das Mädchenbuch, die Abenteuererzählung und das Tierbuch als konstante Kinder- und Jugendbuch-Gattungen im engeren Sinn übrig bleiben.

Ohne Zweifel ist die Phantastische Erzählung die Gattung mit dem größten poetologischen Potential. Von den drei anderen hier genannten bzw. auch von allen Gattungsbezeichnungen, die oben in der Einteilung nach fünf Schwerpunkten genannt wurden, unterscheidet sie sich dadurch, dass sie keine inhaltsbezogene, sondern eine reine Formbezeichnung ist. Allerdings bringt sie auch ganz neue Inhalte in die Kinderliteratur ein und soll deswegen im 3. Kapitel über „Geschichte" ausführlicher dargestellt werden.

1.4.2 Monokausale Erklärungsmodelle

Bei den polyvalenten Gattungsbezeichnungen, wie sie im vorangehenden Kapitel erläutert wurden, hat sich gezeigt, dass sich die vorliegenden Systemansätze Kritik einhandeln, indem sie willkürliche Normierungen vornehmen, die eher pädagogisch als literaturkritisch ausgerichtet sind. Diese unbefriedigende Situation wird durch eine Reihe monokausaler Erklärungsmodelle, in denen versucht wird, Literatur für Kinder und Jugendliche jeweils von einem Grundprinzip her zu erklären, nur scheinbar aufgefangen. Derartige Versuche zeigen, dass sich dabei inhaltsbezogene und formbezogene Ansätze unterscheiden lassen bzw. dass es historisch argumentierende und aktualitätsbezogene Argumentationen zu differenzieren gilt. Diese in kulturgeschichtlicher Hinsicht sehr aufschlussreichen Ansätze sollen hier kurz angeführt werden, bevor im abschließenden Kapitel im Entwurf einer Zusammenführung der Systemansätze die Grundlegung einer Metapoetik des Genres versucht wird.

1.4.2.1 Inhaltliche Herkunftsmodelle

(1) Eine der ersten Arbeiten jüngeren Datums zu diesem Thema ist die unter 1.3.2 in der Klassiker-Diskussion bereits erwähnte Abhandlung des französischen Literaturwissenschafters Paul Hazard (1878–1944), dessen Buch *Les livres, les enfants et les hommes* bis in die Gegenwart die Theoriebildung der Literatur für Kinder und Jugendliche mitbestimmt. Hazard geht von der Vorstellung einer kindlichen Eroberung aus:

> „Ich behaupte, dass sie [die Kinder, E.S.] die besten und berühmtesten unter ihren Lieblingsbüchern in einem kühnen Kampf haben erobern müssen; deren Autoren wandten sich nur an die großen Leute; aber die Kinder haben sie sich einfach zu eigen gemacht" (ebd., S. 77).

(2) Anlässlich der Wiederentdeckung Walter Benjamins als Sammler, Theoretiker und Autor von Kinderliteratur hat Klaus Doderer einen aufschlussreichen Sammelband herausgegeben (Doderer 1988b). Im Zuge der hier vorgenommenen Einteilung sei der Beitrag von Hans-Heino Ewers herausgegriffen, weil er Benjamins „Theorie der epischen Formen" in einer Weise erläutert, die durchaus dem Gedanken eines monokausalen Erklärungsmodells entspricht. Ähnlich den grundlegenden Oppositionen der europäischen Dichtungstheorie wie antike und moderne, naive und sentimentalische, objektive und interessante, klassische und romantische, Natur- und Kunstpoesie entfalte Walter Benjamin die Opposition „Erzählung und Roman". Während der Roman laut Benjamin und im Rückgriff auf Georg Lukács und Hegels Ästhetik die bürgerlichste aller Dichtungsarten sei, stehe die Erzählung in der Tradition der „lebendigen Rede". Während der Roman an die gebildeten Stände adressiert sei, richte sich das Erzählen an die unteren Schichten des Volkes, wo die mündliche Erzählkultur noch intakt sei. Ewers' These lautet,

> „dass ein erheblicher Teil der epischen Kinderliteratur des bürgerlichen Zeitalters formengeschichtlich als Erzählkunst im Benjaminschen Sinn anzusehen ist, dass folglich Benjamins Theorie des Erzählens Elemente zu einer Theorie bürgerlicher Erzählliteratur für Kinder beizusteuern in der Lage ist" (Ewers 1988, S. 202).

Formenwandel

(3) Weitere monokausale Erklärungsmodelle wären die „einfachen Formen" von André Jolles und

(4) die Auffassung von Gundel Mattenklott, die Kinderliteratur aus der
Reiseliteratur entwickelt: „Aus den Stoffen der großen Reisebücher sind
die Kinder- und Jugendbücher gemacht" (Mattenklott 1992, S. 5);

(5) In einem wohl nicht mehr heute, jedoch in der Geschichte des Genres
lange Zeit gültigen Sinn wäre hinzuweisen auf die Auffassung von Kinderliteratur als eine in der Aufklärung beginnende kontinuierliche Ausdifferenzierung der Hausväterliteratur des 16., 17. und 18. Jahrhunderts, die
sich durch ihre Themen wie religiöse Aufgaben des Hausvaters, das Verhältnis zwischen Hausvater und Hausmutter, ihr Verhältnis zu den Kindern
und zu den Dienstboten, ihre häuslichen Tugenden und Laster, ihre Be-
ziehungen zu Freunden, Nachbarn und Armen, Loblieder auf das Land-
leben etc. zu einem Fundus entwickelt haben, aus dem die Kinder- und
Jugendliteratur der nachfolgenden Zeit ihre Stoffe, Themen und Motive
entlehnte.

(6) Schließlich ist die Kinderliteratur gerade in ihrem heutigen Formenbestand rückführbar auf die Mundus-inversus-Idee, in der das Leben und
die Denkweise der Erwachsenen durch die kindliche Perspektive in seiner
Unzulänglichkeit bloßgestellt wird. Diese Perspektive, die der des Schelmen
und Narren verwandt ist, zeigt sich bei den *Schilabürgern* oder bei *Till
Eulenspiegel* ebenso wie in Cervantes *Don Quichotte* oder Swifts *Gullivers
Reisen*, die eben aus diesem Grund zu Kinderbuch-Klassikern geworden
sind. Im engeren Sinn handelt es sich um den auf das Mittelalter zurück-
gehenden Brauch, Kinderbischöfe und Kinderäbte einzusetzen, die eine
bestimmte Zeit hindurch die Plätze der geistlichen Würdenträger einnahmen und damit ein groteskes Regiment einführten. Zum Mundus-
inversus-Motiv liegen zwei sehr gut recherchierte Zeitschriftenartikel von
V. Groebner (1987) und W. Machreich (1998) vor (vgl. 4. Kapitel).

In einer Zusammenfassung der bisher genannten monokausalen Erklä-
rungsansätze ergibt sich das Bild der Literatur für Kinder und Jugendliche
als eines integrativen Literatursystems. Demnach liegen die Ursprünge der
Kinderliteratur in einer ersten Stufe in den „einfachen Formen" und in einer
zweiten in den Klassikern der Kinderliteratur bzw. in den kindheitsliterarisch relevanten Klassikern der Weltliteratur. Sie stellen eine postromantische Weiterführung der Form des Märchens bzw. eine autonome Form
des Kunstmärchens dar, führen in Bearbeitungen der Weltliteratur entsprechende Motive weiter und entwickeln in der Blütezeit des (bürgerlichen)
Romans die Formenwelt des den unteren Gesellschaftsschichten zuschreib-
baren mündlichen Erzählens in Kindheitsadressierungen weiter. Es werden
Elemente jener Literaturgattungen aufgenommen, die durch ihren pädago-

gischen Nimbus a priori ein Naheverhältnis zur Kinderliteratur aufweisen, wie Reiseliteratur, Hausväterliteratur, Familienroman und das weit ausgedehnte Mundus-inversus-Motiv. Demgegenüber ist die Aufnahme von Formelementen des Romans, wie Walter Benjamin ihn definiert, eher der Jugendliteratur zuzuschreiben.

1.4.2.2 Formale Erweiterungsmodelle

In Ergänzung der Auslegung von Benjamins Theorie des Erzählens durch Ewers (Ewers 1988) wäre vorschlagen, den Paradigmenwechsel der Kinderliteratur um 1970 im Hinblick auf diese Erzählauffassung zu definieren. Dieser Paradigmenwechsel ist auch im Zusammenhang mit einer bei Walter Benjamin genannten weiteren „Form der Mitteilung" zu sehen, die er global die „Information" nennt (Ewers 1988, S. 201), wobei er die Erzählkunst der unteren Schichten des Volkes weniger durch den Roman als durch diese Mitteilungsform bedroht sieht. Daraus lässt sich folgern, dass in dem Moment, in dem die dem einfachen Volk und dem kindlichen Auffassungsvermögen entsprechende Erzählkunst durch den hier als „Information" umschriebenen „säkulare[n] Wandel grundlegender gesellschaftlicher Kommunikationsstrukturen" (ebd.) abgelöst wird, eine (naive) Fortführung der Erzähltradition nicht mehr möglich ist. Dieser Moment scheint spätestens um 1970 gegeben und dürfte eine entscheidende Ursache für die Argumentation des Paradigmenwechsels sein. Seine Wirkung besteht darin, dass Kinderliteratur von nun an beginnt, sich selbst, ihre Inhalte und Formen auf breiter Basis zu reflektieren. In besonderer Weise und als Vorstufe ist dies in der Gattung der phantastischen Erzählung gegeben, wie es oben erläutert wurde.

Weiters ist dieser Paradigmenwechsel auf ein verändertes Autor-Leser-Verhältnis zurückzuführen. Durchaus im Anschluss an Walter Benjamins Theorie wäre zu argumentieren, dass in der modernen Gesellschaft der Medien und der permanenten Information, die heute von Kindern generell routinierter genützt werden als von Erwachsenen, das Informationsgefälle zwischen Kindern und Erwachsenen gekippt ist. Als eine Folge dieses Kippens wäre das Phänomen eines „kindlichen Agnostizismus" zu beschreiben (Seibert 1999a), was eine Weiterführung dessen ist, was in den 1950er-Jahren von Schelsky als „Skepsis" in der jungen Generation konstatiert wurde. Die neue Qualität des „kindlichen Agnostizismus" gegenüber der (jugendlichen) Skepsis besteht darin, dass im Sinne der Verfrühung bzw. der literarischen Akzeleration Autoritätszweifel gegenüber der Erwachsenengeneration in immer jüngeren Jahren zum Ausdruck kommen, dass damit aber gleichzeitig die zuvor deutlicheren Grenzen zwischen Kindheits- und Jugendalter bzw. auch zwischen Kindheits- und Jugendattitüden aufgehoben werden.

Im Zusammenhang mit der neueren Diskussion um Autortypen und mit der Auffassung von Kinder- und Jugendliteratur als Handlungssystem ließe sich die gesamte Vielfalt von traditionellen Gattungen als Sozialisationsliteratur, als „intergenerationaler Diskurs" (Lange, S. 902) bzw. als Literatur der Enkulturation darstellen. (Kinderliteratur als Sozialisationsliteratur ist ein besonders von Bettina Hurrelmann mehrfach diskutierter Begriff, der auch bei Günter Lange Verwendung findet.) Erst seit einem relativ kurzen Zeitraum, den man ebenfalls mit dem Paradigmenwechsel um 1970 datieren kann, ist es etwa verpönt, Literatur für Kinder und Jugendliche in Mädchen- und Jungenbücher zu unterscheiden. Dabei handelt es sich um eine Differenzierung, die keineswegs nur einen Gattungsbereich von anderen gesondert behandelt, sondern ebenfalls um eine als monokausales Erklärungsmodell interpretierbare Unterscheidung, der zufolge alle Kinder- und Jugendliteratur mit ihren Gattungen jedenfalls in der Auffassung des Metiers immer auch als geschlechtsspezifische Literatur betrachtet wurde. Abenteuerromane, historische Erzählungen, Robinsonaden, Detektivromane etc. wurden eindeutig vor allem an Knaben adressiert, Familienerzählungen, Internats- bzw. Pensionatsgeschichten, Geschwisterprobleme, Pferdegeschichten etc. waren an eine weibliche Leserschaft gerichtet. Explizit erfolgte eine solche Adressierung in der Zeitschriftenliteratur des 19., aber auch noch des 20. Jahrhunderts (Seibert 2000c). Diesbezüglich markant ist die Ratgeberliteratur, die prinzipiell an Mädchen oder an Jungen adressiert war (Pellatz 1999).

Wenngleich diese geschlechtsspezifische Unterscheidung in der heutigen Kinder- und Jugendbuchkritik als obsolet betrachtet wird, ist sie in der Praxis der Verlagswerbung, aber auch des Buchhandels und -kaufes von anhaltender Bedeutung. Kinder- und Jugendbücher werden nach wie vor für Jungen bzw. für Mädchen gekauft.

Die Auflösung der geschlechtsspezifischen Differenzierungen zieht Reaktionen nach sich, die unter Umständen weit reichende Konsequenzen haben können. Eine mögliche Konsequenz ist die Umkehrung der Zuschreibung von Geschlechterrollen; ein Beispiel dafür ist das Jugend-und Volk-Bändchen *Mädchen dürfen pfeifen, Buben dürfen weinen*, das allerdings nicht eben repräsentativ für den Paradigmenwechsel schlechthin ist. Eine weitere Konsequenz kann sein, dass nicht nur das bisherige Gattungssystem wegen seiner Geschlechterspezifik in Frage gestellt wird, sondern das bisherige Kinder- und Jugendliteratur-Metier insgesamt, damit aber Kinder- und Jugendliteratur generell in Frage gestellt wird. Dies schlägt sich nieder entweder in einer generellen Ironisierungstendenz, womit Parodie bzw. Parodieverständnis zu einem neuen Kriterium des Gattungssystems wird, oder in neuen Gattungen, die als Substitutionen zu verstehen sind; im vorgegebenen Fall die Jeansliteratur oder der Adoleszenzroman mit seiner prinzipiellen gesellschaftlichen Negativität, der zufolge jedem Urteilen ein Aburteilen, jedem Wählen ein Abwählen, jeder Rede ein In-Abrede-Stellen zu Grunde liegt: die burschikose Form einer negativen Dialektik.

Die für historische Gattungen manifeste, aber auch heute noch latente Unterscheidung von Jungen- und Mädchenbüchern ist als eine Unterscheidung nach Konfliktlösungsmodellen bzw. auch nach Konfliktarten aufzufassen. Sie ist begleitet von der Dichotomie der Privatheit und Familiarität einerseits und andererseits der Öffentlichkeit, wobei mit der Auflösung der Familie bzw. in einem grundlegend erweiterten Sinn mit einem „Strukturwandel der Öffentlichkeit" (Habermas) herkömmliche Zuschreibungen nicht mehr aufrecht zu halten sind.

1.4.3 Metapoetik der Literatur für Kinder und Jugendliche

Der Versuch, die skizzierten inhaltlichen Herkunftsmodelle und die formalen Erweiterungsmodelle zusammenzuführen, kann konsequenterweise nur zu einem offenen Poetikmodell der Literatur für Kinder- und Jugendliche führen, wobei die Offenheit sowohl gegenüber historischkinderliterarischen als auch gesamtpoetologischen als auch leserpsychologischen Aspekten gegeben sein muss. Im abschließenden Unterkapitel soll eine Metapoetik der Kinderliteratur entworfen werden, die der Notwendigkeit eines solchen Modells gerecht wird.

Leitgedanke ist dabei die Beobachtung, dass der auktoriale Erzähler, der sich des Formeninventars der Kinderliteratur bedient, tendenziell von der Erwachsenen- zur Kindheitsperspektive übergeht und dabei gleichzeitig das Inventar an kinderliterarischen Formen reflektiert. Literarizität der Kinderliteratur erweist sich also zunehmend als Reflexion des kinderliterarischen Formenbestandes.

Als Vorstufe zu einer Metapoetik der Kinderliteratur sind die bei den formalen Erweiterungsmodellen angeführten Beispiele von Substitutionen zu erweitern. Substitutionen sind zu verstehen als Ergebnisse eines Gattungswandels von einer traditionellen zu einer neuen literarischen Form unter dem Gesichtspunkt eines veränderten kindlichen bzw. jugendlichen Bewusstseins. So wie das Jungen- und Mädchenbuch unter einem veränderten Bewusstsein von Jugendlichkeit zur Jeansliteratur bzw. zum Adoleszenzroman weiterentwickelt wird, lassen sich auch für andere Gattungsvorstellungen entsprechende Korrespondenzen finden. Einige solcher Korrespondenzen sollen in der folgenden Tabelle entworfen werden. Das Tertium Comparationis ist dabei jeweils als die gesellschaftlich bedingte Bewusstseinsänderung hinsichtlich eines bestimmten Gattungsbegriffes ausgewiesen. In den ersten vier Beispielen ist angedeutet, dass

Formenwandel

dieses Korrespondenzmodell selbstverständlich auch für frühere Phasen der Kinder- und Jugendbuchentwicklung gilt, d. h. dass eine formal erweiterte Gattung in einer Folgestufe selbst wieder erweitert werden kann.

Das in der dritten Spalte angeführte Tertium Comparationis ist jeweils als Kriterium zu sehen, unter dessen Einfluss eine Ursprungsgattung zu einer Folgegattung weiterentwickelt wurde; es signalisiert jeweils ein verändertes Bewusstsein. So entwickelt sich das Umweltbuch (Spalte 2) aus der Robinsonade (Spalte 1) unter einem veränderten Bewusstsein von kindlicher Realität (Spalte 3), das Tierbuch aus der Fabel unter einem veränderten Allegorieverständnis usw.

Herkunft (Ursprungsgattung)	formale Erweiterung (Folgegattung)	Tertium Comparationis
Abenteuerroman	Dritte-Welt-Literatur	soziales Engagement
Fabel	Tierbuch	Allegorieverständnis
Familiengeschichte	Initiationsliteratur	Sozialisation
Mädchenbuch, Jungenbuch	Jeansliteratur, Adoleszenzroman	Jugendlichkeit
Märchen	Phantastische Erzählung	Magie
Robinsonade	Umweltbuch	kindliche Realität
Sage, Heldenlied	Fantasy	Heldentum
Tierbuch	ökologische Themen	Naturbewusstsein
Umweltbuch	„realistische Erzählung"	jugendliche Realität
Völkerkunde	Migration, Multikulturalität	Fremdheit
Vorbildliteratur, Ratgeber	antiautoritäre Literatur	Respekt

Schema 5: diachrone Gattungskorrespondenzen

Zu betonen ist, dass sich in diesen Gattungskorrespondenzen auch die Auflösung der in der Altersstufenpoetik betonten Korrespondenz von Gattung und Lesealter widerspiegelt. Völkerkundliche Themen etwa, die heute zumeist als Thematisierung der „Ausländerfrage" bzw. von Migration und Multikulturalität behandelt werden, finden sich sowohl in Bilderbüchern als auch in der Adoleszenzliteratur, also vom frühesten bis zum spätesten Lesealter, ebenso ökologische Themen. Dabei wird deutlich, dass der Gattungswandel partiell begleitet wird von einem Wechsel der Gattungspriorität zur Themenpriorität. Formale Erweiterungen können auch inhaltliche Einengungen zur Folge haben.

Entscheidend im Hinblick auf eine Metapoetik der Literatur für Kinder und Jugendliche ist, dass der Gattungswandel sowohl hinsichtlich der Altersadäquatheit als auch der Themenpriorität nicht irreversibel ist. Im Hintergrund der meisten Gattungskonzepte stand oder steht noch immer die Vorstellung, dass die Gesamtheit der Gattungen in zwei große Gruppen zu teilen ist, die einem magischen und einem rationalen Lesealter entsprechen. Besonders deutlich liegt diese Dichotomie in dem auch bei Heidi Lexe zitierten Entwurf von Gerhard Haas vor, der generell zwischen realistischer und phantastischer Kinder und Jugendliteratur unterscheidet und quasi als Übergangsstufe eine Gruppe „Zwischen Realismus und Phantastik" einführt. Dieser v. a. in seiner inhaltlichen „Füllung" unbefriedigende Ansatz (in der letztgenannten Gruppe finden sich etwa das Bilderbuch, das Tierbuch, das Abenteuerbuch, das religiöse Kinder- und Jugendbuch und das Theater für Kinder und Jugendliche) soll im folgenden Modell weiterentwickelt werden.

Diese Dualität entspräche auch der psychoanalytischen Sicht, wie sie bei Mario Erdheim formuliert wird: „Die Zweizeitigkeit der sexuellen Entwicklung und der Antagonismus zwischen Familie und Gesellschaft sind die Basisannahmen, um die Bedeutung der Adoleszenz für die Kultur zu erkennen" (Erdheim 1984, S. 281). Tatsächlich finden sich auf der Stufe des magischen Lesealters neben irrealen Inhalten des frühen Lesealters durchaus reale Themen in einer an die Ratio des Kindes appellierenden Form, umgekehrt aber auch im späteren Lesealter das Interesse an irrealen Themen, wie vor allem in der Fantasy-Literatur, aber nicht selten auch wieder im „Rückgriff" auf das Märchen.

Diese etwas komplexere Sicht ist in einem metapoetologischen Modell zusammenzufassen, in dem die Irreversibilität explizit aufgehoben ist, in dem also nicht nur ein eindimensional voranschreitender Leseerwerbsprozess im Sinne einer Altersstufenpoetik zur Grundlage gemacht wird, sondern die Reversibilität der Gattungswahl zum vorrangigen Prinzip erhoben wird. Dieses metapoetologische Modell geht nicht vom Lesealter aus, sondern von der phänomenologischen Beschreibbarkeit der Gattungsbegriffe nach einem doppelt dualen System. Darin werden magische und rationale Inhalte sowie irreale und reale Formen unterschieden, wodurch sich vier Felder oder Schemata ergeben, denen entsprechende Gattungsbezeichnungen zuzuordnen sind.

Formenwandel

Inhalte	irreal	real
Formen		
magisch	**mythogen (1)** • Märchen • Sagen • „einfache Formen" • mythologische Erzählungen	**antimythogen (2)** • phantastische Erzählungen • Lügengeschichten
rational	**antilogozentrisch (4)** • Science-Fiction • Gruselgeschichten • Horrorgeschichten • Fantasy	**logozentrisch (3)** • Robinsonaden • realistische Erzählungen • historische Erzählungen • Abenteuererzählungen

Schema 6: metapoetologisches Genre-Modell (1)

(1) Das mythogene Schema ist eine Umschreibung für die „einfachen Formen", die gleichzeitig deren Fortwirken bis in die Gegenwartsliteratur bezeichnet. Irreales und Reales stehen nebeneinander; das Numinose – der Einbruch des Irrealen in die Realhandlung – erweckt weder bei den von ihm betroffenen Figuren noch beim Leser Erstaunen.
(2) Das animythogene Schema ist demgegenüber besonders in der Ausprägung der Phantastischen Erzählung mit einer grundsätzlich anderen Erzählperspektive gegeben, in der streng dramaturgisch bewusst zwischen realen und nur mit der Realität konfrontierten Figuren und solchen, denen Irreales (vorübergehend) zugänglich ist, unterschieden wird. Die Erzeugung von Spannung entsteht aus dem Widerspruch zwischen realem Inhalt des Erzählens und der tolerierten Magie in der formalen und inhaltlichen Gestaltung des Geschehens.
(3) Mit dem Begriff „logozentrisch" stütze ich mich auf die Theorie des Dekonstruktivismus (J. Derrida) bzw. die dort diskutierte Gegensätzlichkeit von Phonozentrismus und Logozentrismus (Culler 1999, S. 102 u. ö.). In Erzählungen dieser Gattungsgruppe wird die Spannung zwischen Realität und Metaphysik in einer auf Rationalität basierenden Erzählperspektive erzeugt. Das logozentrische Schema steht dem mythogenen diametral gegenüber, hat von diesem die weiteste Distanz; die Glaubwürdigkeit des Erzählten muss nicht erst betont werden, sondern steht von vornherein fest.
(4) Das antilogozentrische Schema vereint jene Gattungen, die zwar von einer logozentrischen Basis, also von realen Inhalten ausgehen, dann aber doch das Irreale einbinden und zum wesentlichen Bestand der Handlung

machen, dabei jedoch den Boden der Rationalität nicht verlassen. Mit diesem Schema, das dem des mythogenen, aber auch dem des antimythogenen wieder näher steht, ist in besonderer Weise der Gedanke der Reversibilität von Gattungen bestätigt, weil sich damit sozusagen ein Kreis schließt, auf dem die Gattungen in beiden Richtungen zueinander in Beziehung gesetzt werden können.

Aus diesem Ansatz zu einer Metapoetik der Kinderliteratur sollten formengeschichtliche Zusammenhänge der Kinder- und Jugendliteraturentwicklung in einer Weise rekonstruierbar werden, in der auch das Formbewusstsein der Literaturschaffenden beschreibbar wird. Andererseits sollte auch erkennbar werden, dass triviale Literatur für Kinder und Jugendliche in jeder Spielart diese Formschemata in beliebiger Weise durchkreuzt, von allem ein bisschen sein möchte und damit aus jeder Zuordnung herausfällt. Endlos-Abenteuergeschichten, in denen omnipotente Kinderhelden unbegrenzt viele Abenteuer erfolgreich bestehen, entsprechen weder dem mythogenen noch dem logozentrischen Schema noch ihren jeweiligen Negationen, sind aber dadurch nicht innovativ, sondern einfach ignorant hinsichtlich eines tradierten und aktualisierten Fundus des Formenbestandes. Die Literarizität von Literatur für Kinder und Jugendliche erweist sich hingegen als formbewusste Bedachtnahme und Weiterentwicklung der in diesem metapoetologischen Modell zusammengefassten Zusammenhänge.

Das praxisorientierte Ziel einer künftigen Poetik der Literatur für Kinder und Jugendliche wäre, sich grundsätzlich von (auch versteckt) pädagogischen Rubrizierungen zu befreien und sich – wie in der allgemeinen Literaturkritik – in erster Linie mit den Literaturschaffenden selbst und mit ihrer produktiven Weiterentwicklung des vorgegebenen Formenbestandes zu beschäftigen.

Gegenüber dem hier vorgenommenen Blockmodell ließe sich die Unterscheidung der vier Felder auch in einem Koordinatenmodell vortragen, das den Vorteil einer graduellen Abstufung von Gattungen bietet, wie sie in der Folge an fünf Beispielen angedeutet werden soll:

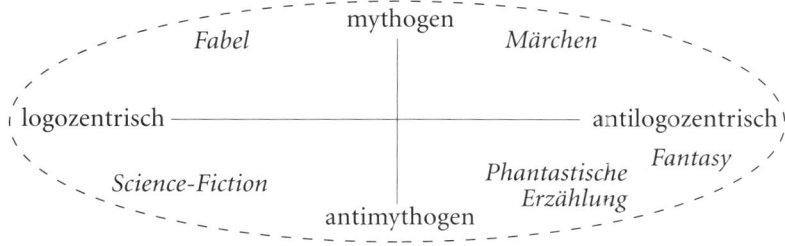

Schema 7: metapoetologisches Genre-Modell (2)

Der Nachteil dieses Koordinatenmodells liegt darin, dass eine Erweiterung über das System der Kinder- und Jugendliteratur hinaus nicht mehr möglich ist, d.h. sie wäre damit als ein in sich abgeschlossenes (Handlungs-)System beschrieben. In der Folge soll versucht werden, das poetologische Modell im Sinne der Auffassung eines Symbolsystems in die Richtung der allgemeinen Literatur zu erweitern.

1.4.4 Erweiterung des metapoetologischen Modells

Dieses Kapitel bildet insofern den Kern der Argumentation, als versucht wird, die im theoretischen Teil, insbesondere im poetologischen Diskurs gewonnenen Einsichten mit den Überlegungen zum Adoleszenzroman zu verbinden, der außerhalb des kinder- und jugendliterarischen Systems angesiedelt wurde. Dazu ist es erforderlich, das metapoetologische Modell zu erweitern. Die dort beschriebenen vier literarischen Felder sind ein Versuch, die poetologische Vielfalt der Literatur für Kinder und Jugendliche in einem System darzustellen, das unabhängig von pädagogischen und entwicklungsbedingten Zuschreibungen (Lesealter) nur an formalen (Rezeptionsvermögen) und inhaltlichen (Rezeptionsinteressen) Kriterien orientiert ist und damit eine rein literarisch-phänomenologische Definition zulässt. Eine Erweiterung dieses Modells wird logischerweise die Dichotomie von irrealen und realen Inhalten beibehalten, zumal es sich hier um eine Dichotomie des Entweder-Oder handelt. Demgegenüber ist die Zweiteilung der Formen (Rezeptionsvermögen) so gedacht, dass sie vorläufig nur auf das Inventar kinder- und jugendliterarischer Gattungen bezogen ist, so dass das Modell in Bezug auf eine Erweiterung des literarischen Systems transzendierbar ist. Für die Transzendierung genügt es, die Formenebene des Rationalen als vorrational zu bezeichnen und die eigentlich rationale der Erweiterung des Systems zuzuschreiben. Da das ganze System der so genannten Erwachsenenliteratur sinnvollerweise dem realen Inventar an Inhalten zuzuschreiben ist, bleibt als einziges Feld das der irrealen Inhalte auf der Ebene der rationalen Formen. In dieses Feld passt der Typus der Kindheitsliteratur, insofern diese als impliziten Leser den rational denkenden Rezipienten voraussetzt, inhaltlich jedoch durch das Eingehen auf irreale Vorstellungen seiner Protagonisten sich von den rein realen Inhalten absondert. Das erweiterte Modell entspricht demnach dem folgenden Schema:

Inhalte	irreal	real
Formen		

		irreal	real
implizit intertextuell	magisch vor-rational	mythogen antilogozentrisch	antimythogen logozentrisch
explizit intertextuell	rational	Kindheitsliteratur	Adoleszenzroman „Erwachsenenliteratur"

Schema 8: metapoetologisches Genre-Modell (3)

Mit „intertextuell" ist hier der Zusammenhang zwischen der Literatur für Kinder und Jugendliche und der allgemeinen Literatur gemeint. Die Erweiterung der Form-Kategorien von den zwei Stufen des kinder- und jugendliterarischen Systems (magisch und vor-rational) auf drei Stufen (mit Ergänzung einer Ebene der rationalen Formen) ist als Versuch zu werten, das kinder- und jugendliterarische System in einen gesamtliterarischen Systemzusammenhang zu bringen. Dabei ist allerdings zu betonen, dass es sich nicht um eine Aufteilung nach dem pädagogischen Lesealter-Prinzip handelt, sondern um phänomenologisch bestimmte Gattungskategorien, die nur bedingt mit dem Lesealter korrespondieren.

Die hier in den Systemzusammenhang eingebettete so genannte Kindheitsliteratur ist insofern den Gattungen mit irrealen Inhalten zuzuordnen, als sie die Vorstellungen eines kindlichen Weltverständnisses als Gegenwelt gegenüber der der Erwachsenen zulässt; ein Beispiel dafür wäre Ilse Aichingers Roman *Die größere Hoffnung*. Ein nicht unwesentliches Motiv der Kindheitsliteratur ist das der Geschlechtslosigkeit. Der Begriff „Erwachsenenliteratur" ist als ein eher konstruktiv entstandener Gegenbegriff zur gängigen Auffassung von Kinder- und Jugendliteratur als Metier entstanden und wird in dem hier erarbeiteten Konnex dem gesamten Inventar von Kinder- und Jugendbuchgattungen nicht nur kontrastiv gegenübergestellt, sondern in einen wechselseitigen definitorischen Zusammenhang gebracht.

Der Adoleszenzroman ist seiner Entstehung gemäß primär der Erwachsenenliteratur zugeordnet. In den neueren Untersuchungen dazu geht es darum, den Emanzipationsprozess der Jugendliteratur nachzuvollziehen. Was für diese eine Gattung in besonderer Weise gilt, ist jedoch spätestens seit dem Paradigmenwechsel um 1970 für den gesamten Gattungsbestand der Literatur für Kinder und Jugendliche zu konstatieren. Diesem Befund versucht die hier vorgelegte Systematik gerecht zu werden.

Während im ersten Kapitel formal-deskriptive Aspekte im Vordergrund stehen, ausgehend von der Frage, wie die Literatur für Kinder und Jugendliche in der Verflechtung zwischen der allgemein poetologischen und der in ihren spezifischen Genre- und Metierbezügen entwickelten Terminologie begrifflich fassbar bzw. zuordenbar ist, soll im zweiten Kapitel der methodische Zugang interdisziplinär erweitert werden. Der poetologische Zugang versteht sich als Basis, gleichzeitig aber auch als ein Öffnen des Metiers gegenüber jenen anderen Disziplinen, die vorrangig am Diskurs der Literatur für Kinder und Jugendliche sowohl als Metier wie auch als Genre beteiligt sind.

Zunächst soll dazu der Frage in Bezug auf den Kanon nachgegangen werden, um zu klären, wie das Feld der Literatur für Kinder und Jugendliche zu definieren ist, und zwar nicht allein als Gegenstand eines aktuellen didaktischen Interesses, sondern als genuiner Teilbereich der Allgemeinliteratur mit einem dafür repräsentativen Textkorpus.

2.1 Anmerkungen zum Kanon

Einleitend ist festzuhalten, dass der Kanon der Literatur für Kinder und Jugendliche im hier verstandenen Sinn nicht zu verwechseln ist mit dem Inventar ihrer Klassiker, wie sie im vorangehenden Kapitel erörtert wurden. Bei aller Problematik des Kanon-Begriffs, die dieser in der allgemeinen Literatur aufwirft, kommt insbesondere in der Kinderliteratur hinzu, dass Kinder, soweit sie sich mit Klassikern befassen, diese nicht als eine für ihre Entstehungszeit repräsentative Literatur lesen. Diese Repräsentativität für das Genre gilt jedoch als ein unbestrittenes Kriterium für die Kanonbildung. Damit kommt der Unterscheidung zwischen Genre und Metier eine weitere Bedeutung zu: Selbstverständlich ist die Literatur für Kinder und Jugendliche und ihre Akzeptanz auch und gerade als Metier Veränderungsprozessen unterworfen, sodass es von Generation zu Generation neue literaturpädagogische Auffassungen gibt. Deutlicher als in der allgemeinen Literatur spiegeln sich die jeweils zeittypischen Auffassungen in Auswahl- und Empfehlungslisten wider, die eigentlich das ideelle Zentrum des Metiers darstellen. Das Metier weist also zeitliche Begrenzungen auf, wobei als Zeitraum im engeren Sinn das Nebeneinander einer Kinder- mit einer Eltern-, allenfalls noch einer Großelterngeneration zu sehen ist, im weiteren Sinn die Begrenzung durch einen Paradigmenwechsel, wie er für die zweite Hälfte des 20. Jahrhunderts mit 1970 festgeschrieben und im ersten Kapitel dieser Arbeit bereits erörtert wurde.

Mit der jüngst von Hans-Heino Ewers zur Diskussion gestellten Unterscheidung zwischen (kinder-)literarischem Traditionskanon und (kinder-)literarhistorischen Schlüsseltexten (vgl. Ewers 2007) kündigt sich nun eine Begriffsklärung an, die im Umfeld der Kanonisierungsfragen einige Klärungen ermöglicht. Wenn wir diesen Überlegungen entsprechend von Traditions- und Schlüsseltexten sprechen, wäre vorzuschlagen, als Schlüsseltexte solche zu verstehen, die im Sinne einer Zeitraumbegrenzung zumindest eine Generationenfolge lang sowohl seitens der Lesenden als auch seitens der Literaturkritik als zeittypisch im Gespräch waren und somit als repräsentativ gelten können, auch und gerade dann, wenn sie später in Vergessenheit gerieten. Eben diese Schlüsseltexte erscheinen für die Konstituierung eines Kanons der Kinder- und Jugendliteratur, der auch oder eigentlich nur für die Literaturwissenschaft relevant ist, von Interesse. Paradoxerweise sind die so genannten Traditionstexte, die man in die Nähe der Klassiker stellen kann, für den Kanon in einem literaturwissenschaftlichen Sinne vergleichsweise von geringerem Interesse, vor allem deshalb, weil eben diese Texte zumeist nicht in der Originalfassung vorliegen, sondern – soweit überhaupt noch in Buchform – vielfach in sehr entstellenden und verkürzenden Bearbeitungen wahrgenommen werden. Gegenüber der allgemeinen Literatur erweist sich die Kanonfrage in der Literatur für Kinder und Jugendliche also als wesentlich komplexer, und es empfiehlt sich, zumindest zwischen einem Lese- und einem Literaturkanon zu unterscheiden. Der Lesekanon ist beschränkt auf das für eine Generation von Kindern und Jugendlichen tatsächlich in entsprechenden Ausgaben vorliegende Buchangebot. Der Literaturkanon ist weit umfassender, wenn auch nicht unbegrenzt. Er umfasst zum einen die Originaltexte bzw. möglichst textgetreue Übersetzungen dessen, was an Klassikern bzw. Traditionstexten noch im Gespräch ist, zum anderen aber auch die im obigen Sinn erläuterten Schlüsseltexte, die in ihrer historischen Bandbreite das Genre bestimmen.

Im Hintergrund dieser Diskussion könnte immer noch die – wenngleich etwas emphatische und mit Skepsis zu betrachtende – Auffassung von Paul Hazard mitbedacht werden, wonach sich die Kinder im Lauf der Zeit die Werke der Weltliteratur eroberten (Eroberungsthese). Etwas erweitert – und näher besehen auch konträr – wäre aus heutiger Sicht zu argumentieren, Klassiker, also als Traditionstexte kanonisierte Werke, sind nicht nur die Werke der Weltliteratur, die zu Kinderbüchern geworden sind, sondern Klassiker sind auch und vor allem Kinderbücher, die zu Weltliteratur geworden sind. Mit dieser Spiegelung der Eroberungsthese, die sich auf die hier so genannten Traditionstexte bezieht, ist zunächst auch der immer von Abkoppelungstendenzen bedrohte Zusammenhang zwischen allgemeiner Literaturwissenschaft und wissenschaftlicher Befassung mit der Literatur der Kinder und Jugendlichen angesprochen, der immer wieder einer Stabilisierung bedarf.

Derartige Stabilisierungen sind beim heutigen Stand der Kinderbuchforschung und eines moderater gewordenen Legitimationszwanges wohl nicht mehr permanent nötig, dennoch erscheint bei diesem Thema der Kinderbuch-Kanonisierung der Hinweis auf die Positionierung im gesamtwissenschaftlichen Feld angebracht. Die Kinderliteraturforschung und insbesondere ihr Beitrag zur Erweiterung literaturhistorisch ermittelter Zeitbilder lässt sich heute als Teil der allgemeinen Literaturforschung verstehen – und zwar keineswegs mit einem asymmetrischen, sondern durchaus integrierenden Status, was zur Folge hat, dass zwischen allgemeiner und spezieller Disziplin ein wechselseitiger Erkenntnisprozess stattfindet. Die Unterscheidung zwischen Traditionstexten und Schlüsseltexten macht jedoch deutlich, dass es diese (kinder-)literaturhistorischen Schlüsseltexte sind, die die Verschränkung von allgemeiner und Spezialdisziplin zum anregenden Diskurs werden lassen könnten.

Bei Schlüsseltexten, die noch nicht gleichermaßen pädagogisch besetzt sind wie die Traditionstexte, besteht auch die größere Chance, sie im Sinne allgemeiner hermeneutischer und anderer literaturwissenschaftlicher Verfahren – jedenfalls didaktisch unbelastet – zu behandeln. Von besonderem Interesse sind in diesem Zusammenhang Wiederentdeckungen von einst intensiv diskutierten Werken. Mit zwei Beispielen aus der Dissertation von Gudrun Wilcke (alias Pausewang), *Vergessene Jugendschriftsteller der Erich-Kästner-Generation* (1998) [Abb. 2.01], soll dies erläutert werden: Wilcke stellt neben anderen die Kinderbuchautorin Alma Holgersen (1896–1976) vor, die in Innsbruck geboren wurde und in Wien aufwuchs. Aus Holgersens Nachlass wird erkennbar, dass sie u. a. mit

Hermann Hesse, Gertrud von Le Fort, Josef Leitgeb, Peter Altenberg in Verbindung stand. 1935 erschien als erstes größeres Werk die Auseinandersetzung mit einem sozialkritischen Thema verbunden mit einem religiösen Stoff, *Der Aufstand der Kinder* (mit einem Geleitwort von Mirko Jelusich), ein Roman, dessen Inhalt allein schon einen Bruch mit den gängigen Klischees der zeitgenössischen Literatur darstellt. Ein Bauernmädchen gründet mit Berufung auf christliche Wertvorstellungen eine Kinderbande, um die Reichen des Dorfes zum Teilen ihres Besitzes mit den Armen zu veranlassen. Wilcke widmet dem Buch eine ausführliche Analyse und betont den singulären Charakter, dem gegenüber die etwa 50 weiteren Werke der Autorin erheblich zurückstehen. Sie macht aus ihrer Verwunderung darüber kein Hehl, dass diesem Roman wie auch dem nachfolgend von ihr behandelten Kinderroman von Anna Maria Jokl, *Die Perlmutterfarbe* [Abb. 2.02]) keine anhaltende Aufmerksamkeit zuteil wurde. Dieser Roman mit dem Entstehungsjahr 1938 behandelt die Rivalität zwischen zwei Schulklassen, aber auch die Folgewirkungen unrechtmäßigen Verhaltens, die im Zusammenhang mit dem Entstehungsjahr zu einer zeitkritischen Thematisierung werden.

2.1.1 Das Metier als Gegenstand von Psychohistorie

All die zum Teil verständlichen, zum Teil aber auch erstaunlichen sowohl Auf- als auch Abwertungen, Prolongierungen und Verdrängungen sind offensichtlich weniger mit Kriterien der literarischen Qualität zu erklären als vielmehr aus psychologischer Sicht bzw. als psychohistorische Phänomene. Es handelt sich dabei im Grunde immer um Korrekturen von Kindheitsbildern und von Bildern, wie Jugend zu sein habe. Im Diskurs über die Literatur für Kinder und Jugendliche ist längst einsichtig geworden, dass sie tatsächlich mehr über die Bildungs- und Erziehungseinstellungen ihrer Autorinnen und Autoren als über ihre Protagonisten verrät und dass sie somit einen weithin unentdeckten Fundus zu einer Realienkunde der Mentalitätsgeschichte darstellt. Einmal mehr ist in diesem Zusammenhang zu betonen, dass Kinderliteratur und Jugendliteratur als zwei unterschiedliche Formen der Erwiderung auf den allgemeinen literarischen Diskurs zu verstehen sind. Auch deshalb ist es methodisch bedenklich, von „Kinder- und Jugendliteratur" zu sprechen, weil diese Koppelung sowohl das Profil der einen als auch das der anderen Literatur in Frage stellt. Kinderliteratur reflektiert grundsätzlich eine andere Wirklichkeit als Jugendliteratur; hier ist es die gesellschaftliche, dort die familiäre Wirklichkeit, und damit ist eine Differenz gegeben, die für den Heranwachsenden eine weithin unterschätzte Dramatik mit sich bringt.

Interdisziplinarität

2.01

2.02

Die Grenze zwischen Kinderliteratur und Jugendliteratur wird aus didaktischer Sicht gemeinhin festgelegt durch das Lesealter im Übergang zur Pubertät. Umso erstaunlicher ist es, dass man bisher dem Versuch, diese Zweizeitigkeit des Lesealters mit der so genannten Zweizeitigkeit der sexuellen Entwicklung, wie sie durch Sigmund Freud definiert und durch Mario Erdheim in kulturgeschichtlicher Argumentation weiterentwickelt wurde, in einen konkreten Zusammenhang zu bringen, eher ausgewichen ist. Dies jedoch böte sich insbesondere auch deshalb an, weil Erdheim seine Überlegungen unter dem Titel „Adoleszenz und Kulturentwicklung" diskutiert und damit einen entwicklungspsychologischen Begriff zum Fokus seiner Argumentation macht, der auch in der neueren Jugendbuchdiskussion zu einem zentralen Begriff geworden ist, nämlich dem des Adoleszenzromans (vgl. dazu Erdheim 1984, insbes. S. 271–368). Im Zuge des Modernisierungsdiskurses, in dem die Entwicklungen der Kinder- und die der Jugendliteratur je unterschiedlich dargestellt werden, sollen mit Betonung einer Differenzierung zwischen den beiden Literaturen jene methodischen Ansätze skizziert werden, die über den bloßen literaturpädagogisch-didaktischen Zugang hinausgehen.

Die somit betonte Verschränkung der verschiedenen Methoden im Forschungsfeld der Literatur für Kinder und Jugendliche – insbesondere die der Literaturwissenschaft und der Psychologie – sollte sich als gemeinsamen Ausgangspunkt immer wieder auf jene Parameter konzentrieren, die dieser Einführung als Titel vorangestellt sind: Thema, Stoff und Motiv. Die Diskussion dieser drei Begriffe ist bei Max Lüthi (Lüthi 1982) umfassend und kann hier nicht im Einzelnen referiert werden. Sie geht im Zusammenhang mit der als Genre behandelten Literatur für Kinder und Jugendliche von einer grundsätzlichen Beobachtung aus: Im Überblick insbesondere über die Motivforschung entsteht aus der Sicht des Genres der Eindruck, sie habe die Entdeckung der Kindheit als eines der wesentlichen Momente der Aufklärung und ihre folgenreiche literarische Entfaltung noch nicht oder jedenfalls nicht in dem Ausmaß zur Kenntnis genommen, das das Genre aufzuweisen hat.

Der Mangel des kindheitsliterarischen Blickes, also einer Sensibilität für die Thematisierung von Kindheit als ein spätestens seit der Aufklärung durchgängiges literarisches Thema zeigt sich bei den Interpretationen einer ganzen Fülle von literarischen Gestalten vom Anton Reiser des Karl Philipp Moritz über den Friedrich Mergel der Annette von Droste Hülshoff bis zum Oskar Mazerath des Günther Grass, die eben keine Helden im traditionellen Sinn sind, aber auch keine Antihelden wie Georg Büchners Woyzeck. Vielmehr handelt es sich um Heranwachsende, deren besondere Problematik im Nicht-Erwachsen-Sein besteht. Somit haben wir es bei etlichen Werken der allgemeinen Literatur mit Motiven zu tun, die insgesamt als genealogisch zu bezeichnen sind und neben soziologischen oder psychologischen eine spezifische Tiefendimension für sich in Anspruch nehmen können. Sie sind allenfalls dem Phänomen der Adoleszenz als letztem Stadium in der Genese der Entwicklung zuzuordnen, oft aber auch früheren Stadien, und nicht gleichzusetzen mit dem modernen Begriff des Adoleszenzromans. Es handelt sich um ein kulturgeschichtlich sowohl phylogenetisch als auch ontogenetisch viel früher aufbrechendes Drama der Konfrontation mit dem Erwachsen-Sein, das seine Urbilder in den Figuren des Oedipus, des Orest, der Elektra und der Antigone findet und in der Aufklärung den Beginn seiner psychologischen Gestaltung erfährt.

In Anknüpfung an die Klassiker-Diskussion ist in diesem Zusammenhang darauf zu verweisen, dass jene Werke der Weltliteratur bzw. jene Figuren, die zu Klassikern der Jugendliteratur oder der Kinderliteratur wurden, ein besonderes Kindheits-Ich-Potential aufweisen (der Begriff „Kindheits-Ich" wird mit Hinweisen auf die Transaktionsanalyse noch näher zu erläutern sein). Gleichzeitig ist zu bedenken, dass sie – wie Robinson oder auch Telemach, ebenso Don Quixote und Gulliver – erst in der Aufklärung zu Kinder- oder Jugendbüchern bzw. -figuren wurden. Ein anderes Beispiel aus der Vielzahl der Schwank- und Volksliteratur ist das der Schildbürger, stoff- und motivgeschichtlich ein Pendant zum Motiv der verkehrten Welt, bei dem Kinder den Erwachsenen überlegen sind. Die Schildbürger verkörpern die Einfältigkeit der Erwachsenen als Kollektiv. Eine weitere Facette dieses Motivs zeigt sich darin, dass die Schild-

𝓗𝑒𝑖𝑑𝑖

Eine Geschichte für Kinder
und solche,
die Kinder liebhaben
Von Johanna Spyri

Heidis Lehr- und Wanderjahre
Heidi kann brauchen,
was es gelernt hat

2.03   2.04

bürger gleichsam eine Urform des Kollektivs in der Literatur überhaupt darstellen, ein Gegenstück zum griechischen Chor, eine Gemeinschaft, die im Gegensatz zum Einzelnen nicht imstande ist, auf die Stimme der Vernunft zu hören.

2.1.2 Zum Kanon einer Literatur mit verminderter Halbwertszeit

Aus der Unterscheidung zwischen Kinder- und Jugendliteratur ist auch eine die Kanondebatte betreffende Feststellung bzw. These abzuleiten: Während Kinderliteratur sozusagen ein kanonisches Potential aufweist – die („zählebigen") Beispiele von *Alice* bis *Pinocchio*, von *Mowgli* bis *Peter Pan* und von *Nils Holgerson* bis *Pippi Langstrumpf* sprechen für sich –, erweist sich Jugendliteratur im Rahmen von Kanonisierungsprozessen eher als vergänglich. Als ein weiteres Merkmal klassischer bzw. kanonisierter Kinderbücher gilt, dass sie nationalgeschichtlich konnotiert sind – *Alice* als Englisch, *Der kleine Prinz* als Französisch, *Pinocchio* als Italienisch, *König Hänschen* (ursprünglich *Matthias*) als Polnisch usw. –, dass dem jedoch ihre internationale Rezeption als stärkeres klassikerbildendes Kriterium widerspricht. Inwiefern die Lektüre von *Heidi* zum Verständnis der schweizerischen oder *Oliver Twist* [Abb. 2.03] zum Verständnis spezifisch englischer Mentalität beiträgt, ist auf der Ebene der Rezipienten eher fraglich, um so mehr kann es literaturgeschichtlich gesehen von Interesse sein, etwa *Alice* als typisch viktorianische Literatur zu lesen. *Heidi* [Abb. 2.04] bzw. *Oliver Twist* können als Klassiker einer Mittelstellung bezeichnet werden, weniger im Hinblick auf das Lesealter als vielmehr hinsichtlich der Mischung von (einerseits) kinder- und (andrerseits) jugendliterarischen Form-Elementen. In diesem Zusammenhang ist eine weitere Unterscheidung von der allgemeinen Literatur ins Spiel zu bringen: dass nämlich die Kanonisierung von Kinderliteratur weniger das literarische Werk selbst als die Figur und deren Vermarktung im Sinne des Merchandising betrifft.

Das unterschiedliche Potential zur Kanonisierung kann somit als ein Kriterium der Unterscheidung zwischen Kinder- und Jugendliteratur gewertet werden, das zwar mit dem des Lesealters korrespondiert, das aber als eigentliche Ursache eine unterschiedliche Formzugehörigkeit betrifft. Etwas zugespitzt wäre zu behaupten:

a) Jugendliteratur wird nicht kanonisiert (Ausnahme ist die wieder besondere Form der Serienliteratur von *Nesthäkchen* über Karl May bis zum Sonderfall *Harry Potter*) und

b) Klassiker – also kanonisierte Kinderliteratur bzw. -figuren – geben keinen Aufschluss über nationalgeschichtliche Besonderheiten, sie sind nur bedingt Mittel zur Förderung transkultureller Fragestellungen. Das Kriterium der Zeitlosigkeit ist ihr besonderes Merkmal.

Die eingangs erwähnte und kritisierte Unbedachtheit in der Verwendung des Doppelbegriffs „Kinder- und Jugendliteratur" ist Anlass, bei dieser Literatursparte darauf zu achten, ob man von der Literatur selbst oder vom didaktischen Umgang mit ihr spricht – eine Unterscheidung, die bei keiner anderen Art von Literatur so ins Gewicht fällt. Dies ist die Ursache dafür, dass man schon seit geraumer Zeit von Handlungs- und Symbolsystemen spricht, was hier terminologisch praktikabler Metier und Genre genannt werden soll: Metier bezieht sich auf das literaturdidaktische Potential, mit Genre ist hingegen die literarhistorische Verbindung mit dem Erbe der Literatur im Allgemeinen, im Sinne einer (genealogischen) Poetik der Literatur für Kinder und Jugendliche im Besonderen gemeint. „Kinder- und Jugendliteratur" ist also eine Bezeichnung, die eindeutig dem Metier entspringt und als Doppelbegriff im Genre-Repertoire keinen Platz hat.

Nun kann jedoch dem Metier nichts abverlangt werden, was das Genre nicht bietet. Es gibt weder in der Kinder- noch in der Jugendliteratur eine Gattung, die der Völkerverständigung dient, auch wenn dies in Bezug auf das Metier – also in der Literaturdidaktik, die sich mit diesem Thema befasst – noch so vehement eingefordert wird. Es ist sehr zu bezweifeln, ob Karl May ethnologisch tatsächlich dienlich war. In diesem Zusammenhang ließen sich allenfalls Gattungen anführen wie Reiseroman, historischer Roman, zeitkritischer Roman bzw. Literatur über das Dritte Reich, den Holocaust und über Rassismus, wobei es hier aber nicht um jugendliteraturspezifische Themen geht. In dieser Betrachtungsweise wird deutlich – und das sei als These verstanden –, dass das Metier den Blick auf die Allgemeinliteratur verwehrt. Insofern das Metier, also die „Szene", grundsätzlich aktualitätsorientiert ist und immer an einer für die „jetzige" Jugend verfassten Literatur Interesse hat, verhindert es Kanonisierungen, die vom Genre her möglich wären. Schon an dieser Stelle ist dafür zu plädieren, das Metier zu erweitern. Seit geraumer Zeit ist die Rede von einer Literatur zweiter Kategorie und damit einher geht die Klage, dass die so genannte Kinder- und Jugendliteratur nur am Rande in den Kanon der allgemeinen Literatur aufgenommen wird. Dem ist zu entgegnen, dass diese „Gettoisierung" tatsächlich dann berechtigt ist, wenn das Metier sich seiner Verbundenheit mit der allgemeinen Literatur nicht mehr bewusst ist. Dies wiederum ist dann der Fall, wenn Kinder- und Jugendliteratur als Sparten eines Genres verstanden werden, das allen anderen Genres – wie Kriminalroman, utopischer Roman, Phantastischer Roman – gleichberechtigt zur Seite gestellt wird.

2.1.3 Zur Transkulturalität des Kanons

Der weit gefasste Begriff von Transkulturalität, zumeist im traditionellen Sinn von Völkerverständigung verstanden, kann auch als Überschreitung der Grenzen zwischen Jugend- und Erwachsenenkultur verstanden werden. Es ist dafür zu plädieren, den Begriff Jugendliteratur – insbesondere mit Einschluss des Adoleszenzromans – von beiden Positionen her, seitens der allgemeinen Literaturszene und seitens der Jugendliteraturszene, des Metiers, zu erweitern. Während dem Begriff Jugendliteratur (noch mehr als Kinderliteratur) eine Tendenz zur Abgrenzung innewohnt, bietet der Begriff Adoleszenzliteratur die Chance zur Grenzenaufhebung bzw. Entgrenzung. Wurde an früherer Stelle festgestellt, es gebe nur Klassiker der Kinder-, aber keine der Jugendliteratur, so ist es nun wichtig, einen eigenen erweiterten literarischen Sektor zu sondieren, den man als Klassiker bzw. besser als Wegbereiter der Adoleszenzliteratur bezeichnen könnte. Dies beginnt mit Goethes *Werther*, der oft als frühestes Beispiel dieses Genres zitiert wird, und führt bis zu Salingers *Catcher in the Rye* [Abb. 2.05], wo der Konnex nahe liegt. Dazu könnten aber auch so unterschiedliche Werke wie F. M. Dostojewskijs *Schuld und Sühne*, Heinrich Bölls *Ansichten eines Clowns* oder Franz Innerhofers *Schattseite* sowie seine anschließend erschienenen autobiographischen Romane gezählt werden, denen die Gestaltung von Jugendschicksalen gemeinsam ist.

Diesen drei exemplarisch herausgegriffenen Werken ist weiters gemeinsam, dass sie auch Auskunft über gesellschaftliche und mentalitätsgeschichtliche Hintergründe geben. Sowohl Dostojewskijs Raskolnikov als auch Bölls Hans Schnier als auch Innerhofers Holl handeln in konkreten sozialgeschichtlichen Situationen. Bei Dostojewskij deutet schon der Name darauf hin. „Raskol" heißt so viel wie Abspaltung: Raskolnikov, aus einer verarmten bürgerlichen Familie in St. Petersburg Mitte des 19. Jahrhunderts, ist abgespalten von der Intelligenz, aber auch vom Boden, vom Volk, vom Träger des ganzheitlichen Lebens. Bölls Roman, in Deutschland nach dem Zweiten Weltkrieg in der „Wirtschaftswunder"-Zeit der 1950er- und 1960er-Jahre spielend, ist, wenn man ihn heute liest, eine provokante Abrechnung mit dem bürgerlichen Wohlstand, ein geradezu typischer Adoleszenzroman (ein „moderner Picaro", wie Elisabeth Frenzel Bölls Protagonisten im Motivlexikon nennt). Innerhofers Autobiographie setzt in der völlig a-kulturellen Landbevölkerung in Österreich an, in den Fortsetzungen seiner Entwicklungsromane – v. a. im Roman *Die großen Wörter* – wird der Protagonist als Abendschüler und Student mit der „Welt des Redens" konfrontiert. Auch hier haben wir es vorrangig mit genealogischen Motiven zu tun, die in der Literaturdidaktik etwas lapidar Generationskonflikte genannt werden.

Mit dem Adoleszenzroman entfaltet sich eine Gattung, die wegen ihrer Doppelzugehörigkeit – zum jugendliterarischen und zum allgemeinliterarischen System – und auch wegen ihrer sehr unterschiedlichen Entwicklung in Deutschland und Österreich einen besonderen Rahmen für die Diskussion über Transkulturalität bietet. Von besonderem Interesse ist dabei der Umstand, dass der Adoleszenzroman in Deutschland von Autorinnen und Autoren der Jugendliteratur aufgegriffen wird, in Österreich hingegen von Vertretern der allgemeinen Literatur, während er in der österreichischen Jugendliteratur so gut wie gar nicht präsent ist.

Der Begriff Adoleszenz ist als ein ursprünglich entwicklungspsychologischer Begriff durch seine literarische Besetzung neu zu definieren. Ursprünglich die Spätphase der Jugend und die Frühphase des Erwachsenseins betreffend, in dem das bewusste Für-sich-selbst-verantwortlich-sein begleitet wird von der Möglichkeit seiner bewussten Negation, beschreibt er in seinen fortgesetzten literarischen Ausprägungen Einstellungen und Verhaltensweisen, die typisch sind für die Frühphase der Jugend bzw. auch schon als Spätphase der Kindheit vorkommen. Dieser Prozess einer sozialen Akzeleration ist eine Folge der Desintegration der Erwachsenen-Identität. Gesellschaftliche Akzeptanz zwischen den Generationen wird zunehmend von gesellschaftlicher Skepsis überlagert, jeweils in beiden Richtungen: vom Individuum gegenüber der (Erwachsenen-)Gesellschaft und umgekehrt von dieser Gesellschaft gegenüber dem Individuum.

Die Aktualität des Adoleszenzromans ist darin begründet, dass der intendierte bzw. implizite Leser zwar der Altersgruppe des Jugendlichen entspricht, dass sich jedoch Form und Inhalt dieses Romantypus grundle-

2.05   2.06

gend von der für Jugendliche geschriebenen Literatur unterscheiden bzw. unterscheiden möchten; Jugendliteratur ist der Vorwurf, von dem der Adoleszenzroman sich ablösen möchte. Ähnlich wie sich Avantgarde zur epigonalen Kunst verhält, verhält sich der Adoleszenzroman zur Jugendliteratur: Er nimmt, sofern er sich überhaupt auf Jugendliteratur bezieht, für sich in Anspruch, die Avantgarde der Jugendliteratur zu sein, indem er sie überwinden möchte. Der implizite Leser im Adoleszenzroman wird primär vom Lebensalter her bestimmt und erst sekundär von Stoff, Thema und Motiv. Der Tenor ist weder affirmativ noch revolutionär, sondern anti-aufklärerisch negierend bzw. rebellisch insofern, als er vom Bewusstsein geprägt ist, dass die Lebensperspektive des Protagonisten keine Aussicht auf Dauerhaftigkeit hat. In literaturgeschichtlichen Kategorien kann er verstanden werden als eine naturalistische Version des realistischen Jugendromans. Seine existenzialistischen Perspektiven konzentrieren bzw. reduzieren sich auf die Erfahrung der Ausweglosigkeit.

Unter den schon genannten Merkmalen des Adoleszenzromans scheint hinsichtlich der tektonischen Bedeutung das Literaturzitat eines der interessantesten zu sein. Dazu wären zahlreiche Beispiele zu nennen.

Celine oder welche Farbe hat das Leben (1989) [Abb. 2.06] von Brock Cole (geb. 1941, Studium der Philosophie, Lehrtätigkeit an der Universität Wisconsin) wurde in den USA zum besten Jugendbuch der 1980er-Jahre gewählt. Die Protagonistin Celine ist 16 Jahre alt, ihre Eltern sind geschieden, sie lebt bei ihrem Vater bzw. vor allem zusammen mit dessen jüngerer Freundin, die nur ein paar Jahre älter ist als sie und mit der sie sich nicht gut versteht. Ihre Mutter lebt nach wechselnden Lebenspartnern mit einem Mann in Brasilien. Celine lernt den sechsjährigen Jakob (Jake) kennen, dessen Familienverhältnisse ähnlich verworren sind und um den sie sich verantwortungsvoll kümmert. Ihre schulische Aufgabe besteht darin, eine Charakterisierung von Holden Caulfield, dem Protagonisten aus Salingers *Catcher in the Rye*, zu schreiben, was sie jedoch den ganzen Roman hindurch verweigert.

Irvine Welsh (geb. 1958 in ärmlichen Verhältnissen in einer Vorstadt von Edinburgh) wurde aufgrund seines Romans *Trainspotting* (1993) [Abb. 2.07] vom *Observer* zum „König der britischen Jugendliteratur" gekürt. Aus den vielen Figuren des Romans hebt sich der etwa 20-jährige Außenseiter Renton als Hauptfigur ab: Aus seiner Sicht wird ein trostloses Leben geschildert, in dem es hauptsächlich um Drogenkonsum und -handel geht. Ähnlich wie im Adoleszenz-„Klassiker" *Generation X* endet der Roman mit einer Flucht, hier nach einem größeren illegalen Deal mit Drogen. Rentons Außenseitertum kommt z. B. auch darin zum Ausdruck, dass er sich mit der Philosophie Kierkegaards befasst und sich mit diesen Kenntnissen vor einer ihm drohenden Gefängnisstrafe retten kann.

Pickel, Clou und Woyzeck (2001) von Jürgen Seidel trägt das Literaturzitat schon im Titel. Der Roman entfaltet mehrere Liebesgeschichten um den 16-jährigen Protagonisten, der von seiner Freundin Büchners *Woyzeck* als Geburtstagsgeschenk erhält und sich von dieser Figur sehr angesprochen fühlt. Auch finden Franz Kafka, Oscar Wilde, Baruch Spinoza und Friedrich Nietzsche Erwähnung.

Die Protagonisten in den Romanen von Jochen Till (geb. 1966 in Frankfurt/M.) sind um die 20 Jahre alt oder älter. Seine Romane *Der Junge Sonnenschein* (1999), *König für einen Sommer* (2001) und *Nichts wie weg!* (2001) – Liebesgeschichten, in die auch Alkohol- und Drogenproblematiken verwoben werden – bilden eine Fundgrube offen intertextueller Bezüge, wobei neben Steinbeck, Melville, Dostojewskij, Bukowski und James Joyce auch Mark Twain, Frank L. Baum mit dem *Zauberer von Oz* und James Matthew Barries *Peter Pan* Identifikationsmuster abgeben. Auffällig ist die Ablehnung Robert Musils und seines Romans *Der Mann ohne Eigenschaften*.

Die Häufigkeit des Literaturzitats korreliert mit dem vorrangigen Merkmal des Adoleszenzromans, der Identitätssuche. Das Verweilen bei literarischen Vorbildern ermöglicht den Protagonisten, sich zu der prinzipiell negativ akzentuierten Welt der Erwachsenen, der sie sich verweigern, insbesondere zu der der Eltern im Sinne des von Sigmund Freud psychoanalytisch erklärten „Familienromans", eine Gegenwelt zu erschaffen und sich mit den darin erfundenen Figuren zu identifizieren. Ein weiteres häufiges Merkmal des Adoleszenzromans betrifft die Kindheitsreflexionen, d.h. Textpassagen, in denen sich die Protagonisten an ihre eigene Kindheit erinnern. Sie sind als eine kontrastive Methode zum Literaturzitat zu verstehen, als eine nach innen gerichtete Identifikationssuche.

Als Weiterentwicklung der Kindheitsreflexion ist das Phänomen zu verstehen, dass die Repräsentation der eigenen Kindheit auf eine andere Figur übertragen wird. Dieses Muster ist etwa bei Jerome D. Salingers *Catcher in the Rye* in der Begegnung mit der jüngeren Schwester Phoebe vorgegeben. Als sie ihn fragt, was er werden möchte, entwickelt sich aus diesem Gespräch über ein Kinderlied, das dem Roman den Titel gibt, bei Holden die Vorstellung, an einer Klippe

2.07

zu stehen und alle Kinder vor dem Absturzen zu retten; er möchte der Fänger im Roggen sein. Ähnlich ist auch in Brock Coles *Celine oder Welche Farbe hat das Leben* die 16-jährige Protagonistin (die über Holden Caulfield einen Aufsatz schreiben soll) bemüht, das Leben ihres sechsjährigen Freundes und Schützlings vor Bedrohungen zu bewahren, die aus der eigenen Familie kommen. Mit diesem Kontrast der Jugend-Lebensalter – oder auch Altersphasen-Kontrast – zeichnet sich ein Paradigma ab, das schon in jenem Roman vorliegt, der immer wieder als Ursprung des Adoleszenzromans genannt wird: Goethes *Werther*, und zwar hier in der Beziehung Lottes zu ihren jüngeren Geschwistern.

Das Motiv dieses Altersphasen-Kontrastes, in dem es wie bei Jerome D. Salinger immer darum geht, dass der ältere Jugendliche das Kind davor bewahren möchte, verlogen zu werden (d.h. mit dem Eintritt in die Erwachsenen-Gesellschaft seine kindliche Unschuld zu verlieren), kehrt in zwei österreichischen Romanen aus jüngster Zeit wieder, die eben wegen ihrer Figurenkonstellation diskutiert wurden, wobei diese Diskussion auch über ihre Zugehörigkeit zur Gattung des Adoleszenzromans geführt wurde: Paulus Hochgatterers *Über Raben* [Abb. 2.08] und Michael Köhlmeiers *Der Tag, an dem Emilio Zanetti berühmt war* (beide 2002) [Abb. 2.09]. Den Romanen ist der eher seltsame Umstand gemeinsam, dass sie jeweils zwei Protagonisten mit weit auseinanderliegendem Lebensalter aufweisen. Durch die Konfiguration ihrer Protagonisten spalten sie das Thema der Adoleszenz auf und dehnen es in Extrempositionen. Die in der Theoriediskussion nachvollziehbare Erweiterung des Lebensalters der adoleszenten Protagonisten ist bei Hochgatterer und Köhlmeier auf paradoxe Art und Weise Figur geworden. Sie führen nicht eigentlich adoleszente Protagonisten vor, denn der adoleszente Protagonist wird bei ihnen ausgespart, sondern hier hat sich das adoleszente Verhalten im Lebensalter vorwärts und rückwärts ausgeweitet. Beide Autoren weisen frühere Werke auf, die man tatsächlich als Adoleszenzromane bezeichnen kann: es sind dies bei Hochgatterer *Wildwasser* (1997) und *Caretta caretta* (1999), bei Köhlmeier der umfangreiche Roman *Die Musterschüle*r (1998).

2.2 Im Spannungsfeld der Methoden

An dieser Stelle könnte man allgemein von einer älteren und einer neueren Geschichte des Genres sprechen und die neuere mit 1945, der so genannten Stunde Null beginnen lassen. Eine etwas andere Differenzierung wäre die zwischen einer langfristigen und einer kurzfristigen Entwicklung. Immer wieder bestätigt sich dabei der bereits mehrfach erwähnte Paradigmenwechsel um 1970 als Beginn der Gegenwartsliteratur sowohl in der Auffassung als Genre wie auch als Metier insofern, als in den Jahrzehnten bis 1970 literarische Erzeugnisse, die für Kinder oder Jugendliche gedacht waren, dominant pädagogisch behandelt wurden. Rezeption und Distribution erfolgten in einem vom allgemeinen literarischen Geschehen abgehobenen Raum.

Gewissermaßen stellt die transpädagogische Öffnung die eigentliche Errungenschaft des Paradigmenwechsels dar: die Einsicht – sowohl bei den Literaturschaffenden als auch bei den Literaturwissenschaftern –, dass wir es auch in Bezug auf Literatur für Kinder und Jugendliche mit Texten zu tun haben (im weiteren Sinn auch mit Text-Bild-Korrespondenzen), die jenseits pädagogisch zweckbestimmter Ziele erst wirklich interessante Ansätze aufweisen. Um die Homogenität der allgemeinen Literatur und der für Heranwachsende zu betonen, sei hier für diese Ansätze der Begriff Knotenpunkte eingeführt. Diese Knotenpunkte sind zu verstehen als Codierung interdisziplinär zu ermittelnder Bezüge. Textanalysen (auch Analysen von Text-Bild-Korrespondenzen, die in der Folge mitbedacht werden sollen) erweisen sich somit als Entdeckungen und Zusammenführungen derartig einander zugehöriger Knotenpunkte. In solcher Verbindung von Knotenpunkten ergeben sich Netze des Verstehens, wobei es evident erscheint, dass jeder Text mehrere solcher Netzbildungen ermöglicht: darin erweist sich seine Dichte. Texte sind somit als Angebote des Verstehens aufzufassen, wobei zu unterscheiden ist, dass es ein subjektives Verstehen gibt, das eher individuell-emotional, und ein objektives, das eher diskursiv-rational erfolgt. In der Folge sollen die vielfältigen, um

Interdisziplinarität

2.08   2.09

Objektivität und Diskursivität bemühten Möglichkeiten interpretatorischer Methoden in vier Feldern zusammengefasst werden, die gleichermaßen um Erweiterung eines bloß pädagogischen Literaturbegriffes und um dessen Einbindung in einen allgemeinen Literaturbegriff zu verstehen sind.

- Im anthropologischen Feld geht es um die gattungsbedingten Zusammenhänge mit der allgemeinen Literatur;
- im psychologischen Feld um die existentielle Vertiefung des Blicks auf Kindheit und Jugend und – wenn man so will – um eine endgültige Abkehr von der so genannten Schonraumpädagogik;
- das literarhistorische Feld versteht sich als herkunftsorientiert;
- das literaturwissenschaftliche schließlich als Einbindung der Theorien über die so genannte Kinder- und Jugendliteratur in den Raum der allgemeinen Literaturtheorien.

2.2.1 Anthropologisches Feld

Abgehoben von den gängigen Einführungen zum Thema Gattungen der Kinder- und Jugendliteratur, die im ersten Kapitel erläutert wurden, soll hier im Sinne interdisziplinärer Erweiterung bewusst ein ethnologischer Ansatz vorangestellt werden, der in besonderer Weise demonstriert, was einleitend als Codierung interdisziplinär zu ermittelnder Bezüge gemeint war. Die von Mario Erdheim aufgegriffene Adoleszenz-Diskussion bietet einen für das Genre erkenntnisfördernden Ansatz, der weit über die poetologische Diskussion des Adoleszenzromans hinausgeht. Erdheim hält sich einerseits an die Vorgaben von Sigmund Freud: „[...] schon 1897 tauchte bei Freud die Vorstellung auf, dass Familie und Kultur antagonistisch zueinander stehen" (Erdheim 277), andrerseits erweitert er diesen Ansatz um die aus der Ethnologie übernommene Unterscheidung zwischen kalten und heißen Kulturen, denen er sich eingehend widmet. Während kalte Kulturen eher statisch bleiben und ein zyklisches Geschichtskonzept aufweisen, sind heiße Kulturen von einem linearen Geschichtskonzept und vom Bedürfnis nach Veränderung bestimmt, wobei gesellschaftliche Veränderungen im Wesentlichen aus dem Generationenkonflikt, also aus der Herausforderung der Erwachsenen- durch die Adoleszenzgeneration entstehen. Auf die zahlreichen ethnologischen Befunde, mit denen Erdheim diese Unterscheidung untermauert, kann hier nur verwiesen werden; für die hermeneutische bzw. tiefenhermeneutische Nutzung der Überlegungen Erdheims für die Diskussion des Adoleszenzromans, also die literarische Auseinandersetzung mit Adoleszenz, erscheint insbesondere der Begriff der Initiation von Bedeutung, nicht zuletzt deshalb, weil er als poetologische Bezeichnung im Initiationsroman Verwendung findet.

Entsprechend der Unterscheidung von kalten und heißen Kulturen sind auch zwei diametral verschiedene Formen von Initiation zu unterscheiden: In kalten Kulturen ist die Initiation „eine Art Kühlsystem, das dazu dienen soll, die Folgen der Machtverteilung in diesen Gesellschaften zu neutralisieren" (ebd. 290). Von besonderem Interesse erscheint dabei der Hinweis Erdheims, dass Initiation (in kalten Kulturen) „als eine Verwirklichung der angsterregenden ödipalen Ängste" zu verstehen ist, wobei er auf die Phantasmen der Kindheit, „der fressenden Mutter, des kastrierenden Vaters" (ebd. 291) verweist und damit auf literarische Motive, die v. a. im Märchen vorkommen. Ein Beispiel für derartige Motivik ist in Marlen Haushofers „Das fünfte Jahr" in dem Erzählband *Wir töten Stella* [Abb. 2.10] gegeben; erstmals verwendet sie darin das bei ihr später immer wiederkehrende Bild des Riesen für Erwachsene. Die sich in bedrückenden Kindheitserinnerungen fortsetzenden Szenen gipfeln in der Erwähnung des Märchens *Von dem Machandelbaum* und seiner sich einprägenden Formel „Meine Mutter, die mich schlacht', mein Vater, der mich fraß [...]".

In der Initiationsfrage sieht sich Erdheim dann allerdings zu einer Korrektur von Freuds Annahme genötigt, die Initiation würde dem Individuum helfen, sich von der Familie zu trennen, weil die Initiation (in kalten Kulturen) „nicht zu einer eigentlichen Lösung des Individuums von seiner Familie führt, sondern zu einer Verlagerung der Bindung von den Eltern auf die Gruppe." Diese Unterscheidung bietet einen weiteren Ansatzpunkt für tiefenhermeneutische Begründungen des poetologischen Systems: Die „Verlagerung der Bindung von den Eltern auf die Gruppe" ist eher ein Merkmal der Jugend- denn der Adoleszenzliteratur bzw. ist sie innerhalb dieses Systems (das hier nicht a priori als ein Subsystem der Jugendliteratur betrachtet wird) ein Kriterium der Unterscheidung von der Initiation im Sinne des Modells der „kalten Kulturen".

In der Erörterung von „heißen Kulturen" beruft sich M. Erdheim vorweg auf den österreichischen Psychoanalytiker S. Bernfeld, der bereits 1923 „auf die kulturelle Bedeutung der Adoleszenz hingewiesen" hat und den Begriff der „gestreckten Pubertät" einbrachte (ebd. 296). Ein weiteres Kriterium im Zusammenhang mit dem Adoleszenzroman für die Initiation in „heißen Kulturen" ist das Moment der Geschichtlichkeit.

**Marlen Haushofer:
Wir töten Stella
und andere
Erzählungen**

dtv

2.10

„Die Adoleszenz treibt den Menschen einerseits dazu, das Überlieferte in Zweifel zu ziehen, zu verunsichern und neue Perspektiven zu suchen, und andererseits stellt sich ihm die Aufgabe, sich nicht zu verlieren und die Kontinuität zu wahren. Wenn der Mensch wegen seines Instinktverlustes der Institutionen als Stütze bedarf, so ist er wegen des Einschnittes, den die Adoleszenz für seinen Lebenslauf bedeutet, auf die Geschichte angewiesen. Weil der Mensch Adoleszenz hat, ist seine Welt eine geschichtliche" (ebd. 296).
Ebenfalls unter Berufung auf Bernfeld hebt Erdheim hervor: „Ein wesentliches Moment des adoleszenten emotionalen Aufruhrs ist der Narzißmus" (ebd. 301).

Wenn man schlaglichtartig dem Narzissmus als ein Phänomen von Initiation in „heißen Kulturen" die Gruppenbindung als Phänomen von Initiation in „kalten Kulturen" gegenüberstellt, ist damit eine sehr deutliche Polarität signalisiert. Um diese für das tiefenhermeneutische Verständnis sehr förderlichen Differenzierungen zur Präzisierung des poetologischen Systems zu nutzen, ist es zwar verlockend, aber gewiss zu vordergründig, sie nur auf eine Polarisierung zwischen Jugend- und Adoleszenzliteratur zu übertragen, in dem Sinn, dass jene der Initiation in „kalten" und diese der Initiation in „heißen Kulturen" entspricht. Daher ist vorzuschlagen, das Polaritätsmodell zu erweitern.

Adoleszenz im Sinne von Initiation zeichnet sich schon in dieser knappen Zusammenfassung der tiefenpsychologischen Argumentation von Erdheim ab. Sie liegt nicht nur im Spannungsfeld zwischen „kalten" und „heißen Kulturen", sondern als eine zweite Polarität ist die zwischen Familie und Gesellschaft anzusetzen; Initiation ist also als ein (eher subjektiv orientiertes) familienbezogenes oder ein (eher objektiv orientiertes) gesellschaftsbezogenes Phänomen anzusehen. Die grundsätzlich antagonistische Polarität von Familie und Gesellschaft lässt sich in folgendem Schema abstrahieren:

	Erlebnis von Familie	Erlebnis von Gesellschaft
Früh-	Eltern bieten Schutz vor der (bedrohlichen) Gesellschaft	fremd, das Fremde schlechthin
Mittel-	Eltern geraten in eine Doppelrolle zwischen Familie und Gesellschaft	mittelbar im Sinne von schulischen und außerschulischen (außerfamiliären) Lernprozessen
Spät-stufe	Eltern repräsentieren die Gesellschaft	unmittelbar, die Wirklichkeit als Herausforderung und/oder Bedrohung

Schema 9: Diagramm zum Antagonismus zwischen Familie und Gesellschaft

Entscheidend ist nun die Einsicht, dass dieser Stufenverlauf nicht ein einmaliger von der Kindheit zum Erwachsenenalter ist, sondern ein zweifacher, dass er sowohl in der Kindheit als auch in ähnlicher Abfolge im Jugendalter durchlaufen wird, und dass eben diese Parallelität die Voraussetzung bietet für eine tatsächlich reflexive Individuation des Jugendlichen, der sich bewusst über die noch nicht reflektierte Individualität des Kindheitszustandes erhebt.

Vor dem Hintergrund dieser Überlegungen ist die folgende Differenzierung vorzunehmen, wobei die jeweils auch ergänzte Bezeichnung „früh" und „spät" sowohl bei Kinder- als auch bei Jugendliteratur weniger lesealtersbezogen zu verstehen ist, sondern entsprechend der ergänzenden Bezeichnung und im Zusammenhang mit den Ausführungen Mario Erdheims. Mit dem Begriff der Mittelstellung ist jene Literatur zu charakterisieren, in der die Autor-Intention erkennbar wird, sowohl familiär betonte Themen als auch Themen, die mehr gesellschaftliche Relevanz haben, literarisch zusammenzuführen und zu verarbeiten. Ihre Besonderheit liegt darin, dass sie dies kontrastierend in einem Werk behandeln, was üblicherweise entweder als Kinder- oder als Jugendliteratur bezeichnet wird. In der kinderliterarischen Mittelstellung wird bereits auf Jugendprobleme verwiesen,

Interdisziplinarität

jedoch aus kindlicher Sicht. Ähnlich wird in der jugendliterarischen Mittelstellung auf kindliche Probleme verwiesen, jedoch betont aus jugendlicher
(adoleszenter) Sicht.

	Kinderliteratur	Jugendliteratur
Frühstufe (familiär betont)	M. Lobe: *Das kleine Ich bin ich*	R. Welsh: *Disteltage*
Mittel-stellung	M. Lobe: *Insu Pu* Ch. Nöstlinger: *Olfi Obermeier und der Ödipus*	M. Lobe: *Die Räuberbraut* R. Welsh: *Dieda*
Spätstufe (gesellschaftlich betont)	K. Recheis: *Der weiße Wolf*	K. Recheis: *Das Schattennetz*

*Schema 10: Diagramm zur Parallelität von kinder- und jugendliterarischer
Rubrizierung*

Themen, Stoffe und Motive der Literatur für Kinder und Jugendliche
können sich entsprechend diesem Diagramm sowohl im waagerechten als
auch im senkrechten Vergleich wiederholen, sie erhalten allerdings unterschiedliche Gewichtungen im Spannungsfeld zwischen familiärer und gesellschaftlicher Zuschreibung. Hauptzweck dieser Gegenüberstellung ist
das Vermeiden eindimensionaler Zuordnungen etwa derart, dass die Kinderliteratur generell dem Initiationsmodell der „kalten" und die Jugendliteratur dem der „heißen Kulturen" entspräche. Vielmehr ist in beiden
Literaturen beides möglich, und jeweils auch die als Mittelstellung bezeichnete Ebene.

Ein besonderes Beispiel jugendliterarischer Mittelstellung ist etwa
Mira Lobes Roman *Die Räuberbraut* (1974, nach dem Paradigmenwechsel
erschienen) [Abb. 2.11], den man als Grenzfall der Phantastischen Literatur bzw. als Mischtypus bezeichnen muss. Die Protagonistin, das Mädchen Mathilde, eben erst der Volksschule entwachsen, sieht sich mit zahlreichen kleinen und großen Ungerechtigkeiten der Welt konfrontiert und
verarbeitet diese in einer Traumwelt, in der sie als Isabella della Ponte an
der Seite Don Diegos, eines schwarzhaarigen Robin Hood-Typus (mit
dem sie in der Phantasiewelt auch ein Kind hat) einer Räuberbande angehört, die allerdings wieder sehr reale Bezüge aufweist. Probleme wie Ge-

walt zwischen den Generationen, Sexualität, der Konflikt zwischen Wehrdienst und Pazifismus, der durch ihren älteren Bruder personifiziert wird
und auf gesellschaftlicher Ebene die Ausbeutung der Armen durch die
Reichen werden im ständigen Wechsel zwischen unerträglicher Realität
und tagtraumartiger Aufarbeitung thematisiert und verfremdet.

Was die Figur des Don Diego, aber auch des wehrpflichtigen älteren
Bruders von Mathilde betrifft, die beide schon dem Jugendalter entwachsen
sind, ließe sich das Werk der so genannten Jeansliteratur oder auch dem
Genre des Agitprop zuordnen. Die Spannweite des Romans reicht vom
Märchen bis zum Adoleszenzroman. Jedenfalls überschreitet er die Grenzen der Kinderliteratur und die der Jugend- oder Adoleszenzliteratur und
kann somit als Prototyp eines Romans in Mittelstellung bezeichnet werden,
der nicht mehr doppelsinnig eine Ebene dem Erwachsenenverständnis
vorbehält, sondern vielmehr gezielt beide Verständnisebenen öffnet und
sie in dieser Offenheit einander gegenüberstellt. Mit dem Begriff der
Doppelsinnigkeit ist ein schon seit geraumer Zeit verwendeter und allgemein akzeptierter Begriff zur Charakterisierung von moderner Kinderliteratur genützt, der insbesondere von Ewers in die Diskussion eingebracht
wurde (vgl. Ewers 2000, 93ff., siehe auch Seibert 2005, 207ff).

Ein besonderes Merkmal des Adoleszenzromans ist als Weiterentwicklung der Kindheitsreflexion beschreibbar, das Phänomen, dass die Repräsentation der eigenen Kindheit auf eine andere Figur gegenüber dem Protagonisten übertragen wird. Dieses Muster wurde oben im Zusammenhang mit dem Altersphasenkontrast erläutert. Eine gleichsam gesteigerte
Form dieses Phänomens, eine genealogische Methode des Erzählens liegt
etwa mit Kathrin Rögglas Roman *Abrauschen* [Abb. 2.12] vor. Darin verkörpert die Protagonistin den Prototyp jener Art von Jugendlichkeit, die
ihren Widerstand gegen das Erwachsenwerden mit aller Intensität auch
jenseits der Altersgrenze des Jugendlichen ausspielt. Der Roman beginnt
mit einem Satz, der sich sichtlich vom Ödipusmotiv verabschiedet, „mein
vater war ein gartenzwerg […]", ausgesprochen von der Mutter eines Sohnes, mit dem sie in einer eigenartigen Symbiose gegen die gesamte Umwelt rebelliert. An Handlung ereignet sich wenig in dem Roman: Eine
junge Frau kommt aus Berlin in ihre Heimatstadt Salzburg, um dort eine
Wohnung zu verkaufen. Im Zuge dessen begegnet sie Punks, Ex-Hausbesetzern und einem Wohnungsmakler. All diese Figuren werden comicartig
dargestellt. Bemerkenswert ist, dass die Protagonistin ihren kleinen Sohn
zur Seite hat, mit dem sie ständig Zwiesprache hält – ein Umstand, der in
den meisten Kritiken vernachlässigt oder verschwiegen wird, der aber dem
Roman seine besondere Eigenart verleiht. Einmal mehr zeigt sich darin
das Phänomen der Tabuisierung der Kindheitsthematik in der literarischen Kritik. Er ist vergleichbar mit *Generation X* des Kanadiers Douglas

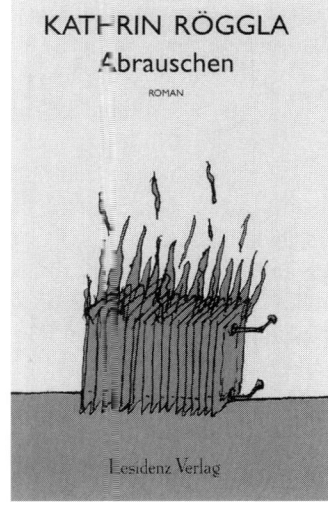

2.11   2.12

Coupland, Prototyp des neuen Adoleszenzromans, in dem ebenfalls einige junge Leute an einem verlassenen Ort über Gott und die Welt reden und sich nach einem anderen Leben sehnen. In Rögglas Roman gibt es eine ähnliche Ausgangslage. Was sie jedoch von Coupland unterscheidet, ist zum einen die Sprachakrobatik, mit der sie in der Nähe von Werner Schwab und Elfriede Jelinek steht (und sich ebenfalls als österreichische Erzählerin deklariert), zum andern die ständige Präsenz des Kindes, das sie durchwegs „der kleine" nennt und das Anlass zu fortwährenden Generationsreflexionen bietet.

Die Bezeichnung „der kleine" erinnert an Alexa Hennig von Langes *Relax*, worin ein Wochenende zunächst aus der Sicht des etwa 20-jährigen Chris und im zweiten Teil aus der Sicht seiner Freundin, „die Kleine" genannt, geschildert wird.

Auch Michael Köhlmeier nennt in seiner Erzählung *Emilio Zanetti* den zweiten Protagonisten und Ich-Erzähler, den zehnjährigen Zill, den „Kleinen", der mit Emilio Zanetti befreundet ist und ihn schließlich dazu bringt, sich dem Verhör zu stellen. Diese weiter oben als Altersphasen-Kontrast bezeichnete Konstellation etabliert sich mithin zu einer probaten Erzählmethode des Adoleszenzromans. Die Symbiose mit dem Kind setzt sie sozusagen instand, sich außerhalb der Generationen zu positionieren und von diesem Außenstandpunkt alles Generationsbedingte der Lächerlichkeit preiszugeben. Beispiele dafür finden sich in Rögglas Roman in allen der 43 Kapitel; so etwa im ersten Kapitel neben dem Gartenzwerg-Vater die Begegnung mit einem Altersgenossen:

„der boden bringt ja mitmenschen mit sich, und hier war schon wieder
einer, und was für einer, ein prachtexemplar, ende zwanzig, ungeheuer
bebrillt, und ein bißchen bewandert in gegenwart auf alle fälle. man
kannte sich vom sehen und tat es jetzt, fand sich nicht direkt unsym-
pathisch, stunde der elektrifizierten fingerspitzen, man rief sie an, und
da war sie auch schon" (Röggla, *Abrauschen* 7).

Wenn es sich also um eine Generation handelt, deren Lebensgefühl hier
ausgedrückt wird, so ist es eine Generation, die ihre Altersgrenzen in
beide Richtungen erweitert bzw. außerhalb einer Alterszuordnung generell alles der Lächerlichkeit preisgibt, was Alterszuordnungen suggeriert.
Noch im zweiten Kapitel fällt das symbolträchtige Wort von der „Erbengeneration", das sprachspielerisch in „Erbsengeneration" abgewandelt
wird und in fast allen Rezensionen als Schlüsselstelle des Romans hervorgehoben wird:

„doch wir sind nicht die erbengeneration, fiel mir plötzlich ein, die erbengeneration ohne zweifel, so sagen sie doch alle immer, die erbsengeneration und nichts anderes, ansonsten wird ja dichtgemacht
rundum, man kann das sehen, man kann das hören, nur die eltern
sind steinreich und wissen noch am rädchen zu drehen, während den
jungen nichts übrigbleibt, als des weges zu kollern. – ja, genau! rief der
kleine dazwischen, wurde aber mit einem „klappe halten!" abgefertigt
[…]" (ebd. 12 f).

Die im Zitat wiedergegebene, scheinbar altkluge bzw. „frühreife" Wort-
meldung des „kleinen" zu den Reflexionen der Ich-Erzählerin eröffnet
eine abgehobene Kommunikationsebene zwischen der Protagonistin und
ihrem Kind, von der aus gleichsam der Rest der Welt argwöhnisch, kritisch und sarkastisch ins Visier genommen wird. Damit ergibt sich eine
neue Facette des impliziten Autors bzw. der impliziten Autorin, in der
durch die Thematisierung von Generationsfragen einerseits die Nähe
zum Adoleszenzroman gegeben ist, und die andrerseits auch eine moderne Form des pikaresken Romans präsentiert.

Damit werden letztendlich herkömmliche Gattungssysteme in ihrer
pädagogisch betonten Systematik grundsätzlich in Frage gestellt, und es
bleibt einmal mehr zu betonen, dass die österreichische Avantgarde mit
ihrer offensichtlichen Fokussierung auf Kindheitsthematisierungen einen
erheblichen Anteil daran hat.

2.2.2 Psychologisches Feld

Bereits 1982 hat Andreas Flitner darauf hingewiesen, dass die „antipäda-
gogische Bewegung" durch die schweizerische Psychoanalytikerin Alice
Miller „einen unerwarteten Zuzug" bekommen hat (Flitner S. 65 ff). Flitner

kommentiert in seiner Darstellung die drei Werke *Das Drama des begabten Kindes* (1979), *Am Anfang war Erziehung* (1980) und *Du sollst nicht merken* (1981), die die neuere pädagogische Diskussion um eine psychologische Dimension erweitert haben. Dass diese Diskussion Einfluss auf das Selbstverständnis der Kinderbuchschaffenden genommen hat, wurde von Hans-Heino Ewers besonders eindrucksvoll in Bezug auf das Werk Christine Nöstlingers analysiert (Ewers 2003), die sich unter dem Eindruck der Lektüre Alice Millers von der antiautoritären Position offenbar entschieden entfernt hat. Resümierend hält Ewers fest:

> „Nöstlingers Fähigkeit, sich die eigene Lage nüchtern zu vergegenwärtigen, ohne sich in Illusionen zu flüchten, nötigt einem großen Respekt ab. Dass sie dabei im Ton ganz unaufgeregt und lakonisch bleibt, mag sich in Wien eher verstehen als anderswo" (ebd., 28).

Die Thematisierung von Kindheit in der allgemeinen Literatur und im Besonderen in der Kinderliteratur lässt eine interdisziplinäre Zusammenarbeit von Literaturwissenschaft und Psychologie an sich schon als nahe liegend erscheinen. In dem Maße, wie die Pädagogik in der Befassung mit dem Kinderbuch in früheren Generationen dominierte, scheint die Psychologie zurückgedrängt worden zu sein. Es ist symptomatisch, dass der Begründer der Psychoanalyse und damit auch eines völlig neuen Bildes von Kindheit, Sigmund Freud, in Richard Bambergers *Jugendlektüre*, aber auch etwa in Klaus Doderers *Lexikon der Kinder- und Jugendliteratur* nicht vorkommt. Selbstverständlich hat sich die Forschungssituation inzwischen verändert; bezüglich psychologischer Zugänge sei insbesondere auf die Arbeiten von Rüdiger Steinlein verwiesen, die in einem Sammelband neueren Datums vorliegen und in denen exemplarisch auch jene Ansätze dargestellt werden, die hier in Kapitel 2.1.1 als Psychohistorie erläutert wurden (Steinlein 2004). Weiters sollen an dieser Stelle einige wichtige psychologische Positionen im Hinblick auf ihre kindheitsliterarische Relevanz präsentiert werden.

Das lange bestehende Desiderat psychologischer Methodik ist umso auffälliger, als es gleichsam als österreichische Gegenposition zur Hamburger Jugendschriftenbewegung (vgl. Kapitel 3) zu verstehen ist. Freuds Überlegungen zur infantilen bzw. präpubertären Sexualität führten sehr bald dazu, die psychoanalytische Theorie auf literarische Werke anzuwenden und v. a. Lesestoffe wie Märchen, Mythen und Sagen unter diesen Aspekten zu analysieren. Was bei Heinrich Wolgast ausgespart bleibt, nämlich die Gründe für das kindliche Interesse an ästhetisch minderwertigen literarischen Gegenständen, wird in der Psychoanalyse zum engeren Thema der Interpretation dessen, was man heute als Lesesozialisation bezeichnet. Die kindliche Rezeption von Literatur wird, wenn nicht als „Königsweg" (als Traum), so doch als Nebenpfad zum Unbewussten entdeckt (vgl. u. a. Freuds Aufsatz über „Märchenstoffe in Träumen", 1913). Freud und seine SchülerInnen – wie Georg Groddeck (Struwwelpeter-Untersuchung), bzw. Siegfried Bernfeld, Wilhelm Hoffer, Käte Friedländer oder Hans Zulliger – wenden sich damit gegen ein entsexualisiertes harmonisches Kindheitsbild der reaktionären Psychologie, damit aber auch der reaktionären Pädagogik. Nur am Rande sei an dieser Stelle auch Charlotte Bühler und ihr wegbereitender Beitrag zur Kinderbuchtheorie erwähnt.

Formelhaft vergleichend wäre zu sagen, dass das neue Kindheitsbild bei Wolgast unter dem Gesichtspunkt der Kunstoffenheit, bei Freud unter dem der Trieboffenheit entwickelt wird. Der verbindende Gedanke zwischen beiden Positionen ist in der psychoanalytischen Auffassung zu sehen, dass Kunst im Wesentlichen als Sublimierung von Trieben zu verstehen ist. Ebenfalls nur am Rande sei erwähnt, dass die Wolgast-Rezeption nach 1945 sowohl in West- als auch in Ost-Deutschland durchaus differenziert und kritisch erfolgte, während Richard Bamberger, der Begründer des „Österreichischen Buchklubs der Jugend", in seinem Standardwerk *Jugendlektüre* (1955) geradezu emphatisch an die norddeutsch-protestantische Position anknüpfte und erfolgreich die Meinung propagierte, die österreichischen Lehrer könnten sich als Erben Wolgasts verstehen. Mit diesem eher anachronistischen Selbstverständnis verdeckte und verdrängte er jedoch die tatsächliche Auseinandersetzung mit der historischen Entwicklung und ihren theoretischen Positionen in Österreich.

Relativ wenig beachtet wird auch die strukturalistisch kognitive Entwicklungstheorie Jean Piagets, die besonders für die Interpretation von Bilderbüchern und insbesondere der „frühen" Kinderliteratur (s. o.) bedeutsam wäre. Piaget unterscheidet fünf Stufen in der Entwicklung des Denkens, die mit ihren präzisen Definitionen für das Verständnis des kindlichen Verstehens überaus hilfreich sind.

1. Stufe der sensomotorischen Intelligenz (0–1,6/2,0)

2. Stufe des symbolischen oder vorbegrifflichen Handelns (1,6/2,0–4,0) Der Begriff des Symbolischen bezieht sich dabei auf die Fähigkeit, ein Bezeichnetes (Objekt, Ereignis, Begriffsschema) durch ein Bezeichnendes (Wort, Geste, Vorstellung) zu präsentieren. Kinder sind in dieser Zeit noch nicht fähig, die Welt in „belebt" und „unbelebt" zu unterteilen; die Fortbewegung der Wolken führt dazu, sie als Tiere zu erleben, sie im Sinne „animistischer Deutungen" auszulegen. Das Fehlerhafte daran lässt sich als „finalistisches" oder als „artifizielles Denken" erklären:

Beim „finalistischen Denken" liegt eine fehlerhafte Assimilation vor. Die Existenz von Naturerscheinungen wird zweckmäßig erklärt, als ob es sich um menschliche Aktionen handelte, etwa die Vorstellung, Bäume seien da, um Schatten zu spenden oder Steine seien da, um daraus Häuser bauen zu können.

Interdisziplinarität

Das „artifizielle Denken" ist von der Idee geleitet, dass alles in der Welt
von den Menschen oder von Gott gemacht ist, etwa die Vorstellung, dass
ein Berg von starken Männern errichtet wurde. In diesem Zusammenhang ist auch die Frage nach der jeweiligen sozialen Herkunft von Kindern zu sehen.

3. Stufe des anschaulichen Denkens (4,0 – 7,0/8,0)
In dieser Phase entwickeln sich zwar schon echte Begriffe, diese sind jedoch noch an die Anschauung gebunden. Verschiedene Aspekte eines Ge-
genstandes oder einer Beziehung zwischen Gegenständen können nicht
gleichzeitig erfasst werden. Egozentrismus herrscht vor, insbesondere der
kommunikative Egozentrismus; es besteht kein Anlass, eigene Ansichten
zu rechtfertigen, zu begründen oder zu präzisieren.

4. Stufe des konkret-operativen Denkens (7,0/8,0 – 11,0/12,0)
Die gedanklichen Operationen sind nun beweglicher, das Denken besitzt
die Eigenschaft der Reversibilität und erreicht dadurch eine erste Form eines stabilen Gleichgewichts.

5. Stufe des formalen Denkens (ab 11,0/12,0)
Mit dieser Stufe tritt eine Sinnesumkehrung zwischen dem Wirklichen
und dem Möglichen ein. Reversibilität ist nun auch formal, es kommt zu
einem Denken über das Denken, zu einem kritischen Überprüfen des
Wahrheitsgehaltes.

Von besonderem Interesse im Zusammenhang mit der Adoleszenzthema-
tik ist Piagets Sprachgebrauch, der die Adoleszenz mit dem Stadium der
formalen Operation beginnen lässt. Auf dieser Basis kann der Generati-
onskonflikt Jugendlicher auch als Widerspruch zur Erwachsenenwelt erklärt werden, die in diesem Stadium zumeist der Routine verfallen und
mit der Praktizierung des konkret-operativen Denkens das Auslangen finden. Nur am Rande wäre auch auf Lawrence Kohlberg zu verweisen, der
mit seinen Thesen zur moralischen Entwicklung an Piaget anknüpft und
u. a. von einem postkonventionellen Stadium spricht, das wenige Erwachsene im dritten Lebensjahrzehnt erreichen.

Eine sehr originäre Weiterentwicklung des Ich-Konzeptes der Psychoanalyse stellt die Transaktionsanalyse (TA) von Eric Berne dar. Sie ist bislang
von der Kinderbuchtheorie noch kaum in Anspruch genommen worden,
obwohl sie – näher besehen – hier verblüffende Interpretationszugänge
eröffnet. In bewusster Abhebung von Freud unterscheidet die TA drei Ich-
Zustände, die nicht mit dem ebenfalls dreigeteilten Ich-Konzept der Psychoanalyse (Ich, Es und Über-Ich) verwechselt werden sollten. Es sind
dies das Eltern-Ich (El), das Erwachsenen-Ich (Er) und das Kindheits-Ich
(K). Diese drei Ich-Zustände sind in jedem Menschen jeden Alters veran-
kert. Reaktionen bzw. Antworten erfolgen jeweils von einem der drei Zu-

stände aus. Je nach den unterschiedlichen Kommunikationsmöglichkeiten finden Transaktionen zwischen Menschen statt, allgemein zwischen kommunizierenden Personen und auch etwa zwischen Kindern und Erwachsenen, und zwar jeweils zwischen den entsprechenden Ich-Zuständen der einen und der anderen Person.

Hier eine knappe Zusammenfassung der drei Ich-Zustände:

El – das Eltern-Ich: Dabei handelt es sich um ein angelerntes Lebenskonzept, um die Gesamtheit der Aufzeichnungen äußerer Ereignisse, d. h. erlebte Verhaltensweisen zumeist der Eltern und auch zwischen den Eltern (auch älterer Geschwister bis hin zu Fernsehstars), die aus der frühen Kindheit unreflektiert übernommen werden. Darin sind sowohl Ermahnungen, Ge- und Verbote als auch ausgesprochenes Lob enthalten. Entscheidend ist das Unreflektierte, die Aufnahme und Speicherung als Wahrheit, sodass das Eltern-Ich immer Auskunft gibt, wie man sich verhält, etwas macht, reagiert, und damit zu einem passiven Verhalten führt, das in erster Linie Regeln befolgt. Es dient als eine Art Gebrauchsanweisung. Entscheidend ist auch, dass die derart gespeicherten Regeln erst überprüft und modifiziert werden können, wenn das Erwachsenen-Ich genügend gefestigt ist.

K – das Kindheits-Ich: Im Gegensatz zum El-Ich ist das K-Ich ein gefühltes Lebenskonzept. Darin werden nicht die äußeren (El-Ich), sondern die inneren Ereignisse, die Gefühle aufgezeichnet, wobei das Gefühl aus dem Unvermögen des Verbalisierens entspringt. Auch das K-Ich kommt nicht selten im Erwachsenenalter zum Vorschein, nämlich als Ausdruck der Hilflosigkeit oder der Überforderung. Zum K-Ich gehören auch Kreativität, Neugier, Abenteuerlust, Wissensdrang, Lust am Berühren, Fühlen und Erfahren, also eminent wichtige Eigenschaften zur Erforschung der Welt.

Er – das Erwachsenen-Ich: Dieser Zustand kann im Gegensatz zu El- und K-Ich als gedachtes Lebenskonzept verstanden werden. Es entwickelt sich bereits am Ende des ersten Lebensjahres mit der Kontrolle der Bewegung und der aktiven Eroberung der Welt im Sinne der Selbstverwirklichung und des Aufbauens eines Weltbildes im Sinne des kognitiven Begreifens, das nicht bloß angelernt (El-Ich) oder gefühlt (K-Ich) ist. Die Speicherungen aus dem El-Ich und dem K-Ich werden im Sinne einer Abschätzung von Wahrscheinlichkeit kritisch überprüft. Im Er-Ich tritt die Gabe des Zuhörens hervor sowie das Prinzip, Mitteilungen in erster Linie als Ergebnis eines Reflexionsprozesses kundzutun.

Dieses Konzept ist der Konfliktforschung zuzuordnen, insofern es sich als Basis von Transaktionen im Sinne des Sender-Empfänger-Schemas versteht. Komplementäre Transaktionen kommen dann zustande, wenn die Sender-Botschaft aus einem der drei Ich-Zustände an einen Ich-Zustand einer anderen Person gerichtet und von dieser aus dem gleichen Ich-Zustand wieder auf den des Senders repliziert wird. Wenn die Replik nicht auf diese Weise parallel verläuft, sondern aus einem anderen Ich-Zustand repliziert wird, erfolgt eine Überkreuz-Transaktion und es kommt eigentlich zu einer Unterbrechung der Kommunikation bzw. zu einem Konflikt.

2.13

Aus dieser knappen Darstellung müsste schon erkennbar werden, dass dieses Konzept geeignet erscheint, Konflikte und Konfliktpotentiale, wie sie in der Kinderliteratur gang und gäbe sind, zu analysieren. Vielleicht könnte man sogar so weit gehen, zu behaupten, dass sich aus der Anwendung der TA als Methode der Literaturinterpretation ein wesentlicher Unterschied zwischen allgemeiner und Kinderliteratur ableiten lässt, der davon ausgeht, dass die Konflikte in der allgemeinen Literatur mehr aus komplementären, in der Kinderliteratur hingegen mehr aus Überkreuz-Transaktionen hervorgehen – woraus sich nicht zuletzt auch unterschiedliche Facetten des kinderliterarischen Humors entwickeln, die sich als genealogische Missverständnisse zusammenfassen lassen.

Ein Beispiel für ein derartiges genealogisches Missverständnis findet sich in Mira Lobes *Städtchen Drumherum* [Abb. 2.13] in einem zwischen den Generationen – zwischen dem Bürgermeister und seinen Kindern – ablaufenden Dialog, in dem die ganze Tragweite des Missverstehens zwischen den Generationen erkennbar wird:

> „‚Wollt ihr denn nicht, daß unsere kleine Stadt größer wird? Soll sie nicht wachsen und immer schöner werden? Alles wächst: Tiere und Bäume…‘
> ‚Außer, wenn du die Bäume umhauen lässt und die Tiere vertreibst.‘
> ‚Das ist der Lauf der Welt‘, sagte der Bürgermeister. ‚Das verstehst du nicht, Julchen, weil du ein Kind bist. Was habt ihr nur gegen neue Fabriken?‘
> ‚Das verstehst du nicht, Vati, weil du kein Kind bist‘, sagte Juliane.
> ‚Allerdings nicht!‘, grollte der Bürgermeister. ‚Gute Nacht.‘
> Er hielt ihnen die Wange hin. ‚Na? Kein Gute-Nacht-Kuß? Kein Schlafe-gut und Träume-süß?‘

Die beiden schüttelten stumm die Köpfe und gingen aus dem Zimmer." (Lobe, *Städtchen*, unpag.)

Hier wird deutlich, dass von kindlicher Seite scheinbar auf den Ich-Zustand des Erwachsenen, auf sein Er(wachsenen)-Ich, vernünftig, also auch auf der Er-Ich-Ebene im Sinne einer komplementären Transaktion, repliziert wird, gleichzeitig aber auch das Erwachsenen-Ich als Eltern-Ich demaskiert und in seiner Hilflosigkeit bloßgestellt wird. Gleichzeitig wird deutlich, dass Konfliktsituationen in Kinderbüchern näher besehen überaus komplexe Situationen darstellen können, aus deren Ausweglosigkeit oft tatsächlich nur mehr der Humor zu retten vermag. Die Transaktionsanalyse als Methode der Interpretation von Kinderliteratur erweist sich auch in einem anderen Zusammenhang als erkenntnisfördernd, nämlich in der Präzisierung der Begriffe Doppelsinnigkeit und Doppeladressierung, die zu den nächsten beiden Unterkapiteln überleiten.

2.2.3 Literarhistorisches Feld

Da es in den Teilabschnitten dieses Kapitels darum geht, auf die Methodenvielfalt der Kinderbuchforschung aufmerksam zu machen, sei darauf verwiesen, dass in der neueren Forschungsliteratur ein ausdifferenziertes Methodenbewusstsein entwickelt wurde. Dies gilt auf dem Sektor der historischen Kinderbuchforschung insbesondere für das mehrbändige *Handbuch zur Kinder- und Jugendliteratur*, das seit 1982 in der „Arbeitsstelle für Leseforschung und Kinder- und Jugendmedien" in einer Reihe von DFG-Projekten erarbeitet wurde.

Die Akribie, mit der in diesen so genannten Kölner Handbüchern das versunkene kinderliterarische Schrifttum in unzähligen Einzelstudien bis ins Mittelalter zurückverfolgt wird, demonstriert, dass das pragmatische Unterscheidungsmerkmal schlechthin, durch das sich Kinder- und Jugendliteratur von der allgemeinen Literatur unterscheidet, damit gegeben ist, dass sie in ihren früheren Erscheinungsformen, als Lektüre früherer Generationen nicht mehr wahrgenommen wird, weder von den Heranwachsenden noch von den Erwachsenen, sowie die längste Zeit auch nicht von der allgemeinen Literaturwissenschaft. Umgekehrt sei auch in diesem Zusammenhag nochmals betont, dass die so genannten Klassiker mit ihrer nur scheinbaren Repräsentativität für früheres kinderliterarisches Schrifttum das tatsächlich untaugliche Surrogat dafür sind, bewusst zu machen, was Kinder und Jugendliche in früheren Generationen und Epochen tatsächlich gelesen haben bzw. was tatsächlich für sie geschrieben wurde. Vor diesem Hintergrund kann es nur darum gehen, einige Aspekte zu skizzieren, die vor allem Zusammenhänge zwischen historischer Kinderbuchforschung und allgemeiner Literaturgeschichte erkennbar machen sollen.

Interdisziplinarität

Der gegenüber der allgemeinen Literatur grundsätzlich andere Klassikerbegriff der Kinderliteratur lässt sich auf die unterschiedliche Einschätzung jenes dramatischen Moments zurückführen, den man in der Literaturwissenschaft als Fallhöhe bezeichnet und der in der allgemeinen Literatur eine andere Bewertung erfährt als gemeinhin in der Kinder- und Jugendliteratur.

Der Begriff der Fallhöhe, der in der Diskussion des Bürgerlichen Trauerspiels auf den Konflikt zwischen den Ständen bezogen ist, erhält in den Kinderbuch-Klassikern durch die Entwicklung des Rebellen-Motivs eine Erweiterung durch seine Anwendbarkeit auf den Konflikt zwischen den Generationen. Analog zur Vorstellung, dass nicht nur der Adelige, sondern auch der einfache Bürger einen tragischen und moralischen Konflikt zu repräsentieren vermag, ist in den Klassikern der Kinderliteratur – erstmals in aller Deutlichkeit bei Charles Dickens – die Einsicht gegeben, dass nicht nur Erwachsene, sondern auch Kinder als Protagonisten in vollem Ausmaß die Konsequenzen gesellschaftlicher Konflikte zu repräsentieren vermögen. Um Missverständnissen vorzubeugen, ist zu betonen, dass in dieser Umschreibung des Klassiker-Begriffs nicht davon die Rede ist, dass Kinder die Konsequenzen ihres Handelns tragen, sondern Konsequenzen gesellschaftlicher Konflikte repräsentieren, man könnte auch sagen: dass Kinder die Konsequenzen er-tragen müssen.

In Weiterentwicklung dieses Ansatzes ist nun von einem Ensemble an Klassikern der Kinderliteratur zu sprechen, in denen ähnlich wie in der Diskussion um die Ständeklausel der Begriff der Fallhöhe erweitert wird. Wie vor der Durchbrechung der Ständeklausel die (poetologische) Meinung vertreten wurde, dass bürgerliche im Gegensatz zu adeligen Protagonisten immer nur in Situationen mit leicht lösbarem Konfliktpotential geraten und dass diese Situationen deshalb eben keine Fallhöhe aufweisen, zeichnet sich offenbar auch in der Beurteilung von Kinderliteratur das (poetologische) Vorurteil der Geringfügigkeit ab.

Dass dieses Vorurteil sich bei einer Vielzahl von Autorinnen und Autoren der Kinderliteratur sowohl in der Vergangenheit als auch in der Gegenwart bestätigt, soll nicht in Abrede gestellt werden. Spätestens in dem absichtlich gewählten Beispiel Charles Dickens wird aber erkennbar, dass nicht nur Erwachsene, sondern auch Kinder in Situationen geraten können, die Fallhöhe in einem durchaus dramatischen Sinn aufweisen, dass also die soziologische Diskussion des Begriffs um die genealogische zu erweitern ist. Hier wird erneut erkennbar, was mit Kindheitsliteratur gemeint ist: In ihr

- erfolgt das Erleben aus der Sicht des Kindes,
- ist nicht das Was, sondern das Wie des Erlebens das eigentliche Thema,

- erscheint kindliches Erleben als Bedingung der Möglichkeit des Schreibens,
- wird somit kindliches Erleben für den Schreibenden zur literarischen Methode.

Aus diesem Ansatz heraus lässt sich auch die im dritten Kapitel in literarhistorischer Argumentation noch näher zu erläuternde Entwicklung eines postromantischen Kindheitsbildes ableiten. Ein besonderes literarhistorisches Phänomen liegt mit der Beobachtung vor, dass es faktisch in allen Ländern Klassiker der Kinderliteratur gibt, dass aber in Österreich kaum ein Werk zu finden ist, das diesen Kriterien entspricht. Erst bei näherer Befassung fällt auf, dass all jene Werke, die allenfalls zu den Klassikern gezählt werden könnten – wie etwa von Franz Molnar, Felix Salten, A. Th. Sonleitner und Franz Karl Ginzkey –, von Autoren stammen, die aus den Kronländern der Habsburgermonarchie stammen, dass man also von einer peripheren Genese der österreichischen Kinderliteratur sprechen könnte. Auch darauf soll im dritten Kapitel genauer eingegangen werden.

Als ein weiteres literarhistorisches Thema ist nochmals auf das im ersten Kapitel behandelte Phänomen der unterschiedlichen nationalen Repräsentation bestimmter Gattungen zu verweisen. Ähnlich wie im Adoleszenzroman gibt es auch in der traditionellen und weiter zurückreichenden Gattung der Abenteuer-Literatur markante Unterschiede, die bislang kaum thematisiert wurden. In Deutschland ist das Thema der Kolonien für eine ganze Reihe von Gattungen bestimmend, nicht nur für den Abenteuerroman, sondern in einem weiteren Sinn für das Eltern-Kind-Verhältnis schlechthin, das Einflüssen der Weltliteratur in einem weltoffenen, wenn auch vielfach ideologisch rigiden Grundton gegenübersteht. In Österreich ist das Eltern-Kind-Verhältnis demgegenüber nicht von kolonialistischer Expansion und Weltoffenheit geprägt, sondern durch das Verhältnis von Herrscherhaus und Untertanen sowie von nationalen Spannungen innerhalb des Kaiserreiches, wobei sich nicht selten nationale Konflikte in den Generationskonflikten widerspiegeln.

Neben diesen in Anlehnung an Ewers so genannten makroepochalen Unterschieden (Ewers 2000, 177 ff) gäbe es noch eine ganze Reihe von Ungleichzeitigkeiten anzuführen, die jedenfalls in einer gesamtdeutschsprachigen Betrachtung der Kinder- und Jugend-Literaturentwicklung Differenzierungen erforderlich machen. Dieses Problem ist vorerst so zu umreißen, dass es sehr unterschiedliche nationale Zeitfenster gibt, mit denen die Gegenwartsliteratur ihre Herkunft reflektiert – in Deutschland lässt sich ein vergleichsweise höheres Maß an tatsächlicher Reflexion dieser Zeitfenster beobachten. Damit hängt wohl auch die unterschiedliche Intensität der Theoriebildung zusammen, eine Situation, die eine originäre Theoriebildung in Österreich bislang praktisch verhinderte und zu deren Bewusstwerdung das vorliegende Buch beitragen möchte.

2.2.4 Literaturwissenschaftliches Feld

Ein in der österreichischen Literaturwissenschaft mehr oder minder periodisch wiederkehrendes Thema ist das der literarischen Eigenständigkeit innerhalb des deutschen Sprachraums. Von Karl Kraus bis Wendelin Schmidt-Dengler wird diese Diskussion pointenreich fortgeschrieben und stellt ein aphoristisches Florilegium dar, das hier nicht zitiert werden muss. Vielmehr ist mit dem nüchternen Befund Schmidt-Denglers zu konstatieren, dass die Literatur eines Landes selbstverständlich immer mit ihrer historischen Genese und aus dieser heraus – also landes- bzw. nationalgeschichtlich – zu verstehen ist. Ebenso nüchtern ist aber auch festzustellen, dass die Trennung zwischen Allgemeinliteratur und Kinder- und Jugendliteratur in Österreich von der Nachkriegszeit bis zum Paradigmenwechsel gravierender war als in Deutschland. Im Zusammenhang damit bietet ein scheinbar marginales Phänomen, das bislang auch nur marginale Beachtung gefunden hat, tatsächlich jedoch einen vielsagenden Beleg: Ausdruck des Paradigmenwechsels ist in der österreichischen Gegenwartsliteratur eine relativ häufige Reflexion kinderliterarischen Schrifttums.

Wie andernorts schon ausgeführt (vgl. Seibert 2005, 362ff), sind allgemeinliterarische Rekurse auf das kinderliterarische System besonders dann auffällig, wenn sie sich als lesebiographische Momente auf spezifische kinderliterarische Texte bzw. nationaltypische literarische Situationen beziehen. Damit verstärkt sich die Verflechtung zwischen allgemeinliterarischer Entwicklung und der Kinderbuchszene sowohl in biographischer als auch in poetologischer Hinsicht.

Die zunehmende biographische Verflechtung zwischen allgemeinliterarischer und kinderliterarischer Szenerie bringt nichtsdestoweniger Probleme mit sich, die erkennbar werden, wenn man etwa das *Lexikon der österreichischen Kinder- und Jugendliteratur* durchsieht und unter den etwas mehr als 200 Kinder- und Jugendbuchautorinnen und -autoren auch die folgenden Namen findet: Milo Dor, Barbara Frischmuth, Gertrud Fussenegger, Marianne Gruber, Brigitte Hamann, Heinrich Harrer, Marlen Haushofer, Michael Köhlmeier, Helmut Korherr, Friederike Mayröcker, Felix Mitterer, Wilhelm Pellert, Peter Sichrovsky, Herbert Tichy, Heinz R. Unger und Helmut Zenker. Die Situation ist insofern prekär, als von den Genannten jeweils das kinderliterarische Werk aus dem viel bekannteren allgemeinliterarischen Gesamtwerk, das nicht immer in erster Linie ein literarisches Werk ist, ab- und herausgehoben wird und sie dargestellt werden, als wären sie in einem Atemzug mit Autorinnen und Autoren von Martin Auer bis Sylvia Zwettler-Otte zu nennen. Darüber hinaus werden sehr bekannte Autoren wie H. C. Artmann und Ernst Jandl, die zum Zeitpunkt der Entstehung des Lexikons 1994 sehr wohl schon auch kinderliterarisch produktiv waren, überhaupt nicht genannt. Es entsteht also einerseits der Eindruck einer gewissen Verlegenheit in der Zuordnung bestimmter Autoren zur Kinderliteratur, andererseits ist gerade ein solches Lexikon Anlass zu einer Autorentypologie, die nicht zuletzt auch historisch zu differenzieren hätte, weil manche der genannten Autoren – wie Friedrich Feld oder Karl Springenschmid, um nur zwei Vertreter extrem unterschiedlicher politischer Herkunft zu nennen – heute überhaupt nicht mehr gelesen werden, andrerseits die meisten genannten Autorinnen und Autoren mit einem Sternchen versehen sind, was die „Bereitschaft zu Lesungen" signalisiert (die etwa bei der Hälfte der oben aufgezählten Autorinnen und Autoren nicht gegeben ist und bei der anderen Hälfte vermutlich nicht sehr in Anspruch genommen wird, sofern es sich um Lesungen von Kinderliteratur handelt).

Diese zumindest von der Autorentypologie her unter dem Titel „Kinder- und Jugendliteratur" etwas unreflektierte Verflechtung kommt aber auch unmittelbar und explizit in zunehmenden Zitierungen, Reminiszenzen und in gesteigerter Form auch in Invektiven zur Sprache. Die längste Zeit herrschte durch die vom „Österreichischen Buchklub der Jugend" zentral gesteuerte Kanonbildung in Österreich ein Leseklima, das – jedenfalls nach den Aussagen der hauseigenen Studien – gewiss zur Steigerung des Lesens (Leseleistung, Lesehäufigkeit) beigetragen hat. Es hatte aber auch negative Reaktionen bei missmutigen Literaturinteressierten zur Folge, wie etwa bei dem österreichischen Schriftsteller Werner Kofler, der in seinem *Guggile* [Abb. 2.14] schreibt:

> „oft und oft habe ich geredet, reden müssen, meiner mutter ein loch in den bauch geredet, um zu belegen, was ihr sehr wichtig gewesen ist: dass das gute am ende siegt, auch in der schundliteratur (geredet vor allem aber deshalb, damit ich nicht gezwungen gewesen bin, die sehr wertvollen, sauberen, wirklich guten schriften des österreichischen buchklubs der jugend zu lesen); ich bin aber mit meiner argumentation regelmäßig an den mitteln, deren sich das gute und die guten bedient haben, gescheitert [...] an sehr wertvollen büchern des österreichischen buchklubs der jugend habe ich besessen besitzen müssen /(auswahl) ‚die hallstattbuben', ‚die kinder von la salette', ‚dolomitensagen', ‚prinz seifenblase', ‚sagen aus österreich'[...]"
> (Kofler, *Guggile* 80f – Hervorhebung vom Verfasser W. K.).

Gegenüber dieser eher ironischen Diktion attackiert Robert Menasse die Kinderbuch-Szenerie der österreichischen Nachkriegszeit mit unverhohlener Schärfe und Vehemenz. Der von ihm nicht ausgesprochene, aber unverkennbar angesprochene zeitliche Rahmen der charakterisierten pädagogischen Mentalität betrifft die 1950er- aber auch noch die 1960er-Jahre:

2.14

> „[…] einige Ausgaben der Zeitschrift des Buchklubs der Jugend, ein Schundheft, das eine Kampagne gegen die sogenannten amerikanischen Schundhefte führte. In seiner Volksschulzeit war die ganze Klasse Zwangsmitglied beim Buchklub gewesen, Artikel und Geschichten in dieser Zeitschrift wurden immer wieder mit der Lehrerin im Unterricht gelesen. […] / Für wie blöd hatte sie die Kinder gehalten? Diese Nazi-Schweine, die Erschrecken und Schrecken-Verbreiten in allen Bereichen zur Perfektion gebracht hatten, und dann, notdürftig umerzogen, sich als pädagogisch wertvolle Wiederaufbauer austoben durften […]" (Menasse, *Schubumkehr*, 1995, 78 f. Hervorhebung vom Verfasser R.M).

Wie sehr Robert Menasse in Kenntnis oder auch in Unkenntnis der tatsächlichen damaligen Situation zu seinem Urteil gelangt, sei dahingestellt; jedenfalls ist dies als ein weiterer Beleg für die Interferenzen zwischen der allgemeinliterarischen und der kinderliterarischen Situation sowie auch für die Diskrepanzen zwischen gleichzeitiger Moderne und Gegenmoderne der österreichischen Kinderbuchsituation zu lesen. Derartige Literaturzitate bzw. lesebiographische Erinnerungen, die sich in der neueren österreichischen Gegenwartsliteratur wiederholt und offenbar in zunehmendem Maße finden, sind zum einen ein vordergründiges Zeichen für Verschränkungen zweier zuvor getrennter literarischer Systeme; sie sind aber auch eine eigensinnige Variante des Literaturzitats schlechthin, das insbesondere im Adoleszenzroman gattungskonstituierendes Merkmal ist (s. o.). Aus dem genannten Werk von Menasse ließe sich noch auf weitere Stellen verweisen:

> „Er hätte sogar die Kinderbücher wieder gekauft, an die er sich erinnern konnte (40 f) […] die Kinderbücher, in seinem ersten Bücherregal, späte fünfziger Jahre […] (65) […] *Deine Kinderbücher?* […]" (ebd., S. 112).

Es sind marginale Stellen, die jedoch im Zusammenhang mit den oben zitierten Invektiven und mit der geradezu insistierenden Wiederholung im

Verlauf der Handlung ein Gewicht erhalten, das sowohl für die Literaturwissenschaft als auch für das Metier eine Herausforderung darstellt, die bislang unbeantwortet geblieben ist. Die harsche Kritik, die Menasse in seinem Bestseller am Buchklub der Nachkriegsjahre zum Ausdruck bringt, hat manche, allerdings eher singuläre Vorstufen in der österreichischen Literaturwissenschaft selbst; zusammengefasst und mit einer an Schärfe der Schuldzuweisungen Menasse nicht nachstehenden Kritik sind sie nachlesbar bei Klaus Zelewitz: *Jugend und Buch in den fünfziger Jahren in Österreich. Eine Tragödie.* Zelewitz kommt in seiner Analyse der weltanschaulich konservativen und restaurativen österreichischen Jugendbuchszene zum Ergebnis, dass

> „die Tätigkeit der österreichischen K&J-Szene insgesamt eher zur Verstärkung des Misstrauens zwischen den Generationen und ihrer Entfremdung voneinander und weniger zum Aufbau des Lesens als zu seiner Zerstörung beigetragen hat" (Zelewitz 1992, 138).

In Barbara Frischmuths 1998 erschienenem Roman *Die Schrift des Freundes* macht sich die Protagonistin mit Kinderbüchern vorwiegend österreichischer Provenienz zu schaffen:

> „,Rosa Riedl Schutzgespenst', ,Wo die wilden Kerle wohnen', ,Die Omama im Apfelbaum' und eine Kinderausgabe von ,Tausendundeine Nacht'. […] Anna durchblättert die einigermaßen benutzten Bände […] und so landeten die Bücher doch wieder auf dem Nachtkästchen, während sie die späteren, die aus der Halbwüchsigenperiode, erst einmal in dem Pappkarton läßt. Wer um alles in der Welt sollte ,Die Nebel von Avalon' noch einmal lesen?" (S. 28 f).

In dem 2005 erschienenen Roman *Es geht uns gut* von Arno Geiger [Abb. 2.15] findet sich die kuriose Anmerkung „Oder ich schreibe ein Buch: Glanz und Elend der Stanisläuse." (S. 50), und neun Seiten später:

> „Im Rauch des letzten Zuges legt er dem jungen Stanislaus folgende Worte in den Mund:
> – Fragen kann man sich vieles. Es ist auch schön, daß man manches denken kann. Aber das ist auch schon wieder alles" (ebd., S. 59).

Eine spätere Rückerinnerung an die Gegenwart russischer Soldaten in Wien ist für Arno Geiger Anlass, ein weiteres Kinderbuch zur Geltung zu bringen:

> „Die sowjetischen Soldaten hätten Schlitzaugen gehabt wie ,Der kleine Wassermann' in Philipps Lieblingsbuch (sein Haar, ob es grün ist? Von Wasserlilien durchzogen, wenn er auf moosigen Karpfen zwischen Algenbäumen reitet)" (ebd., 264).

Die Erörterung des eigentlichen intertextuellen Zusammenhanges soll Experten zu den genannten oder auch ungenannten (im letzten Fall Otfried Preußler) vorbehalten bleiben; auffallend ist allemal auch hier das durch

Wiederholung betonte Gewicht kinderliterarischer Reflexion, das bei Geiger
wie auch bei Menasse und Frischmuth
den Eindruck einer notwendigen Aufarbeitung kinderliterarischer Prägung
in den 1950er-Jahren hinterlässt.

Wenn die zunehmende Einbindung
kinderliterarischer Zitate in die allgemeine Literatur oben schon als Herausforderung umschrieben wurde, so muss
nun erkennbar werden, dass diese
Herausforderung sich nicht als Erörterung von Intertextualitäten bezüglich
der Qualität von Einzelfällen stellt,
sondern als quantitatives genealogisches Phänomen. Der Begriff der Genealogie erfährt seine Neudefinition in
der jüngeren Forschung seitens eines

2.15

literaturwissenschaftlichen Teilbereiches, der zunächst weitab der Kinderliteraturforschung zu liegen scheint, nämlich seitens der Mediävistik. In
der Einleitung zu der Publikation *Das Abenteuer der Genealogie: Vater-
Sohn-Beziehungen im Mittelalter* (Keller/Mecklenburg/Meyer 2006) heißt
es einleitend:

> „Genealogie ist im europäische Mittelalter nicht nur ein System adli-
> ger Erbschaftsordnung, sondern eine Denkform, die das gesamte poli-
> tische, soziale und religiöse Leben strukturiert."

Eben der Tenor dieser Neudefinition trifft auf die Bedeutung des Begriffes
in der gegenwärtigen Zeit des Umbruchs von Familienstrukturen bzw.
deren Auflösung, die sich nicht zuletzt in einer Reflexion von Kindheitsbildern auch und gerade in der Kinderliteratur manifestieren.

In Folge dieser Fokussierung des gegenwärtigen Diskurses zur Literatur
für Kinder und Jugendliche auf den Begriff der Genealogie sind insbesondere jene Aspekte zusammenzufassen, die die einschlägigen Forschungs-
ansätze als Prozess erscheinen lassen. Es handelt sich um einen außerliterarischen Prozess, dem ein innerliterarischer gegenübersteht, wobei auch
und gerade im Genre der Literatur für Kinder und Jugendliche ein besonders enger Zusammenhang zwischen beiden Prozessen zu konstatieren
ist. Der außerliterarische – im engeren Sinn poetologische – Prozess ist als
eine Annäherung zwischen jenen Forschungsfeldern zu verstehen, die in
der vorliegenden Gliederung mit anthropologischen, psychologischen
und literarhistorischen Ansätzen erläutert wurden. Der innerliterarische
Prozess ist als die poetisch wahrnehmende Befassung mit gesellschaftlichen

Umbrüchen zu sehen, die massive Auswirkungen auf das Verhältnis der Generationen haben.

Ausgehend von der Fokussierung auf den so verstandenen genealogischen Aspekt der Befassung mit der Literatur für Kinder und Jugendliche nimmt das literaturwissenschaftliche Feld eine geradezu diametrale Gegenposition zur pädagogischen Provenienz des Genres ein. Aus der Trias Themen, Stoffe und Motive ist das erstgenannte Ordnungsprinzip jenes, das die stärkste pädagogisch-didaktische Orientierung aufweist. J. A. Comenius, der Urvater der europäischen Kinderliteratur, ist mit seinem *Orbis pictus* der thematischen Verortung der Kinderliteratur noch ausgewichen, indem er sich spielerisch nach der Zufallsordnung des Alphabets richtete. Themen sind in späterer Folge seit der Aufklärung das Einteilungsprinzip von Kinder- und Jugendzeitschriften, einem Sektor, dessen Dominanz in der Erziehungsgeschichte über viele Generationen hinweg aus heutiger Sicht nicht nur weithin unterschätzt, sondern eigentlich völlig vergessen wurde. Ebenso sind Themen das dominante Einteilungsprinzip in schulischen Lesebüchern, wobei man sich meistens unbefangen nach dem Jahreskreis richtete. An den Anfängen steht sowohl in Zeitschriften als auch in Lesebüchern die religiöse Orientierung, in der schulische und außerschulische Erziehung als ursprünglich theologisches Wirken erkennbar wird, sei es im Verständnis von Geschichte als Heilsgeschichte oder im Verständnis des Jahresablaufes als Kirchenjahr. Im Zuge der Säkularisierung der Pädagogik verlagert sich die thematische Orientierung des Kinder- und Jugendschrifttums auf die Hinführung zu den Einzelwissenschaften, aber auch hier bleibt im Hintergrund immer die Botschaft der Erziehung am Exempel spürbar.

Ein markantes Beispiel für die Dominanz von Themen ist die seit der Aufklärung bis weit ins 19. Jahrhundert reichende, in den Kinder- und Jugendzeitschriften immer wieder aufgegriffene Behandlung der Bienenzucht, hinter der gewiss nicht nur naturkundliches Interesse steht, sondern eine Idealvorstellung des Bienenvolkes oder Bienenstaates, mit dessen „Untertanen" und deren emsiger Arbeitshaltung sich die mehr oder minder deutlich belehrten Kinder wohl identifizieren sollten. Ein Schlusspunkt dieser Art von Naturgeschichte ist dann *Die Biene Maja* von Waldemar Bonsels, zwei Jahre vor Beginn des Ersten Weltkrieges.

Solange die Interpretation der Literatur für Kinder und Jugendliche den thematischen und damit immer auch erzieherischen Aspekten verhaftet bleibt, wird die Literarizität des Genres nicht wahrgenommen. Der literaturwissenschaftliche Zugang setzt dort ein, wo neben der thematischen Ebene auch die stoff- und motivgeschichtliche und nach Möglichkeit alle drei Ebenen gleichzeitig ins Auge gefasst werden. Um dieses methodische Erfordernis noch mehr zu betonen, ist zu überlegen, ob nicht die

Interdisziplinarität

Konzentration auf jeweils nur eine Ebene die Sicht auf die anderen in durchaus psychoanalytisch aufklärbarer Weise verdrängt. Selbstverständlich geraten mit der Miteinbeziehung von stoff- und motivgeschichtlichen Zusammenhängen jeweils weitere Forschungsfelder in den Blick, nicht zuletzt auch Definitionsfragen mit teils sehr divergierenden Positionen. Für den Bereich der Kinderliteraturtheorie, in dem diese Diskussion noch nicht intensiv geführt wird, wäre vorzuschlagen, zunächst von einem einfachen Modell auszugehen. Die Vielfalt der diesen drei Parametern – Thema, Stoff und Motiv – in der Diskussion zugeordneten Merkmale lässt sich unter mehreren Aspekten vergleichen, wobei als Vergleichsraster im folgenden Modell von Inhalten, Interessen und Dimensionen ausgegangen wird:

	Inhalt	Interesse	Dimension
Thema	aktuell bzw. aktualisiert	diskursiv, öffentlich	kollektiv
Stoff	zeitlos	(literar-)historisch	geschichtlich
Motiv	ahistorisch, „zwischenmenschlich"	privat, persönlich	individuell

Schema 11: Differenzierung von Thema, Stoff und Motiv

Dieses sehr deduktiv angelegte Modell bedürfte einer Vielzahl von Erprobungen und versteht sich zunächst nur als Anregung, Kinderliteratur in die Diskussion über stoff- und motivgeschichtliche Zusammenhänge einzubeziehen. Von besonderem Interesse erscheinen dabei die im ersten Kapitel erläuterten „inhaltlichen Herkunftsmodelle" der Kinderliteratur – und hier wiederum das Mundus-inversus-Motiv als ein Ursprung der Kinderliteratur mit engstem allgemeinliterarischem Zusammenhang. Letztendlich konzentriert sich dieses Motiv auf Sinn-Fragen in einer philosophischen Dimension, die in der Kinderliteratur vom *Kleinen Prinzen* des Antoine de Saint-Exupéry bis zu Jostein Gaarders *Sofies Welt* immer wieder thematisiert werden. Im literarhistorischen Hintergrund stehen Figuren der allgemeinen Literatur wie Münchhausen oder Till Eulenspiegel („mundus vult decipi"), oder auch die Schildbürger, die den Infantilismus der Erwachsenenwelt verkörpern. Vergleichbar sind auch lebensphilosophische Märchen wie *Hans im Glück* oder *Des Kaisers neue Kleider*. Kindheit erscheint dabei als Niemandsland (Peter Pans „Neverland"), damit aber auch als Repräsentation existenzieller Ausgesetztheit, die von der Philosophie bzw. allgemeinen Literatur kaum wahrgenommen wird – allenfalls von jener Gattung, die wir als Kindheitsliteratur bezeichnen.

3.1 Kindheit als Ergebnis eines Emanzipationsprozesses

Hinter der Frage nach den historischen Anfängen der Kinder- und Jugendliteratur steht vor allem jene nach der Abgrenzung dieses literarischen
Genres von verwandten Gattungen. Die vorliegende Darstellung, die nicht
mehr als ein historischer Abriss sein kann, schließt sich zum einen der Argumentation des wohl namhaftesten Kenners der Frühgeschichte einer
Literatur für Heranwachsende an, Otto Brunken, der nicht nur die These
aufgestellt hat, dass der Anfang dieses Genres bereits im Mittelalter festzu-
legen sei, sondern diese auch in den beiden ersten Bänden der *Kölner Handbücher* (Handbuch Bd. 1, 1986 u. Bd. 2, 1991) umfassend dokumentiert hat.

Weiters ist darauf zu verweisen, dass erst durch die Idee und die Reali-
sierung des schulischen Unterrichts für Kinder aller gesellschaftlichen
Stände die „Kindheit" als eine eigene und grundlegende Phase im Leben
eines Menschen Anerkennung gefunden hat. Somit ist es auch berechtigt,
erst das Zeitalter der Aufklärung, in dem Kindheit und die diese Mensch-
werdungsphase begleitende Literatur als integrierender Bestandteil eines
generellen philosophischen Konzeptes entwickelt wurde, als den eigentlichen Beginn des Genres Kinder- und Jugendliteratu zu betrachten. Zwischen den frühen kinderliterarischen Anfängen im Mittelalter und der philosophischen Entdeckung von Kindheit liegen also mehrere Jahrhunderte
bzw. Generationen, die als die Zeit eines Emanzipationsprozesses bis zum
kulturgeschichtlich relevanten Durchbruch einer eigenständigen Definition von Kindheit in der Zeit der Aufklärung begriffen werden kann.

Der folgende historische Abriss über Kinder- und Jugendliteratur erstreckt sich von den Anfängen in der Zeit der Aufklärung bis zur Gegenwart.
Die hier aufgeführten literarischen Beispiele sind im Wesentlichen auf den

deutschen Sprachraum beschränkt. Einbezogen werden darüber hinaus so genannte Klassiker der internationalen Kinderliteratur, die im Lauf der Epochen und Generationen auch im deutschen Sprachraum Verbreitung gefunden haben bzw. von nachhaltiger Wirkung gewesen sind. Überdies geht es auch um eine Differenzierung innerhalb des deutschsprachigen Raumes, wobei – im Hinblick auf die Literaturen der Schweiz, Österreichs und Deutschlands bzw. des über 40 Jahre lang geteilten Deutschlands – der Begriff der nationalen oder nationaltypischen Unterschiede vermieden und vielmehr der Aspekt mentalitätsgeschichtlicher Besonderheiten behandelt werden soll.

Damit soll nicht zuletzt auch dem Umstand entsprochen werden, dass gerade die Kinder- und Jugendliteratur erheblich von konfessionell und pädagogisch sehr divergenten Positionen beeinflusst wurde, deren Ausdifferenzierung nicht in den Grenzen politisch partikulärer Herrschaftsräume verlief, jedoch auch nicht für den gesamten deutschen Sprachraum gleiche Gültigkeit hatte. Die heutige Literatur für Kinder und Jugendliche bzw. deren Distribution und Rezeption im deutschsprachigen Raum erweckt den Eindruck überregionaler Homogenität, als wäre es selbstverständlich, welche Imaginationen von Kindheit und Jugend heute generell gültig sind. Bei näherer Betrachtung weist jedoch auch die gegenwärtige Literatur für Kinder und Jugendliche – vor allem aber die frühere mit ihren durchaus produktiven Kräften – deutliche Mentalitätsunterschiede auf, die sowohl in synchronen als auch in diachronen Darstellungen im Sinne eines hermeneutischen Verständnisses Beachtung finden sollen.

Mit der Akzentuierung auch innerdeutschsprachiger mentalitätsgeschichtlicher Unterschiede in den Literaturen einzelner Länder ist ein erstes literarhistorisches Theorem angesprochen, zu dem sich der schwedische Kinderliteratur-Theoretiker Göte Klingberg im Sinne einer übernationalen Entwicklung der Kinder- und Jugendliteratur deutlich geäußert hat: Er betont die Abgrenzung dieser Literatursparte sowohl gegenüber den nationaltypischen Entwicklungen in der allgemeinen Literatur der europäischen Länder als darüber hinaus auch in internationaler Sicht (Klingberg 1967b). Diese – wenn auch schon einige Zeit zurückliegende – theoretische Positionierung soll im Zuge der folgenden Überlegungen wenn auch nicht unbedingt generell aufrechterhalten, so zumindest in Erinnerung gerufen werden; es wird sich zeigen, dass gerade im deutschen Sprachraum markante Partikularentwicklungen zu verzeichnen sind.

Klingbergs These wurde im Zuge einer im letzten Viertel des vorigen Jahrhunderts enorm sich ausbreitenden literaturwissenschaftlichen Forschung im Bereich der Kinder- und Jugendliteratur in Deutschland weder verifiziert noch falsifiziert, fast wurde sie tabuisiert. Angesichts dessen entsteht jedoch der Eindruck, dass der überregionale Ansatz Klingbergs

insofern auf fruchtbaren Boden gefallen ist, als er in der deutschen Forschung im Sinne einer Geltung jedenfalls für den gesamten deutschen
Sprachraum Selbstverständlichkeit geworden ist. Demgegenüber ist als
eigentlich selbstverständlich zu betonen, dass etwa Bezeichnungen wie
Biedermeier oder Weimarer Republik, wie sie in deutschen – sich als gesamtdeutsch verstehenden – Literaturgeschichten gang und gäbe sind,
nicht unbedingt die gleiche Gültigkeit für den gesamten Sprachraum
haben – und dass Christine Busta oder Christine Nöstlinger nicht deutsche,
sondern österreichische Schriftstellerinnen sind.

Ein zweites oft zitiertes Theorem ist die Unterscheidung zwischen aufklärerischem und romantischem Kindheitsbild im Sinne einer Dichotomie, wobei diese beiden als prinzipiell erachteten Imaginationen von
Kindheit bis in die Gegenwart als nachhaltig prägende Leitgedanken betrachtet werden. Auch dieses Theorem wird im Hinblick darauf zu überdenken sein, dass in Österreich, aber auch in den deutschsprachigen Literaturen der habsburgischen Kronländer, sowie in der Schweiz eben jene
beiden Epochen – Aufklärung und Romantik – nur unter ganz anderen
ideengeschichtlichen Voraussetzungen als bestimmende Momente der Literaturgeschichte zu verstehen sind. Obwohl bzw. gerade weil die Erforschung und Rekonstruktion einer Geschichte der Kinder- und Jugendliteratur im letzten Viertel des 20. Jahrhunderts beachtliche Dimensionen
angenommen hat, scheint es notwendig, einige grundsätzliche Parameter
anzuführen:

(1) Kinder- und Jugendliteratur wird als gängiger Begriff allgemein
und in der öffentlichen Diskussion eher einschränkend verwendet und
meist nur auf jenen Buchbestand bezogen, auf den man im Buchhandel
zugreifen kann. Gegenüber dieser ahistorischen Auffassung im Sinne des
Metiers ist die Einbindung des Genres in die allgemeine Literaturgeschichtsschreibung zu postulieren. Im Blickfeld der Überlegungen und
Untersuchungen können nicht nur die gegenwärtig diskutierten bzw. als
„Lesegut" in Umlauf befindlichen einschlägigen AutorInnen und Werke
stehen, sondern es muss auch Zurückliegendes in Betracht kommen, das
zu seiner Zeit Beachtung gefunden hat („Schlüsseltexte"), auch wenn es
heute in Vergessenheit geraten ist. Wie in allen kulturellen Belangen ist
auch in der historischen Kinder- und Jugendliteraturforschung davon
auszugehen, dass die diskursstiftenden Momente, die ihre Entstehungsgeschichte betreffen, im Zentrum des Interesses stehen.

(2) Während im allgemeinen kulturellen Geschehen Literatur, Musik,
Oper und Theater in der Rezeption eine Einheit bilden, entwickeln sich
Kinderliteratur, Kinderoper, Kindertheater und Kinderfilm relativ isoliert.
Diese Untersparten werden, wenn überhaupt, als jeweils separierte kulturelle Sektoren unabhängig voneinander und unabhängig vom allgemei

nen Kulturgeschehen rezipiert. Diese rezeptionsästhetischen Phänomene stehen im Gegensatz zur Tatsache, dass kindliches und jugendliches Kultur-Erleben zumeist weitaus intensiver ist als das der Erwachsenen und in höherem Maße Einfluss auf „kulturelle Empfänglichkeit" nimmt, als dies aus der aktuellen pädagogischen Diskussion abzulesen ist. Die Phänomene, die unter dem Begriff Separierung zusammenzufassen wären, können aus historischer Sicht allenfalls als Spezialisierungen gedeutet werden. Diese Separierung oder Spezialisierung erscheint allerdings in Österreich noch stärker ausgeprägt als in anderen Ländern, sodass es hierorts auch mehr irritiert, wenn es in jüngerer Zeit wieder zu Überlagerungen (Crossovers) kommt.

(3) Kinder- und Jugendliteratur wie auch andere Sparten der Kinderkultur sind im Vergleich zum allgemeinen Kulturgeschehen schnelllebiger, man könnte gleichsam von einer verminderten Halbwertszeit sprechen. Als Folge davon geraten nicht nur Werke und AutorInnen, sondern auch die Leistungen der Theoretiker, Multiplikatoren und Vermittler dieses Genres rascher in Vergessenheit. Aufgabe einer geschichtlichen Darstellung wäre demnach eine intensive Historiographie auch in diesem Bereich, vor allem in Bezug auf Institutionen und Verlage einschließlich ihrer Teilleistungen wie z. B. Rezensionen und Buchempfehlungen.

(4) Literatur für Kinder und Jugendliche ist im Erlebnishorizont des erwachsenen Lesers in hohem Maße und auf faszinierende Weise mit Themen, Stoffen und Motiven der allgemeinen Literatur sowohl der Gegenwart als auch der Vergangenheit verbunden. Diese Tatsache bleibt im pädagogischen Umfeld der Rezeption meist unbeachtet. Daraus ergibt sich als ein besonderes Ziel bei der Integration der Kinder- und Jugendliteraturforschung in die allgemeine Literaturwissenschaft die synchrone und diachrone stoff- und motivgeschichtliche Intertextualität. Der methodische Gegensatz der Genealogieforscher Philippe Ariès und Lloyd de Mause, denen zufolge die Entwicklung der Kindheit entweder prinzipiell als ein Prozess der Befreiung oder als einer der fortgesetzten Unterdrückung gesehen werden kann, sollte auf diese Weise eine Erweiterung des Diskurses erfahren.

Ausgehend von diesen vier Parametern wird im Folgenden ein historischer Abriss unter besonderer Berücksichtigung jener Einzelforschungen versucht, die sich den stoff- und motivgeschichtlichen Aspekten widmen.

3.2.1 Aufklärung, Philanthropie und Jansenismus

Die so genannte „Entdeckung der Kindheit" fällt in die zweite Hälfte des 18. Jahrhunderts. Ihr Wegbereiter war Jean-Jacques Rousseau mit dem Erziehungsroman *Emile ou sur l'éducation*, der von den deutschen Erziehungsschriftstellern des Philanthropismus ab den 1870er-Jahren gleichsam als Manifest einer Kindheitsphilosophie rezipiert wurde. Rousseaus Auffassung, dass der Mensch von Natur aus gut sei und Erziehung die Aufgabe habe, dem Kinde zu ungehinderter Entfaltung seiner natürlichen Anlagen zu verhelfen, trifft mit der Definition der Aufklärung Immanuel Kants als „Ausgang des Menschen aus seiner selbstverschuldeten Unmündigkeit" zusammen.

Als Begründer des Philanthropismus als Erziehungsbewegung in Deutschland sind Basedow, Salzmann und Campe anzusehen, über deren Vernetzung und Wirken hier nicht im Detail eingegangen werden kann. Johann Bernhard Basedow (1724–1790) erzielte mit seinem *Methodenbuch für Väter und Mütter der Familien und Völker* und seinem *Elementarbuch für die Jugend* (beide 1770) breite Wirkung. 1774 wurde unter seiner Leitung das Philanthropin in Dessau eröffnet, zu dessen Mitarbeitern auch die um eine Generation jüngeren Christian Gotthilf Salzmann (1744–1811) und Joachim Heinrich Campe (1746–1818) [Abb. 3.01] gehörten. Das erste Kinderbuch Salzmanns, *Unterhaltungen für Kinder und Kinderfreunde*, erschien durch Vermittlung von Christian Felix Weisse (1726–1804); mit Campe stand Salzmann in schriftlichem Kontakt. 1781 erhielt er den Ruf an das Dessauer Philanthropin, 1785 eröffnete er sein eigenes Philanthropin in Schnepfenthal. Mitarbeiter war u. a. der aus Ungarn stammende und später in Wien wirkende Jacob Glatz (s. u.). Salzmanns Philanthropin wurde nicht selten von namhaften Persönlichkeiten des kulturellen Lebens besucht, u. a. auch von Goethe und Wieland. Campe wirkte 1776 am Philanthropin in Dessau, wurde nach Basedow dort zum Leiter, verlegte sich jedoch aufgrund von Auseinandersetzungen mit seinem Vorgänger auf die publizistische Tätigkeit in Hamburg. 1779 erschien sein Roman *Robinson der Jüngere*. 1789 besuchte er mit seinem ehemaligen Zögling Wilhelm von Humboldt Paris. Campe gilt als der erste professionelle deutschsprachige Jugendschriftsteller.

Wenn die Pädagogik der (protestantischen) Spätaufklärung in Deutschland mit ihren Mehrfachadressierungen (Ewers 2000) und ihrer vermeintlich antiautoritären Tendenz als „pädagogische Provinz" tituliert wird, so ist für das Verständnis der Situation in Österreich von einer Pädagogik des (katholischen) Spätjansenismus in der Auseinandersetzung mit der jesuitischen Erziehungstradition auszugehen; der Titel einer „pädagogischen Provinz" ist hier weniger angebracht, weil dieses Spannungsfeld über die Literatur für Kinder und Jugendliche hinaus weitreichende Konsequenzen hatte, jedoch über den Rahmen dieser Literatursparte hinaus nicht öffentlich wurden.

Im Gegensatz zu Deutschland sind die kinder- und jugendschriftstellerischen Ambitionen in Österreich zu dieser Zeit noch nicht als ein ähnlich professionelles Segment des literarischen Marktes entwickelt, wie etwa durch J. H. Campe repräsentiert. Andrerseits bildet innerhalb der Monarchie Österreich-Ungarn die Entfaltung eines fortschrittlichen Verlagswesens die eigentliche Basis für die Propagierung von Kinder- und Jugendschriften verschiedenster Ausrichtungen, wobei vor allem der Verlag Trattner eine bedeutende Rolle spielte. Auf konfessioneller bzw. personeller Ebene waren die Auflösung des Jesuitenordens 1773 (–1814) und das Toleranzpatent 1781, das den Protestanten die freie Religionsausübung erlaubte, die entscheidenden Zäsuren, die sich auch auf die Ausdifferenzierung des Erziehungswesens und die Ausbreitung der Kinder- und Jugendliteratur auswirkten.

Wenn von Seiten der (bisherigen) Literaturgeschichtsschreibung allenfalls der protestantische bzw. philanthropische Einfluss in den letzten beiden Jahrzehnten des 18. Jahrhunderts (d. h. seit dem josephinischen Jahrzehnt) in Österreich bemerkt wurde, so ist aus heutiger Sicht mit allem Nachdruck darauf zu verweisen, dass sich bereits in den letzten beiden Regierungsjahrzehnten Maria Theresias – also in den 1760er und -70er-Jahren – eine eminent konfessionelle Reformbewegung vollzog, die zur Folge hatte, dass die Vormacht der Jesuiten als Träger der Erziehung und Bildung von der Elementarschule bis in die Universitäten in relativ kurzer Zeit völlig zurückgedrängt und zum großen Teil durch Jansenisten ersetzt wurde. Gegenüber dieser innerkatholischen, von Holland ausgehenden und aus Frankreich übernommenen Erneuerungsbewegung in der Habsburgischen Monarchie ist die Zulassung des Protestantismus nicht nur chronologisch, sondern auch seiner theologischen bzw. pädagogischen Bedeutung nach als sekundär einzustufen (vgl. Seibert 1987).

Zentrale Persönlichkeit und Schlüsselfigur des Josephinismus war der Fürsterzbischof von Wien, Kardinal Migazzi, der ursprünglich pro-jansenistisch eingestellt war, ab Mitte der 1760er-Jahre jedoch wieder den jesuitischen Standpunkt vertrat. Diese Wende ist insofern entscheidend für die Entstehung einer sehr originären österreichischen Kinder- und Jugendliteratur, als die meisten Parteigänger Migazzis aus seiner jansenistischen Phase diesen Standpunkt beibehielten und – begleitet von Ex-Jesuiten – nach der Auflösung des Ordens auch in ihren Kinder- und Jugendschriften zur Geltung brachten. Ein weiteres Moment war die Verbreitung des fran-

3.01   3.02

zösischen Kultureinflusses und des damit verbundenen Erziehungs-
schrifttums, insbesondere der Schriften Marie Leprince de Beaumont,
durch den Verlag Trattner.

Aus den später bald vergessenen österreichischen Kinder- und Jugend-
schriftstellern dieser Zeit seien nur hervorgehoben: Ignaz Parhammer,
aufgrund seiner jesuitischen Erziehungsmethoden in Wien der „Kinder-
general" genannt, als Vertreter des konservativen Lagers, und im fortschrittlichen Lager Franz de Paula Rosalino, Bücherzensor bei Joseph ii.
und Begründer der ersten österreichischen Jugendzeitschrift, dem *Wochen-
blatt für die österreichische Jugend* (1777/78).

Ähnlich Basedow, Salzmann und Campe ließe sich in Österreich die
Geschichte der Kinder- und Jugendliteratur im Übergang vom Josephinis-
mus zur Restauration durch drei repräsentative Autoren abhandeln, deren
Wirken wieder mit zahlreichen anderen Persönlichkeiten verbunden ist:
Johann Michael Armbruster (1761–1814), Leopold Chimani (1774–1844)
[Abb. 3.02] und Jakob Glatz (1776–1831).

3.2.2 Romantik und romantisches Kindheitsbild

Als konstituierend für das romantische Kindheitsbild gilt – mehr noch als
die erzählende Dichtung – die Lyrik, wobei die scheinbar alles übertönende
Sammlung *Des Knaben Wunderhorn* von Achim von Arnim und Clemens
Brentano (1808) rezeptionsgeschichtlich relativiert zu sehen wäre etwa im
rückblickenden Vergleich mit Chr. A. Overbecks *Fritzchens Lieder* (1781).

Die Bedeutung der Romantik für die Kinder- und Jugendliteratur ist unter poetologischen Aspekten vor allem in der grundlegenden Differenzierung des in der Aufklärung eher verschmähten Märchens und des so genannten Kunstmärchens zu sehen, wobei als Paradebeispiele zum einen die 1812 erstmals explizit kindheitsadressiert erschienenen *Kinder- und Hausmärchen* der Brüder Grimm und zum andern Kunstmärchen von E.T.A. Hoffmann (1776–1822) zu betrachten sind. Als gleichsam kindheitsadressierte Märchen Hoffmanns können *Der goldene Topf* (1814; hier treten bereits Phantasiegestalten neben „realen" Figuren auf), *Nussknacker und Mausekönig* und *Das fremde Kind* (1816) [Abb. 3.03] sowie *Der Sandmann* (1817) gelten (letzterer weiter wirkend in der Oper *Hoffmanns Erzählungen* von J. Offenbach).

Mit E.T.A. Hoffmann zeichnet sich insofern erkennbar ein Paradigmenwechsel ab, als er sich durch die Gestaltung seiner Motive am weitesten vom Märchen als volkstümlicher Gattung im Sinne der „einfachen Formen" (Jolles 1968) entfernt.

Neben dem Märchen bzw. der Märchentradierung entwickelt sich in dieser Zeit auch das Kunstmärchen weiter, wobei als Hauptvertreter der Spätromantiker Ludwig Bechstein (1801–1860) und Wilhelm Hauff (1802–1827) zu nennen wären, weiters Hans Christian Andersen (1805–1875), der diese Gattung mit seinen *Märchen und Erzählungen für Kinder* (1835, dt. 1839) in die Nähe der Satire führt (vgl. dazu die in der Andersen-Forschung kaum bekannte Ausgabe H. Chr. Andersen: *Satiren*. [Abb. 3.04] Bearbeitet und eingeleitet von Egon Friedell. Ed. Hölzel, Wien o. J.).

Von besonderem Interesse ist der volkskundlich ambitionierte Ludwig Bechstein, der 150 Märchen und 2250 Sagen sammelte mit der Absicht, das gesamte Erzähl- und Glaubensgut des deutschen Volkes zusammenzutragen. Märchen, Sagen und Mythen wurden von ihm als „volksläufiges Erzählgut" bezeichnet. Im Gegensatz zu Musäus und Wieland war er dagegen, etwas hinzuzudichten. Die Liebesmärchen des Orients sah er eher als Novellen; echte Märchen seien nur die Kindermärchen. 1823 erschienen die *Thüringische Volksmärchen*, 1829 die *Mährchenbilder und Erzählungen der reiferen Jugend gewidmet*, womit er wenig Erfolg hatte, die *Sagen des Thüringerlandes* (1835 ff.) sowie *Die Volkssagen, Mährchen und Legenden des Kaiserstaates Österreich* (1840). Weit verbreitet waren schon zu seiner Zeit auch die Märchen des Stuttgarters Wilhelm Hauff, der im Tübinger Stift studierte und dessen Märchen (1826 ff. erweitert „ … für Söhne und Töchter gebildeter Eltern") bereits satirische Anklänge aufweisen. Sie sind die am meisten verbreiteten deutschen Kunstmärchen mit orientalischem Einfluss, die aus mündlichem Erzählen vor Zöglingen entstanden und intentional an Kinder adressiert waren. Zum Kanon gehören *Die Geschichte vom kleinen Muck, Kalif Storch, Der Zwerg Nase* [Abb. 3.05] und *Das kalte Herz*.

H. Chr. Andersen

Satiren.

Bearbeitet und eingeleitet von
Egon Friedell.

Wien. Ed. Hölzels Verlag.

3.03   3.04   3.05

Der diametrale Gegensatz des romantischen Kindheitsbildes zu dem der
Aufklärung wird im Begriffspaar aufklärerisch-rationalistisch und roman-
tisch-sentimentalisch erkennbar. Beiden gemeinsam ist, dass Kindheit mit
einem neuen Begriff von Familie verbunden und damit institutionalisiert
wird. In der Aufklärung ist Bildung Teil des Kindheitsbegriffes, in der
Romantik nicht mehr. Kindheit wird nun, nachdem sie in der Aufklärung
als epochebestimmend und damit gleichsam in einer historischen Dimension entdeckt wurde, neuerlich in ihrer Ahistorizität wiederentdeckt. Bestehen bleibt jedoch in verstärktem Maße der Widerspruch zwischen Kindheit und Familiarität. In dem Maße, wie dieser Widerspruch als Spannung
erlebt wird, wird er zum Anlass für eine (früh-)psychoanalytische Sicht auf
das Verhältnis von Kindheit und Erwachsensein. Kindheit wird in diesem
neuen Verständnis zur Negation zumindest eines aufklärerischen Familien-
begriffs. Entsprechend kann auch *Das fremde Kind* von Hoffmann verstanden werden. Kindheit legitimiert nunmehr die Abwehr der Rationalität,
die „Dialektik der Aufklärung" (vgl. Horkheimer/Adorno) ist in vollem
Gange. Erstmals wird in der Kinderliteratur deutlich, dass die Hochstili-
sierung des Kindes das Eingeständnis der Unzulänglichkeit von Erwachsen-
heit zur Folge hat.

Konsequenz dieser Umwertung ist ein radikaler Wandel der Kinder-
und Jugendbuch-Gattungen. Die nun bevorzugten „einfachen Formen"
(A. Jolles) sind eben die, die die Aufklärung eigentlich verbannen wollte.
Weiterhin entwickelt sich aber auch ein radikaler Widerspruch zwischen
Kunstmärchen und Volksmärchen: Das Volksmärchen hat die sozialen

und psychologischen Widersprüche noch verdeckt, im Kunstmärchen brechen sie auf.

3.2.3 Robinson und Telemach als Personifikationen des Biedermeier

Erst in der Biedermeierzeit gelingt es, die in der Romantik aufgebrochene tiefe Kluft zwischen Erwachsensein und Kindheit scheinbar wieder zu schließen, indem das Bild des Kindes vollends domestiziert und damit verharmlost wird. Ähnlich wie die Begriffe Aufklärung und Romantik, die als Epochenbegriffe, kindheitstheoretische Attribute und vermeintlich gesamtdeutsch bzw. sogar gesamteuropäisch verstanden sein wollen, problematisch erscheinen, verhält es sich auch mit der Bezeichnung Biedermeier. Dieser gewiss nicht ausschließlich, aber in besonderer Weise österreichisch konnotierte Begriff vereint in sich alle Merkmale reformkatholisch-literaturpädagogischer Bestrebungen, verbunden mit einem besonderen Naheverhältnis zur Metternichschen Restauration.

Durch die Gründung des Kreises um Clemens Maria Hofbauer (1751–1820) zeichnet sich ein markanter Neubeginn im Erziehungsdenken und insbesondere in der Kinder- und Jugendliteratur ab. Hofbauer kam 1808 von Warschau nach Wien, 1812 entwickelte er den Plan zur Gründung eines Erziehungsinstituts, der 1818 durch Zustimmung des Kaisers und Metternichs Einfluss erfolgreich verwirklicht wurde. Zu den Lehrern sollte u. a. Josef von Eichendorff gehören. Die Leitung des Instituts hatte der aus Norddeutschland immigrierte und 1814 zum Katholizismus konvertierte Friedrich August von Klinkowström inne, Herausgeber der Zeitschrift *Sonntagsblatt für die österreichische Jugend* (1818) und *Vater Heinz. Eine Sammlung von Erzählungen und Mährchen* (1833); er hatte Verbindungen zu Adam Müller, Josef Anton Pilat, Caroline Pichler und Friedrich Schlegel sowie auch zu den Jesuiten, die nun wieder ihre ehemals bekleideten pastoraltheologischen und damit auch erzieherischen Ämter einnahmen. Die Auseinandersetzungen mit diesem restaurativen Erziehungsstil, die für die weitere Entwicklung wegbereitend waren, finden sich zum Beispiel in den kinder- und jugendliterarischen Werken von Josef Sigismund Ebersberg oder Christian Karl André, dem in Brünn wirkenden Schwager von Salzmann.

Aus der Vielfalt jugendliterarischer Gestaltungen heben sich nun zwei literarische Leitfiguren ab, die einerseits familiäre Nähe, andrerseits aber auch familiäre Entfremdung symbolisieren: Telemach und Robinson. Mit diesen beiden Figuren lässt sich das ambivalente Kindheitsbild der Biedermeierzeit relativ klar vermitteln. Beide Figuren erfahren – sowohl in Deutschland als auch in Österreich, aber auch in Ungarn – vielfache Bearbeitungen. Das österreichische Lesepublikum war zunächst insbesondere von Daniel Defoes *Robinson* begeistert, allerdings galt diese Literatur nur bedingt als salonfähig, allenfalls durch den Robinson-Zyklus des mit Armbruster verwandten Biedermeier-Malers Moritz von Schwind [Abb. 3.06]. Vor allem in der Jugendliteratur manifestiert sich damit eine Schwundstufe der Anglophilie, verbunden mit der besonders in katholischen Versionen betonten Auffassung, dass

3.06

Robinson gegen das Gebot der Elternliebe verstößt. Parallel dazu verläuft die Ausbreitung des Telemach-Stoffes: Sie geht zurück auf den französischen Bischof François de Salignac Fénelon, Erzieher der Enkel von Ludwig XIV und die damit verbundene Kritik an der absolutistischen Regierungsform. In Deutschland wurde der Roman in der Übersetzung Benjamin Neukirchs als Fürstenerziehung gelesen, in Österreich in verschiedensten Bearbeitungen mehr mit religiösem Interesse, was vor allem auf Klerus und Adel in Ungarn zurückzuführen war. Hierin zeigt sich auch ein Nachwirken des Jansenismus, jedenfalls wurde der Telemach-Stoff im Gegensatz zu den Robinson-Varianten eher im Umfeld gehobener Bildung rezipiert.

3.2.4 Realismus und postromantisches Kindheitsbild

Im Übergang vom Biedermeier zum Realismus tritt auch in der Kinder- und Jugendliteratur in zunehmendem Maße die soziale Frage in den Vordergrund, die in den einschlägigen Gattungen bisher durch das Motiv der Mildtätigkeit mehr verdeckt als thematisiert wurde. Hinzu kommt, dass nun nicht mehr in erster Linie Geburt und Herkunft ausschlaggebend sind, sondern die eigene Leistung den Lebensweg bestimmt. Kindheit wird nun auch durch die Klassenzugehörigkeit bestimmt. Der Begriff „Jugend und Volk" ist nicht zuletzt vor dem Hintergrund einer ausgeprägten Revolutionsfurcht zu werten; die durch Verelendung geprägte Kindheit und Jugend stellt etwas Bedrohliches dar, das durch die Verbindung mit dem Begriff Volk zurückgedrängt wird. Die Moralische Erzählung mit ihren biedermeierlichen Tugend-Vorstellungen wird literarisch nun in romanartige Ausmaße erweitert. Dies ist auch ein Merkmal der späteren Schriften von Leopold Chimanis und von Christoph von Schmid (1768–1854), dem katholischen Geistlichen aus Augsburg, der Chimani an Produktivität noch übertraf. Ebenfalls verbreitet waren die Werke seines protestantischen

„Kollegen" Christian Gottlob Barth; beliebt waren vor allem seine biblischen Geschichten für Kinder.

Im Gegensatz zu den deutschen Repräsentanten Schmid und Barth wählt der Österreicher Chimani zumeist weltliche Vorgänge als Ausgangspunkt seiner Moralischen Erzählungen und nimmt dabei Naturkatastrophen, merkwürdige Vorfälle im Alltagsleben, sensationelle Unglücksfälle oder Kriegsereignisse zum Anlass, um damit die weise Vorsehung Gottes zu demonstrieren sowie die Notwendigkeit, sich dem Adel und dem Klerus als den Stellvertretern Gottes zu unterwerfen. Ähnlich führt anfangs auch J. S. Ebersberg diese Gattung weiter, allerdings mit verstärktem Realitätsbezug.

Neben Schmid und Barth ist als dritter erfolgreicher Autor in Deutschland Gustav Nieritz zu nennen, der allerdings wegen seiner realistischeren Gegenwartsbezogenheit bisweilen auch auf Ablehnung stieß. Seine frühen Schriften können als eine Vorstufe der Sozialreportage gelesen werden, wenngleich soziale Probleme bei ihm auf moralische Polarisierungen reduziert sind, wobei profitorientiertes Streben als unmoralisch und die Fürsorge des Fabrikherren als moralisch gilt. Eine problematische Weiterentwicklung der Kinderliteratur erfolgte durch Franz Hoffmann, der – wie zunächst auch Nieritz – aus materieller Not zu schreiben begann und als Lohnschreiber seine Geschichten geradezu fabriksmäßig produzierte. Mit diesem endgültigen Verlust von Literarizität gerät die Moralische Erzählung in ihre Spät- und schließlich Endphase.

Ein wesentlicher Neubeginn der Kinderliteratur setzt mit Heinrich Hoffmann ein, dem Verfasser des *Struwwelpeter* (1845) [Abb. 3.07], sowie mit Wilhelm Busch (1832–1908). Beide griffen auf die Gattung der Warn- und Unglücksgeschichten zurück, die auch von H. Hoffmann in durchaus gemeintem Sinne ironisch weiterentwickelt wurden. Die Erziehungsvorstellungen, wie sie im *Struwwelpeter* dargestellt sind, geraten in eine spannungsvolle Schwebelage und sind dabei bewusst dilettantisch illustriert. Ebenso wie in der romantischen Kinderliteratur drängt sich hier insofern die psychoanalytische Interpretation auf, als die durchaus sadistischen und masochistischen Szenen und die darin zum Ausdruck gebrachten Aggressionen auch als Reaktionen auf das gelesen werden müssen, was man in der eigenen Kindheit als Kränkungen erfahren hat. Am deutlichsten angelehnt an den *Struwwelpeter* ist W. Buschs *Fips der Affe* (1879) [Abb. 3.08]. Selbstverständlich hat Busch aber auch sehr eigenständige Facetten aufzuweisen, denen allen wohl die Kritik an der kleinbürgerlichen Idylle und die Parodie moralischer Belehrung und moralischer Beispielerzählung gemeinsam sind. Insgesamt werfen die Texte und Bilder von Heinrich Hoffmann und Wilhelm Busch letztlich die zentrale Frage nach dem Bild von „Kindheit" auf – sowie danach, ob das Kind an sich von Natur

3.07 3.08 3.09

aus „gut" oder „böse" ist. Jedenfalls ist Kindheit nicht mehr der Inbegriff einer besseren Zukunft; der pädagogische Optimismus vorangehender Epochen erscheint vom Zweifel am Erfolg jeglicher Erziehung abgelöst – auch dies ist Ausdruck realistischer Kinder- und Jugendliteratur.

Die Lebensphilosophie Wilhelm Buschs ist nachhaltig von der Skepsis und dem Pessimismus Arthur Schopenhauers beeinflusst. Seine Figuren sind oft Opfer und Zerstörer zugleich; das Böse ist notwendiges Moment der Zerstörung und gewinnt Sympathie, weil es die Trägheit des Herzens überwindet. Busch sah sich heftiger Kritik ausgesetzt, seine Werke wurden als „gefährliches Gift" bezeichnet. 1859–71 erschienen die Münchner Bilderbogen: Zum Kanon gehören *Max und Moritz* (1865), *Die fromme Helene* (1872) [Abb. 3.09], *Fipps der Affe* (1879) und *Plisch und Plum* (1882). Ursache der weiten Verbreitung sind neben anderem die einprägsamen Verse, die zum Zitieren und Rezitieren animieren. 1885 hatte der *Humoristische Hausschatz* immerhin 13 000 Abonnenten.

Etwa in der gleichen Zeit vollzieht sich eine Metamorphose des Kunstmärchens, das in der Romantik einen hohen Stellenwert hatte. Es geht gewissermaßen eine Symbiose mit der Moralischen Erzählung des Biedermeier ein, die ihre Wurzeln zwar in der Aufklärung hat, aber in dieser Endphase keine aufklärerischen Inhalte mehr aufzuweisen vermag. Entsprechend entwickelt sich die Moralische Erzählung – wie bereits weiter oben ausgeführt – zur Satire, begleitet von Neuerungen in der Illustration wie bei Heinrich Hoffmann und bei Wilhelm Busch.

Als eine geradezu weltweite Dimension dieses Epochenwandels, den man als Umbruch vom Idealismus zum Realismus verstehen kann, bildet sich nun in der zweiten Hälfte des 19. Jahrhunderts ein Ensemble von Werken heraus, die sich bald zu Klassikern der Kinderliteratur entwickeln sollten und die sich in ihrem Kindheitsbild wesentlich von bisherigen Gestaltungen unterscheiden, sodass sich neben dem aufklärerischen und dem romantischen ein drittes Kindheitsbild herausschält. Es sind diese jene Klassiker im engeren Sinn, die als intentionale Kinderbücher geschrieben wurden und internationale Verbreitung fanden. Diese Werke, die zwar noch irreale Elemente des Märchens beinhalten, jedoch auf einer realen Ebene der Fiktion einer Erwachsenenwelt, die sich in einem Zustand der Entfremdung befindet, den Spiegel einer besseren, wenn auch ständig bedrohten Kindheit vorhalten.

3.3 Klassiker der Kinderliteratur und periphere Genese

Im Anschluss an die im zweiten Kapitel („Zur Gegenwart von Klassikern") bereits ausgeführten Überlegungen ist im literarhistorischen Kontext nunmehr das besondere Wirkungspotential dieser Werke zu charakterisieren. Die Wirkung der dort genannten idealtypischen Klassiker erklärt sich aus dem Zusammentreffen der erläuterten Kriterien, die auch die vorbehaltlose Weitergabe über Generationen begründen dürften. Ebenso tragen die von B. Hurrelmann im Rahmen didaktischer Überlegungen bedachten „intensiven Rezeptionserfahrungen mehrerer Generationen" (Hurrelmann 1996, S. 19) nachhaltig dazu bei, den Klassiker-Begriff durch schulische und familiäre Tradierung zu determinieren.

In Abgrenzung zu Klaus Doderer soll hier nicht von „zählebigen" Werken die Rede sein. Denn dieser Begriff betrifft nicht Klassiker im engen Sinne, sondern Werke, die nur Teile des Kriterienkatalogs erfüllen. Außerdem verwischt „zählebig" die Trennschärfe zwischen den Bezeichnungen „Klassiker", „Bestseller" und „Lieblingsbuch". Für die Klassiker im engeren Sinn bildet sich hingegen ein Begriff der Gemeinsamkeit, und zwar der Begriff der „basalen Erinnerung".

Es handelt sich dabei um eine besondere Art von Erinnerungen, die aus frühester Kindheit in Form von Erlebnisbildern ohne Erlebniszusammenhang im Gedächtnis bleiben und prinzipiell perseverativ in den Erlebnisverlauf gelangen, ähnlich dem Phänomen, das Sigmund Freud als „Deckerinnerung" bezeichnet hat. In die basalen Erinnerungen sind auch Leseerinnerungen einbezogen, meist verbunden mit Illustrationen bzw. literarischen Figuren. Im Gegensatz zu Archetypen handelt es sich dabei um individuelle Erinnerungen. Sie können als Manifestationen von Archetypen

bzw. als inhaltliche Festlegung von existenziellen Begriffen wie Freundschaft, Trauer, Arbeit, Not, Leid, Ungerechtigkeit etc. verstanden werden.

3.3.1 Entfremdungsthese versus Eroberungsthese

Ein zentrales Motiv oder Kriterium der Klassiker, das sie mit den Märchen-
klassikern der Romantik verbindet, ist das der Elternferne bzw. das Auf-
sich-selbst-gestellt-sein, das die im Hintergrund anwesenden und zugleich
abwesenden Erwachsenen – Eltern oder sonstige Autoritätspersonen – in
ihrem entfremdeten Dasein erkennbar macht. Die Entfremdung zwischen
Eltern- und Kindheitsebene wird meist in irrational überzeichneter Weise
zum Ausdruck gebracht, besonders durch das Motiv des Fliegens, das immer
auch ein Wegfliegen von den Eltern ist (vgl. *Peter Pan, Nils Holgerson*). Im
Vergleich zwischen romantischer und postromantischer Kindheitsepoche
erhält die Eroberungsthese von Hazard einen historisch erkenntnisfördernden Stellenwert, wenn man sie – nicht wie Hazard auf die Werke der Weltliteratur, sondern – auf die Klassiker im engeren Sinn anwendet. „Erobern"
bekommt somit eine andere Bedeutung: die einer Behauptung gegen die
Pädagogisierung, die von Erwachsenen im Rahmen des Metiers Kinder-
und Jugendliteratur betrieben wird.

Doderer vertritt 1992 in seinem Aufsatz gegenüber Ewers (1984) die
Auffassung, dass es neben dem aufklärerischen und dem romantischen
Kindheitsbild einen dritten Entwurf gebe. Konform mit Ewers beschreibt
er die beiden am Ende des 18. bzw. am Beginn des 19. Jahrhunderts entstandenen Kindheitsbilder, die bis in die Gegenwart hineinwirken: „[…]
Die aufklärerische Richtung erklärte Kinder zu zwar vernunftbegabten,
aber noch unmündigen Wesen. Die Romantiker vertraten genau das Ge-
genteil, sie meinten nämlich, die eigentlich mündigen Menschen seien die
Kinder. Heute gilt es, eine dritte Position einzunehmen" (Doderer 1992, S.
88). Nachdem er in einer Reihe von Beispielen seine Skepsis gegenüber
dieser Dichotomie entwickelt, gelangt er zu dem folgenden Schluss:

> „Es eröffnet sich, wie ich meine, eine dritte Position der Betrachtung
> von Kinderliteratur, deren Beschreibung vielleicht erkennen lässt, dass
> sie mindestens genau so alt wie die beiden anderen ist, aber eine an-
> dere Haltung der Erwachsenen enthält. Ich halte diese dritte Position
> für die einzige, die aus dem Dilemma ghettoisierter Kinder- und Ju-
> gendliteratur, wie wir sie heute weithin – praktisch wie theoretisch –
> haben, herausführen kann. [Doderer nennt sie eine] Position der Ak-
> zeptanz des Kindes als Partner auf der Rezipientenebene [und diese
> bedeute] zugleich eine Akzeptanz der Kinder- und Jugendliteratur als
> Literatur auf der Ebene der Poetik" (ebd.).

In Weiterführung der in 1.3.2 erläuterten Klassiker-Kriterien sowie dieses

Ansatzes von Doderer wäre ein solcher dritter Kindheitsentwurf in durchaus dialektischem Sinne zu präzisieren und damit der Ansatz zu einem Funktionsmodell der Kinder- und Jugendliteratur anzubieten. In Umkehrung der Eroberungsthese von Hazard lässt sich nochmals argumentieren, Klassiker sind nicht nur Werke der Weltliteratur, die zu Kinderbüchern geworden sind, sondern Klassiker sind Kinderbücher, die zu Weltliteratur geworden sind, und es sind nicht zufällig vor allem jene Werke aus der nachromantischen Epoche bzw. aus der Zeit zwischen Nachmärz und etwa 1920. Das Kernmotiv dieses dritten Kindheitsentwurfes ist Entfremdung, exemplarisch vorgeführt an der Entfremdung zwischen Kindheits- und Erwachsenenebene. In diesem Zusammenhang wird die Infragestellung bzw. Aufhebung jedweder Autorität thematisiert, womit eine neue Funktionalisierung von Kindheit einhergeht.

Gisela Wilkendings Überlegungen (1984) sind als eine erste Wegbereitung zu diesem dritten Kindheitsentwurf zu verstehen. In ihrem Aufsatz „Der Widerspruch in der klassischen KJL. Grenzüberschreitung und Erziehungsfunktion" macht sie deutlich, dass der Begriff „Entfremdung" sozusagen der Angelpunkt zwischen alter und neuer Klassikerdiskussion ist: nämlich zwischen der des Herbartianismus im letzten Drittel des 19. und der von Heinrich Wolgast bis Siegfried Bernfeld im 20. Jahrhundert. Wilkending geht in ihrer Argumentation in drei Thesen vor:

Zunächst beschreibt sie den Einzug der alten Klassiker, des Robinson (für die Phase der aufklärerischen KJL) und der Grimmschen Märchen (für die Phase der romantischen Literatur) als Gesinnungsstoffe in die Volks- und Bürgerschulen. Die Rechtfertigung des Märchens erfolgte dabei nach T. Ziller durch die Aussage, dass „[d]as verstandesmäßige Material der Mährchen [so durchzuarbeiten sei], dass der Zögling [dem] thätigen Leben nicht entfremdet werde" (Ziller 1869, zit. Nach Wilkending, S. 53). Wilkending verknüpft damit ihre erste These, der zufolge Klassiker die Funktion haben, „das Auseinanderbrechen verschiedener Stadien der Entwicklungsgeschichte, die Dissoziation von Kindheit, Jugend und Erwachsensein, von Geschichte und Gegenwart" (52) zu verbinden bzw. zu kompensieren. In ihrer zweiten These beschreibt sie die eigentliche Funktion der Klassiker in Abhebung von der spezifischen Kinder- und Jugendliteratur. Sie hielten „eine extreme Spannung zwischen Wünschen, Begehrlichkeiten bis zur Destruktion des Gegebenen, Grenzüberschreitung und Erziehungsfunktion [...] aus"(58). Die dritte These bezieht sich auf die Praxis ihrer Vermittlung im schulischen Unterricht. „Gerade diese Literatur [...] wirft das Bild der Gespaltenheit nicht nur des Erwachsenen allgemein, sondern speziell des Erziehers [...] zurück" (62).

Zur Illustration der zweiten These, die die eigentliche und dialektische Funktion der Klassiker zum Gegenstand hat, beruft sie sich auf *Struwwel-*

peter-Analysen und kommt zu dem Ergebnis: „[…] das Buch verweist
[…] entlarvend auf das Wesen der bürgerlichen Gesellschaft. Es zeigt das
den Dingen, den Menschen, gerade auch der Familie entfremdete Kind"
(S. 60). Nun wäre in Konsequenz der These Wilkendings von der Doppel-
funktion der Klassiker zu argumentieren, Hoffmanns *Struwwelpeter* zeigt
ebenso den entfremdeten Erwachsenen oder jedenfalls das in der bürgerlichen Gesellschaft durch Entfremdung geprägte Verhältnis von Kind-
Sein und Erwachsen-Sein. Die von Wilkending angeführten Beispiele aus
dem *Struwwelpeter* („‚Konrad‘, sprach die Frau Mama, ‚ich geh' aus und
du bleibst da'", oder der allein neben seinem Teller stehende Suppen-
kaspar, oder die Eltern des Zappel-Phillipp: „Beide sind gar zornig sehr,
haben nichts zu essen mehr") präsentieren nicht nur, wie es von Seiten
psychoanalytisch ausgerichteter Forschung interpretiert wurde, das neu-
rotische Kind, sondern verdeutlichen vielmehr die durch beidseitiges
neurotisches Verhalten geprägte Spannung im Zusammenleben von Kind
und Erwachsenen.

Was in den Analysen von G. Wilkending wie auch in den von H.-H.
Ewers aus dem Jahr 1984 gegenüber der vorangehenden phänomenologischen Klassiker-Diskussion erreicht wurde, ist eine literarhistorische
Argumentation, deren einmal erreichter Problemstand nicht mehr zu-
rückgenommen werden sollte.

Eine Ursache für die Missverständnisse und Unbestimmtheiten, die
sich aus der Weiterführung der Eroberungsthese nach Hazard entwickelten, dürfte darin liegen, dass das Ensemble der Klassiker immer weniger
unter literarhistorischen Aspekten gesehen wird, immer mehr stattdessen
in einer historischen bzw. ahistorischen Äquidistanz – als wären sie alle in
gleichem Maße gegenwärtig. Die Theorie kreist in ihrer Konzentration
auf die Rezipientensicht vornehmlich um die Frage der Gemeinsamkeiten, weniger um die der Unterschiede. Die Differenzierung in einer Art
Typologie der Klassiker erfolgt allenfalls nach dem synchronen Modell,
das K. Doderer in seinem Lexikon-Artikel formuliert hat, jedoch kaum in
diachroner Sicht. Ein Schritt zu einem diachronen Modell liegt mit der
von H.-H. Ewers vorgeschlagenen Dichotomie von aufklärerischem und
romantischem Kindheitsbild vor, das mit seiner literarhistorischen und
gesellschaftsbezogenen Argumentation bis zu der historischen Schwelle
der März-Revolution führt, die hinsichtlich eines veränderten Kindheitsbildes von eminenter Bedeutung war.

Aus den vielen Analysen, die die Mitte des 19. Jahrhunderts als die Zeit
eines entscheidenden Wandels auch der Bedeutung von Kindheit beschreiben, wäre etwa auf Jürgen Habermas zu verweisen. Habermas setzt
sich im 3. Abschnitt von *Erkenntnis und Interesse* mit einem Vergleich zwischen Marxscher Gesellschaftskritik und Freudscher Kulturkritik ausei-

nander und gelangt dabei zu einer Bestimmung des institutionellen Rahmens und seiner Anforderungen gegenüber dem noch nicht erwachsenen Menschen. Zunächst stellt er fest, dass die „institutionelle[n] Forderungen gegenüber dem Heranwachsenden durch die Eltern repräsentiert werden" (334) und kommt sodann zur Beschreibung des pathologischen Gehalts der Institutionen indem er feststellt, sie seien:

> „Kollektive Lösungen, die den neurotischen Lösungen auf individueller Ebene ähneln. Dieselben Konstellationen, die den einzelnen in die Neurose treiben, bewegen die Gesellschaft zur Errichtung von Institutionen. Das was die Institutionen auszeichnet, macht zugleich ihre Ähnlichkeit mit pathologischen Formen aus" (ebd. 335).

Im methodischen Rekurs auf Marx und Freud, der sich auf den Vergleich zwischen gesellschaftlicher Arbeit einerseits und Familie als Sozialisationsfaktor andererseits reduzieren lässt, prägt Habermas den Begriff „verlängerte infantile Abhängigkeit" (ebd. 343), den er als Formel für das Verständnis von Sozialisation in der historischen Epoche nach der industriellen Revolution schlechthin anbietet.

Während nun der philosophische Begriff der Entfremdung in seiner transzendentalen Bedeutung noch für das romantische Kindheitsbild bestimmend ist, ist für die Zeit des Nachmärz davon auszugehen, dass der im materialistischen Entfremdungs-Diskurs vollzogene Begriffswandel auch deskriptive Bedeutung für ein neues Kindheitsbild hat. Entfremdung ist für die Zeit des Nachmärz nicht nur ein philosophischer und ökonomischer Begriff im Sinne der von Marx in den *Pariser Manuskripten* erläuterten entfremdeten Arbeit, sondern auch ein pädagogischer – allerdings vorläufig auf Seiten der Rechtshegelianer.

Zunächst hat Johann Karl Friedrich Rosenkranz (1805–1879), das Schulhaupt der „Hegelschen Rechten", den Begriff der Entfremdung mit Berufung auf Hegel als pädagogischen Begriff verwendet. Er bezieht sein pädagogisches Denkmodell konkret auf die kindliche Lektüre: „Wenn Kinder lieber die abenteuerliche Reisen Sindbads hören, als vaterstädtische Heimathskunde und Landesgeschichte, so entstammt dieser Zug dem Drange des Geistes, sich selbst zuerst von sich zu entfremden. Auch die Wanderlust der Jugend gründet hierin" (zit. nach Ballauff, S. 219). Die linkshegelianische Richtung greift die literaturpädagogische Fragestellung nachhaltig erst am Ende des Jahrhunderts mit Heinrich Wolgasts Schrift *Das Elend der Jugendliteratur* (1898) auf (Wilkending, S. 176–183).

In der postromantischen Kinder- und Jugendliteratur wurden Autoritätskonflikte thematisiert, in denen – anders als im aufklärerischen und romantischen Kindheitsmythos – die reale gesellschaftliche Situation der kindlichen Protagonisten reflektiert wurde, deren Realität in erster Linie dadurch geprägt war, dass ihnen eine Erwachsenenwelt im Zustand der

Entfremdung gegenüberstand, der sie sich als Kinder verweigerten. Die zu Klassikern gewordene Kinder- und Jugendliteratur dieser Zeit zeichnet sich dadurch aus, dass sie gegenüber der durch Autoritätsgebote geförderten Einübung in das Erwachsen-Sein als entfremdetes Sein ein Modell der Entfremdungsverweigerung entwickelte.

3.3.2 Klassische Epoche und Funktionsmodell

Die bisherigen Überlegungen haben nicht nur das Ziel, die Eroberungsthese von Hazard und ihre Nachwirkungen hinsichtlich der Klassikerdefinition in Frage zu stellen, sondern auch die daraus resultierende und hinlänglich wiederholte Behauptung, es gebe in der Kinder- und Jugendliteratur im Gegensatz zur allgemeinen Literaturgeschichte keine klassische Epoche. Die hier angesprochenen literarhistorischen Positionen lassen es angebracht erscheinen, diese Behauptung nicht weiterhin ungeprüft als feststehendes Theorem gelten zu lassen. Sie ist schon allein deswegen in sich widersprüchlich, weil als Vergleich immer die Zeit der deutschen Klassik angesprochen ist, während es doch in den verschiedenen Nationen, aus denen das Ensemble der Kinderliteratur-Klassiker (mit bewusster Verwendung des reduzierten Begriffs) entstanden ist, sehr unterschiedliche Periodisierungen gibt und es von daher gar nicht möglich sein kann, „eine" klassische Periode der Weltliteratur zu rekonstruieren.

In der vorliegenden Arbeit soll aufgezeigt werden, dass sich das Ensemble der Kinderliteratur-Klassiker im engeren Sinn in der Zeit nach den Epochen der Aufklärung und Romantik herausbildete. Das Problem der Periodisierung ist des Weiteren auch im Zusammenhang mit der aktuellen Diskussion um die Autorschaft bzw. Autortypologie zu sehen, was hier nur als Andeutung festgehalten werden soll.

Ende des 19. Jahrhunderts entwickelte sich mit den Serien von Karl May und Emmy v. Rhoden ein neuer Typus der Jugendliteratur-Schriftsteller (mit bewusster Verwendung des Begriffs hier auf Jugend reduziert), deren Werke sich mit dem Begriff des Klassikers im engeren Sinn nicht mehr vereinbaren lassen.

Um dieses Ensemble noch deutlicher von sonstigen so genannten Klassikern abzugrenzen, ist darauf zu verweisen, dass sie sich neben den bereits erwähnten Kriterien durch verschiedene Modelle der Intertextualität auszeichnen. Basis dieser Art von Intertextualität, auf der die Klassiker untereinander sowie auch jeweils mit unterschiedlichen Werken der Weltliteratur vergleichbar sind, ist nicht zuletzt die ihnen eigene Stillage des Humors. Auch diese Stillage ist generell als Folge der von Habermas so genannten „verlängerten infantilen Abhängigkeit" zu verstehen (Habermas 1968, S. 343), in der sich innerhalb des Genres Formen der Parodie ihrer selbst bzw. Formen der Parodie des pädagogischen Umgangs mit dem Metier Kinder- und Jugendliteratur entwickeln. Am deutlichsten entspricht diese Form der literarischen Selbstreflexion dem Mittel der Travestie als Verspottung einer ernsten Dichtung durch Beibehaltung des Inhalts und dessen Wiedergabe in einer anderen, unpassenden und durch die Diskrepanz zwischen Form und Inhalt lächerlich wirkenden Gestalt. Zum Begriff der Travestie gehört weiter, dass sie erst bei Kenntnis des Originals wirkt und daher allgemein bekannte Stoffe bevorzugt; sie ist meist harmloser als die Parodie, dient mehr der Erheiterung, greift weniger in die literarischen Meinungskämpfe ein, weist also in Summe Merkmale auf, die der Kinderliteratur entsprechen.

Ein Musterbeispiel der so verstandenen Travestie ist einmal mehr der *Struwwelpeter*. Heinrich Hoffmann führte darin die aus der Aufklärung übernommene alte Warngeschichte mit der der Anschauungsgeschichten zusammen und wurde von der zeitgenössischen Kritik auch durchaus auf der heiteren Ebene der Karikatur oder eben der Travestie verstanden. Der *Wegweiser durch die deutschen Volks- und Jugendschriften* aus dem Jahr 1852 urteilt: „Wirklich drollig im hohen Grade, wird von den Kindern verschlungen und erregt immer von neuem Ihre Teilnahme und ihr Lachen" (zit. nach dem Artikel von Inka Friese und Tanja Krämling im Handbuch 4, Sp. 475; vgl. den Artikel von Inka Friese in Hurrelmann 1995, S. 358–378). Erst in der späteren Rezeption gelangte man zur Auffassung des Bösen oder Anarchischen, wobei auch hier die entscheidende Wende im Moment der Autoritätskritik eintrat. In der zweiten Hälfte des 19. Jahrhunderts sah die Erwachsenenwelt das Gefährliche am *Struwwelpeter* darin, dass das Grimassieren ein Ausdruck von Hohn hinter dem Rücken des Erziehers sei und dessen Autorität untergrabe (s. Handbuch 4, Sp. 476).

Gegenüber der Dichotomie von aufklärerischem und romantischem Kindheitsbild wurde als dritte Variante bisher lediglich das Bild des bösen Kindes erwähnt. K. Doderer bietet eine dritte Variante an, ohne sie allerdings für die Klassiker-Diskussion nutzbar zu machen. In Weiterführung der Überlegungen von K. Doderer und H.-H. Ewers liegt nun die Möglichkeit eines allgemeinen Funktionsmodells der Kinder- und Jugendliteratur, insofern sich dieses auf die Klassiker im engeren Sinn bezieht.

Neben Parodie und Travestie zeichnen sich die Klassiker im engeren Sinn durch Formen der intertextuellen Aufarbeitung literarischer Vorbilder aus, die erst in jüngster Zeit entdeckt wurden. B. Hurrelmann entwickelt in ihrer *Heidi*-Interpretation die These, dass Johanna Spyris figurale Vorbilder in Goethes *Wilhelm Meister* zu finden seien. Im Gegensatz zu Goethes Roman sei *Heidi* jedoch ein „Anti-Entwicklungsroman" (Hurrelmann 1995, S. 212). Die Begründung dieses Befundes erläutert Hurrelmann damit, dass die Protagonistin die von ihr geforderte Entwicklungsleistung unterläuft (ebd., S. 202), wobei in der Beschreibung dieses Prozesses auch der Begriff der Entfremdung eingeführt wird:

> „Meine These ist, dass Heidis psychische Krise nicht nur Entwicklungsprobleme von Kindern verbildlicht, sondern auch extreme Entfremdungserfahrungen von Erwachsenen. [...] So steht die Alm für Vertrautheit, Übereinstimmung mit der Welt und sich selbst, Spontaneität und Glück, einen paradiesischen Zustand im religiösen Sinne – Frankfurt für Verlorenheit, Entfremdung, Erstarrung und Sünde" (ebd., S. 203).

In der Interpretation von Kiplings *Dschungelbüchern* zitiert Hurrelmann Kiplings Biographen Angus Wilson, der den Autor mit Stevenson, Barrie und Dickens vergleicht und zu dem Ergebnis kommt, dass Kipling es mehr als diese verstanden habe, kindliche Phantasievorstellungen ins Erwachsenenleben hinüberzuretten (ebd., S. 548). Im Zusammenhang mit dem ebenfalls zitierten Hinweis auf Miltons *Paradise Lost* 1667 (ebd., S. 552) zeichnet sich einmal mehr die Vorstellung ab, Kinderbuchklassiker generell als Kontaminationen von klassischen Vorbildern aus der Weltliteratur zu verstehen. Auch zu Collodis *Pinocchio* wurde schon auf das Vorbild der Commedia dell'Arte verwiesen. B. Dankert vergleicht Emmy v. Rhodens *Trotzkopf* mit Fontanes *Effi Briest*, wobei einmal mehr anzumerken ist, dass Werke wie der *Trotzkopf* nicht zu den Klassikern im engeren Sinn zu zählen sind. In diesem Zusammenhang ist es angebracht, nochmals auf das prinzipielle Kriterium der Singularität zu verweisen. Diese Art der Metamorphose, in der ein klassisches Vorbild durch Kontamination in kindlicher Sicht gegen die Entfremdungsmuster einer modernen Welt ins Spiel gebracht wird, kann einem Autor wohl nur einmal in überzeugender Weise gelingen.

Das Singularitätskriterium signalisiert die entscheidende Differenz zum allgemeinen Klassiker-Begriff. In der Kinderliteratur ist nicht der Autor, sondern das literarische Werk bzw. die literarische Figur der Klassiker, nicht auf Collodi, Spyri oder Hoffmann, sondern auf Pinocchio, Heidi oder den Struwwelpeter ist der Klassiker-Begriff bezogen – und damit auf die einmal gelungene und nicht wiederholbare, immer auch sehr persönliche literarische Bewältigung des Kindheitsthemas. Sobald dieser Vorgang in Serie geht, wird er in sich widersprüchlich und damit unglaubwürdig. Das ist der eigentliche Grund dafür, die Serien von Emmy v. Rhoden über Else Ury bis Enid Blyton, letztlich auch J. K. Rowling, nicht zu den Klassikern im engeren Sinn zu zählen.

Vor dem Hintergrund dieses im internationalen Vergleich erarbeiteten Kinderbuch-Klassiker-Begriffs, der als wesentliches Moment die Infragestellung von Autorität aufweist, indem er die Erwachsenen im Zustand der Entfremdung darstellt, ist mit Blick auf den deutschsprachigen Raum zu fragen, warum hier im gleichen Entstehungszeitraum nur bedingt von Klassikern die Rede sein kann. Gemessen an der Größe dieses Sprach- und Literatur-Raumes ist die Präsenz von Kinderbuch-Klassikern aus der nachromantischen Zeit oder auch der Zeit des Nachmärz bis zur Zeit nach dem Ersten Weltkrieg verhältnismäßig gering und unproportional.

Nach Hoffmanns *Struwwelpeter* aus dem Jahr 1845 ist für Deutschland in der zweiten Hälfte des 19. Jahrhunderts als Klassiker nur Wilhelm Buschs *Max und Moritz* zu nennen, und eben dieses ist eigentlich kein Kinder-, sondern ein „Anti-Kinderbuch" (Hurrelmann 1995, S. 48 ff.). Emmy von Rhoden, die mit ihrer *Trotzkopf*-Serie 1885 begann, fällt aufgrund der Serienhaftigkeit aus diesem Spektrum, noch mehr Karl May, der ziemlich als Einziger auch dadurch aus dem Rahmen fällt, dass seine Identifikationsfiguren Erwachsene sind. So bleibt zu konstatieren, dass der Beitrag Deutschlands zum engeren Ensemble der Klassiker nur sehr gering ist. Waldemar Bonsels *Biene Maja*, im Interpretationsband von B. Hurrelmann erstaunlicherweise nicht aufgeführt, erschien 1912 und widmet sich ebenfalls deutlich erkennbar dem Thema Autorität. Danach folgt in erheblichem Abstand zum Ersten Weltkrieg 1929 Erich Kästners *Emil und die Detektive* als gänzlich neuer Typus des Klassikers: Hier wurde der Autor genauso populär wie seine Figur.

Die Schweiz wird in der postromantischen Periode durch Johanna Spyris *Heidi* repräsentiert. Der Begriff der Singularität erhält mit Blick auf das sprachlich dreigeteilte Nachbarland eine zusätzliche Einschränkung seiner reduzierenden Dimension auf eine einzelne Autorin und ihr scheinbar einziges Werk. Dies konzediert auch Verena Rutschmann in der Einleitung zu dem unter diesem Titel zusammengefassten Sammelband *Nebenan*, der auf eine Tagung in Deutschland 1998 zurückgeht: „‚Schweizer Kinder- und Jugendliteratur' wird im Ausland wohl nach wie vor allem mit Johanna Spyris *Heidi* gleichgesetzt. Dass auch im 19. Jahrhundert noch andere bemerkenswerte Texte für Kinder entstanden, ist weitgehend unbekannt, zum Teil auch in der Schweiz selbst" (Rutschmann 1998, S. 12). Dass diese Reduktion literaturgeschichtlich nicht gerechtfertigt ist, wird in den 19 Beiträgen dieses Buches dokumentiert, dennoch bleiben diese anderen Autoren im Metier der Kinder- und Jugendliteratur unbekannt.

Epochen

In Österreich wird innerhalb der kinderliterarischen Entwicklung des späteren 19. und frühen 20. Jahrhunderts erkennbar, dass das Genre für seine Autoren die Funktion hat, anders als im System der allgemeinen literarischen Entwicklung gegen Autoritätsstrukturen anzuschreiben. Dies bestätigt sich darin, dass faktisch alle in Frage kommenden Autoren – Sealsfield, Stifter, Ebner-Eschenbach, Ginzkey, Sonnleitner, Molnar und Salten – aus den Gebieten der ehemaligen Kronländer (Böhmen, Mähren, Ungarn) immigriert sind und offenbar auf diese Weise das von ihnen in den Erblanden bzw. in der Haupt- und Residenzstadt Wien vorgefundene Kindheitsbild und die damit verbundenen Autoritätsstrukturen in Frage gestellt haben. Der einzige bleibende Kinderbuch-Repräsentant aus den Erblanden (also aus dem Gebiet des heutigen Österreich) – gleichsam die Ausnahme von der Regel – ist Peter Rosegger mit dem 1902 erschienenen Roman *Als ich noch ein Waldbauernbub war*.

Es dürfte kein Zufall sein, dass die Werke, die bis in die Gegenwart als Klassiker der österreichischen Kinderromane gelten und zumindest bis in die Nachkriegszeit auch von Kindern gelesen wurden, von Landsleuten des im Böhmerwald geborenen Adalbert Stifter geschrieben wurden. Das gilt für Marie von Ebner-Eschenbach, geboren in Zdislawitz in Mähren, Franz Karl Ginzkey, Sohn eines sudetendeutschen k.u.k.-Marinetechnikers und für Alois Tluchor (bekannter unter dem Namen A. Th. Sonnleitner), dem Verfasser verschiedener Robinsonaden wie *Höhlenkinder und Hegerkinder*, geboren in Daschitz bei Pardubitz in Böhmen. Mit Rücksicht darauf, dass die Frage nach der Herkunft dieser Klassiker-Autoren generell in die ehemaligen Kronländer führt, ist von einer peripheren Genese der österreichischen Kinder- und Jugendliteratur zu sprechen.

William M. Johnston weist in seiner *Österreichischen Kultur- und Geistesgeschichte* darauf hin, dass Stifter das Erbe des Reformkatholizismus und insbesondere die Ethik Bernhard Bolzanos (1781–1848) in seinen Werken reflektiert, wobei daran zu erinnern ist, dass Bolzano zu den Begründern des Bohemismus gehört, sich also zu einer die Nationen versöhnenden Denkweise bekennt, weswegen er letztendlich sein Lehramt verlor und zwischen 1820 und 1830 unter Polizeiaufsicht gestellt wurde.

Ein ähnliches Schicksal widerfährt einem anderen südmährischen Schriftsteller zu dieser Zeit, dessen Werke bis zum Paradigmenwechsel um 1970 als Klassiker der Jugendliteratur weiterhin aufgelegt werden: Karl Postl, besser bekannt unter seinem späteren, amerikanischen Pseudonym Charles Sealsfield (1793–1864) [Abb. 3.10], geb. in Poppitz in Mähren, floh 1823 als Priester aus dem Prager Kreuzherrenkloster und wurde bald zu einem der meistgesuchten Staatsfeinde. In seinem Pamphlet *Austria as it is* (1828) weist er ausdrücklich auf die Tschechen als auf die in Europa am meisten unterdrückte Nation hin. Dieser Hinweis ist das politische Kalkül dessen, was ihn in seinen Romanen zur Konstruktion eines neuen Abenteurer-Typus veranlasst. Der Despotie seiner österreichischen und insbesondere tschechischen Heimat stellt er das Leben in einer freiheitlichen Welt gegenüber, das allerdings im Unterschied zu seinem Vorbild J. F. Cooper weniger romantisch und vielmehr von den harten Strapazen gekennzeichnet ist, denen sich der Jäger in der Natur ausgesetzt fühlt und in denen er sich zu bewähren hat. Sealsfields Schriften fanden von Beginn an bis in die Gegenwart als „Jugendschriften" Verbreitung, wenngleich sein Pamphlet aus dem Jahr 1828 in Österreich bis 1919 offiziell verboten war.

In Stifters Theorie vom „Sanften Gesetz" manifestiert sich in einem dialektischen Ansatz eine revolutionäre Anthropologie, in der die Spannung zwischen Mensch und Natur auf neue Weise herausgearbeitet und gleichzeitig aufgehoben wird. Im Wirken dieses Gesetzes sollte das Vertraute fremd, das scheinbar Nahe fern, das von ferne Schöne in der Nähe schrecklich erscheinen. Zu betonen ist jedoch, dass es sich immer um Kinderfiguren handelt, denen diese Erfahrungen zuteil werden, weil eben nur durch die Kunstfigur des Kindes diese neue Herangehensweise für Stifter vermittelbar war. Die Kinder in *Kalkstein* (urspr. *Der arme Wohltäter*, 1848) sowie der Knabe in *Granit* (urspr. *Die Pechbrenner*, 1849) repräsentieren eine ontologische Wende, die zeitgleich mit Stifters Wechsel von seinem latent politischen zu seinem pädagogischen Selbstverständnis verläuft. Ein Satz aus der ersten (*Granit*) der sechs Erzählungen, die alle von Kindern handeln, lautet: „Die Kinder liebten ihre Eltern nicht mehr und die Eltern die Kinder nicht [...]". Stifter nimmt damit Bezug auf die Zeit der Pest. Aus der Sicht der allgemeinen literarischen Situation dieser Zeit kann jedoch angenommen werden, dass diese Äußerung des Literaten und Erziehers Stifter auch als eine Diagnose der von ihm sehr genau registrierten Erziehungssituation in diesem Land zu lesen ist, in dem er als auswärts Geborener nur mit Mühe und gegen viele Widerstände sein erzieherisches Konzept zu verwirklichen versuchte. Festzuhalten ist, dass sich gegenüber seinen vorangegangenen Studien der Rückzug aus geschichtlichen und gesellschaftlichen Themen deutlich abzeichnet. Moriz Enzinger, einer der namhaftesten Stifter-Forscher, hebt dies in seiner Darstellung hervor: „Es bleibt in dem [...] Werk *Bunte Steine* vom Menschen fast nichts anderes übrig als das erste Stadium seiner Entwicklung, das Kind" (Enzinger 1968).

Allerdings ist in diesem Zusammenhang einzuräumen, dass Stifters Sammlung *Bunte Steine* weder zur Zeit des Erscheinens noch später noch heute als Kinderliteratur zu betrachten ist, weil sie ihres ästhetischen Anspruches und ihrer literarischen Komplexität wegen von Kindern nicht gelesen wurde und wird. Nichtsdestoweniger ist diese Sammlung als die literarische Antwort auf ein in mehreren Generationen entwickeltes Kind-

3.10   3.11   3.12

heitsbild zu verstehen, wie es sich in den Stifter vermutlich bekannten kinderliterarischen Schriften seiner Zeit herauskristallisierte.

Die Fortführung der Kindheitsthematik nach Stifter vollzieht sich zunächst im Werk der Marie von Ebner-Eschenbach (1830–1916), Tochter eines Freiheitskämpfers, mit entsprechender Sensibilität für Nationalitätenkonflikte, die als Hintergrund für ihre Kindergeschichten mitzubedenken sind. Ähnlich wie Stifter verfasste sie ein von ihr selbst so genanntes Buch für die Jugend [Abb. 3.11], in dem sie die Geschichten *Der Fink, Die Spitzin und Krambambuli* vereint. Vor allem ihr Roman *Das Gemeindekind* ist als Weiterentwicklung des Stifterschen Ansatzes zu sehen, in dem – weniger verschlüsselt als in den Tiererzählungen – die soziale Ungerechtigkeit, wie sie Kinder erfahren haben, Charles Dickens durchaus vergleichbar, thematisiert wird. Darüber hinaus ist Marie von Ebner-Eschenbach eine der meistvertretenen Autorinnen in zeitgenössischen Jugendzeitschriften.

Ebenfalls ein Immigrant – wenngleich aus Ungarn – ist Felix Salten (1869–1947), der Schöpfer der weltweit bekannt gewordenen Kinderbuchfigur *Bambi* [Abb. 3.12]. Auch er kann mit seinen Tiererzählungen hier nur am Rande erwähnt werden und ist in der Nachfolge der Tierdichtungen der Marie von Ebner-Eschenbach zu sehen. Als Bestätigung der peripheren Genese der Kindheitsthematik bleibt noch auf einige große Autoren zu verweisen: Rainer Maria Rilke, Robert Musil, schließlich auf den Adoleszenzroman *Der Schüler Gerber* (1930) [Abb. 3.13] von Friedrich Torberg. Zu seiner Zeit mindestens ebenso bekannt und beliebt waren die Robinsonaden des aus Böhmen nach Wien immigrierten A. Th. Sonnleitner

[Abb. 3.14], die seit den 1920er-Jahren bis in die Gegenwart neu aufgelegt wurden.

Der wohl bedeutendste Illustrator der österreichischen Kinderliteratur, Ernst Kutzer (1880–1950), stammte ebenfalls aus Böhmen. Manch weitere Namen böhmisch-mährischer Immigranten wären zu nennen, die freilich kaum mehr als Klassiker in Erinnerung sind, wenngleich sie die österreichische Jugendliteratur ihrer Zeit prägten: So etwa Leo Smolle (1848–1920), der in Böhmen und Mähren als Schulrat wirkte und dessen *Prinz Eugen* (1913) ein Beispiel für das damalige patriotische Schrifttum ist, Hans Watzlik (1879–1948), der als Nachfahre Stifters der Landschaft des Böhmerwaldes verbunden war und dessen Märchenbücher auch nach dem Ende der Monarchie Verbreitung fanden, sowie der ebenfalls aus Böhmen gebürtige Märchendichter Anton Haubner (1879–1961).

Die Kindheitsbilder in all den hier genannten Werken lassen sich wohl kaum auf einen Nenner bringen. Auffallend ist jedoch die österreichische Variante: Sie zeigt sich in der Verschmelzung der Idee des Gottesgnadentums mit der Botschaft aus dem 4. Gebot, „Du sollst Vater und Mutter ehren …". Das Drama *Das vierte Gebot* (Wien 1878, Freie Bühne Berlin 1890) von Ludwig Anzengruber, dem Wegbereiter naturalistischer Dichtung, der übrigens mit Peter Rosegger wegen dessen kinderliterarischen Engagements in Fehde lag, ist als ein entschiedener Appell gegen diese Entfremdungsvariante zu werten, die im wilhelminischen Deutschland wohl unter anderen Vorzeichen aufgenommen wurde.

3.4 Moderne und Gegenmoderne

3.4.1 Jugendbewegung vom Fin de Siècle bis zum Ende der Monarchie

Bei Robinson und Telemach, die als Figuren in der Literatur für Heranwachsende im 19. Jahrhundert omnipräsent sind, handelt es sich um ursprünglich literarische Stoffe, die in der Kinder- und Jugendliteratur zunehmend Motivcharakter erhalten. Mit der Figur des Ödipus und der psychoanalytischen Thematisierung derselben durch Sigmund Freud kommt nun an der Wende zum 20. Jahrhundert eine dritte wichtige, genealogisch akzentuierte Figur dazu, wodurch das Genre um eine grundsätzlich neue genealogische Motivkonstellation ergänzt wird.

Die Jugendschriftenbewegung im letzten Jahrzehnt des 19. Jahrhunderts ist Teil der Kunsterziehungsbewegung, welche in der Kulturkritik von Friedrich Nietzsche, u.a. auch Julius Langbehn (*Rembrandt als Erzieher –* anonym 1890) wurzelt. „Erziehung zur ästhetischen Genussfähigkeit" war die Gegenbewegung zu den „Verfallserscheinungen" der Jahrhundertwende,

3.13   3.14

der materialistischen Einstellung der Gründerjahre, einer Zeit, die auch als „Maschinenzeitalter" bezeichnet wurde. Kunst sollte möglichst von frühesten Kinderjahren an erfahren werden. Unter den zahlreichen Vereinen, Organen und Verlagen, die dieses Ziel verfolgten, sind *Der Kunstwart* (ab 1887) sowie der *Dürerbund* (ab 1903) – beide gegründet und geleitet von F. Avenarius – hervorzuheben. Die Propagierung ihrer Ideen im Schulbereich erfolgte durch A. Lichtwark in Hamburg, mit ihm zusammen später H. Wolgast. Im Gegensatz zum herkömmlichen Deutschunterricht (Herbart) – dem Deklamieren und Auswendiglernen – wurde u. a. der „Erlebnisaufsatz" eingeführt. Das herkömmliche Lesebuch erfuhr zunehmend Kritik und sollte durch die Ganzschrift ersetzt werden. Die Bewegung wurde nach 1945 sowohl von der damaligen Westzone als auch von der SBZ relativ unkritisch aufgegriffen, 1955 auch in Österreich durch Richard Bamberger in seiner *Jugendlektüre*. Nachwirkungen zeigten sich noch in der Lesebuchdiskussion Ende der 1950er Jahre bzw. im „kritischen Deutschunterricht" (H. Helmers, M. Dahrendorf u. H. Ivo) bzw. „Bremer Kollektiv".

Der offizielle Beginn der Jugendschriftendiskussion ist das Jahr 1893 mit der Begründung der Zeitschrift *Jugendschriften-Warte*, die in veränderter Form bis heute weitergeführt wird. Ihre Ziele waren die Bekämpfung der trivialen Massenliteratur und die Verbreitung qualitativ besserer Literatur. 1896 gab Wolgast seine Kampfschrift *Das Elend unserer Jugendliteratur* heraus, worin er v. a. seine Kritik an den marktbeherrschenden Tendenzen der Kinder- und Jugendliteratur formulierte. Die einseitige Konzentration auf den Text und seine Ästhetik, in der die wenn auch quantitativ (noch) nicht so im Vordergrund stehenden illustratorisch-künstlerischen Qualitäten der Kinder- und Jugendliteratur eher wenig beachtet wurden, hatte zur Folge, dass in der der Jugendschriftenbewegung folgenden Entwicklung die durchaus vorhandenen heiteren, ironischen und skurrilen Momente hintangestellt wurden. In diesem Zusammenhang ist auf das 2008 erschienene Werk *Die bunte Welt* von Friedrich C. Heller zu verweisen, der sich in seinem umfangreichen Kompendium ausführlich mit der künstlerischen Illustration österreichischer Kinderbücher zwischen 1890 und 1938 befasst.

Die Jugendschriftenbewegung entwickelte sich in der Folge zunehmend als Teil der sozialdemokratischen Pädagogik, wandte sich gegen die herkömmliche spezifische Kinder- und Jugendliteratur und wollte den Zugang zur dichterischen Literatur demokratisieren. H. L. Köster betonte die Wichtigkeit, erschwingliche Ausgaben anspruchsvoller Literatur zu verbreiten. A. Lichtwark hingegen meinte, dass Jugendschriften so gestaltet sein sollten, dass auch Erwachsene sie mit Interesse lesen können. Bei der Auswahl geeigneter Literatur operierte H. Wolgast mit ästhetischen Kategorien – Ellen Key wollte in ihrem bahnbrechenden Werk *Das Jahrhundert des Kindes* eher subjektive Lesebedürfnisse von Kindern fördern. Beiden gemeinsam ist die Auffassung, dass die kindliche Aufnahmefähigkeit prinzipiell unbegrenzt ist. William Lottig wiederum prägte den Begriff der „Dichtung vom Kinde aus".

Eine weitere Differenz besteht zwischen Wolgasts Forderung der Tendenzfreiheit der Kinder- und Jugendliteratur und den Befürwortern einer sozialistischen Orientierung wie später Clara Zetkin und Karl Kautsky. Die „klassenkämpferische" Ausrichtung wurde von der „Schonraum"-Pädagogik abgelehnt. Auf breiterer Basis setzte sich die Meinung nach Wolgast durch, dass v. a. die überlieferte Dichtung für die proletarischen Kinder geeignet sei. Der „vaterländische" Einfluss führte dazu, dass Teile der Jugendschriftenbewegung vor der Übermacht der nationalistischen und militärischen Ideologien kapitulierten (Wilhelm Fronemann). Eine weitere Facette insbesondere im Zusammenhang mit der Betonung der Tendenzfreiheit war die „Schmutz und Schund"-Diskussion, „Schmutz" als Bezeichnung für moralische Unterwertigkeit (Inhalt) und „Schund" für die mangelnde literarische Ästhetik (Form). Diese Debatte wurde zu einem guten Teil von dem 1887 erschienenen Kunstwart des Dürerbundes (Ferdinand Avenarius) bzw. von der Zeitschrift *Die Hochwacht* (Karl Brunner) geführt. Aus der Debatte über die „Dichtung vom Kinde aus" entwickelte sich die Diskussion über Lesealtersstufen; selbst Wolgast wollte „hohe Literatur"-Lektüre Kindern erst ab dem 12. Lebensjahr zumuten. In der Aufstellung, die Leopold Köster 1912 im Rahmen des Dürerbundes vornahm und herausgab, nannte er eine Fülle von Werken der allgemeinen Literatur, darunter

Autoren wie Peter Rosegger, Theodor Storm und Marie von Ebner-Eschenbach. Es entsteht mithin der Eindruck, dass ein bestimmter Kanon der allgemeinen Literatur zur Jugendliteratur wird.

Als Begleiterscheinung der weit gefächerten Jugendschriftendiskussion ist zu sehen, dass nun namhafte Künstler und Literaten wie Wilhelm Busch, Christian Morgenstern und Joachim Ringelnatz bzw. Paula und Richard Dehmel ihre Werke in einer Weise an die Jugend adressierten, in der die Verfremdung und das Groteske eine besondere Rolle in Bezug auf Doppelsinnigkeit spielten. Ein übergeordneter Aspekt zur Beurtei-

3.15

lung dieser Werke ist in diesem Zusammenhang erneut der Begriff der Autorität bzw. Autoritätskritik und der antiautoritären Pädagogik, unter dem etwa die Bildergeschichten von Wilhelm Busch, aber auch die realistischen Umweltgeschichten von Peter Rosegger [Abb. 3.15] zu sehen sind. Beiden sonst so verschiedenen Varianten kinderliterarischen Schaffens ist gemeinsam, dass sie sich gegen eine „Heile Welt"-Pädagogik richten. Sowohl in der Skurrilität von Busch als auch in der Authentizität von Rosegger wird die Selbstsicherheit des kleinbürgerlichen Lebens in Frage gestellt und werden Klischees aufgebrochen: Die scheinbar glückselige Welt der kleinen Leute – und damit auch die der Kinder – wird als existenzbedrohend und -vernichtend dargestellt.

Peter Roseggers Positionierung im Schnittfeld zwischen allgemeiner und Kinder-Literaturgeschichte lässt sich auch darauf zurückführen, dass er ein Verehrer Adalbert Stifters war, mit dem er in einer Frühphase den gleichen Verlag (Heckenast) teilte, dass ihn der befreundete Ludwig Anzengruber wegen seines jugendliterarischen Engagements verspottete und dass er, hinsichtlich seiner komplexen Einstellung zur Judenfrage, mit Berthold Auerbach befreundet war. Exemplarisch für die ambivalente und durchaus reflektorische Haltung kann aus seinem in der Jugendschriftenbewegung umfangreich rezipierten Werk auf die Erzählung *Wie ich mit der Thresel ausging und mit dem Meischel heimkam* verwiesen werden.

Wie Bruno Bettelheim wiesen auch andere mehrfach darauf hin, dass die Psychoanalyse – und damit einhergehend die neue Auffassung von „Kindheit" – nicht zufällig in Wien entstand. Dies sollte Anlass sein, den

Kindheitsdiskurs der Jahrhundertwende, wie er in der Haupt- und Residenzstadt des Habsburgerreiches geführt wurde, als Ergänzung, wenn nicht als Gegenbewegung zur Jugendschriftenbewegung zu sehen. Es handelt sich dabei um zwei in der Theoriediskussion offenbar völlig getrennt rezipierte Diskurse, deren Gleichzeitigkeit und thematische Ähnlichkeit jedoch einen Vergleich rechtfertigt.

Freuds Erforschung der infantilen bzw. präpubertären Sexualität führte sehr bald dazu, die psychoanalytische Theorie auf literarische Werke anzuwenden und v. a. Lesestoffe wie Märchen, Mythen und Sagen unter diesen Aspekten zu analysieren. Was bei Wolgast ausgespart bleibt – nämlich die Gründe für das kindliche Interesse an ästhetisch minderwertigen literarischen Gegenständen –, wird hingegen zum wichtigen Gegenstand der psychoanalytischen Argumentation in Bezug auf die Lesesozialisation. Die kindliche Rezeption von Literatur wird – wenn nicht als „Königsweg" (als Traum), so doch – als Nebenpfad zum Unbewussten entdeckt (vgl. Freuds Aufsatz über *Märchenstoffe in Träumen*, 1913). Freud und seine Schüler und Schülerinnen – Georg Groddeck (*Struwwelpeter*-Untersuchung), Siegfried Bernfeld, Wilhelm Hoffer, Käte Friedländer oder Hans Zulliger – wenden sich damit gegen das entsexualisierte harmonische Kindheitsbild der reaktionären Psychologie und damit zugleich gegen die reaktionäre Pädagogik. Entwickelt Freud das Kindheitsbild unter dem Aspekt der Trieboffenheit, so ist es bei Wolgast jener der Kunstoffenheit. Der verbindende Gedanke zwischen beiden Positionen ist in der (psychoanalytischen) Auffassung zu sehen, dass Kunst im Wesentlichen als Sublimierung von Trieben zu verstehen ist.

Am Rande sei erwähnt, dass die Wolgast-Rezeption nach 1945 sowohl in West- als auch in Ost-Deutschland durchaus differenziert und kritisch erfolgte, während Richard Bamberger – der Begründer des „Österreichischen Buchklubs der Jugend" – in seinem Standardwerk *Jugendlektüre* (1955) geradezu emphatisch an die norddeutsch-protestantische Position anknüpfte und sehr erfolgreich die Meinung propagierte, die österreichischen Lehrer könnten sich als Erben Wolgasts verstehen. Mit diesem anachronistischen Selbstverständnis jedoch verdeckte und verdrängte er die tatsächliche Auseinandersetzung mit der historischen Entwicklung des Genres und ihren theoretischen Positionen in Österreich.

Auf zwei herausragende Repräsentanten des Genres gegen Ende der Monarchie sei nochmals verwiesen: Franz Karl Ginzkey und Franz Molnar, beide aufgrund ihrer Herkunft aus den Kronländern beispielhaft für die „periphere Genese" der österreichischen Kinder- und Jugendliteratur.

Ginzkey wurde 1871 in Pula (Kroatien) als Sohn eines Marinebeamten geboren. Sein Großvater war ein aus Böhmen stammender Weber. Als prägendes Charakteristikum seiner Kindheit bezeichnete Ginzkey die

Mutterlosigkeit. Aus dem damit einhergehenden Gefühl der Einsamkeit flüchtete er in die Welt der Bücher. Frühe Gedichte wurden in der Zeitschrift *Heimgarten* von Peter Rosegger veröffentlicht. Mit der Arbeit an *Hatschi Bratschis Luftballon* begann Ginzkey schon 1901; geplant war ursprünglich eine Art Märchenepos in zwölf Bildern für kleine Kinder. Über den Erfolg gerade dieses „Klassikers", der sich zumindest in Österreich bis in die Gegenwart der Beliebtheit erfreut, kann nur gemutmaßt werden. Gründe liegen gewiss auch in der Biographie des Autors, aus der hier einige Schlaglichter genannt werden sollen:

Hatschi Bratschi wurde nach seiner Erstveröffentlichung u. a. von Stefan Zweig wohlwollend angenommen. Ginzkeys politische Haltung in der Ersten Republik gegenüber dem Nationalsozialismus war zunächst eine skeptische, spätestens ab 1933 war er jedoch Sympathisant. 1933 verließ er den PEN-Club wegen der dort formulierten Resolution gegen die Bücherverbrennungen im Deutschen Reich. Ginzkey erhielt das Ehrendoktorat und wurde 1934 Staatsrat im austrofaschistischen Ständestaat. 1936 trat er dem „Bund deutscher Schriftsteller Österreichs" bei, dessen Ziele die „Entjudung" und die „Arisierung" der österreichischen Literatur waren. 1938 bekannte er sich offiziell zum Nationalsozialismus.

Der Protagonist in *Hatschi Bratschis Luftballon* ist der kleine Fritz, der ohne Erlaubnis seiner Mutter im Garten spielt und von einem „Zauberer aus dem Morgenland" in einem Ballon entführt wird, der noch mehrere Kinder einzufangen beabsichtigt. Nachdem der Zauberer aus dem Ballonkorb gestürzt ist, fliegt Fritz allein weiter, erlebt aus der Vogelperspektive diverse Abenteuer, gelangt ins Morgenland, wo er die gefangenen Kinder befreit, sie alle nach Hause zurückführt und dort zumindest von seiner Mutter – die bei Ginzkey im Gegensatz zur Vaterfigur stets gütig ist – mit Freude empfangen wird.

Das Werk erschien als eines der frühesten Bücher des von Peter Rosegger geförderten Autors. Neben der zweifelhaften, eher „schwarzen" Pädagogik dieses Bilderbuches sollte man aber seine anderen Kinderbücher sowie seine autobiographischen Schriften mit Kindheitsbezügen, *Der Heimatsucher* und *Die Reise nach Komakuku*, nicht vergessen. Gewiss ist sein *Hatschi Bratschi* als Kontamination zu sehen. Inwiefern das Werk – ähnlich wie Heinrich Hoffmanns *Struwwelpeter* – von ironischer Überzeichnung zeugt, wodurch sich seine Beliebtheit sowohl bei den vermittelnden Eltern als auch bei den Kindern erklärte, bei denen er „Angstlust" auslöst (Hengst, S. 58 ff.), mag hier allerdings dahingestellt bleiben. Erwähnenswert ist die nicht nur zeitliche Nähe zu Paula und Richard Dehmels *Fitzebutze*. Beide Werke wurden mit der Absicht geschrieben, der Zählebigkeit des *Struwwelpeter* ein neues, zeitgemäßes Werk entgegenzusetzen.

Weniger bekannt, jedoch interpretatorisch nicht minder verlockend ist *Florians wundersame Reise über die Tapete* (1928). Der Protagonist Florian träumt sich in die Landschaft einer neuen Tapete, fährt dort mit Wurstel, Dackel und Papagei auf einer Spielzeugeisenbahn, begegnet Räubern, einem armen Knaben, der sich in einen Prinzen verwandelt, und schließlich soll Florian die Prinzessin heiraten, die mit Hilfe des vergrößerten Dackels befreit wurde. Vor allem der Schluss – er wacht auf und erkennt, dass alles nur ein Traum war – erinnert an Grillparzers *Der Traum ein Leben*. Darüber hinaus bzw. damit im Zusammenhang jedoch sollte Ginzkeys Werk (u. a. auch sein *Träumerhansl* [Abb. 3.16]) insbesondere unter den Aspekten der in seiner Zeit entstandenen und das Kindheitsbild prägenden psychoanalytischen Traumdeutung gesehen werden.

Franz Molnars (1878–1952) Roman *Die Jungen der Paulstraße* (1907) ist zuletzt 1978 in der Reihe „Wiedergefunden" des Styria-Verlages – mit Nachworten von György Sebestién und Hans Weigel – neu aufgelegt worden. Allein diese Tatsache lässt den Klassikerstatus erkennen, mit der Wahl des Verlages allerdings auch die gänzliche Abkoppelung der neueren kinderliterarischen Szene gegenüber ihren Klassikern. Der Roman gehört mit zu jenen Vorbildern, in denen nicht ein Protagonist, sondern ein Kinderkollektiv das Geschehen bestimmt.

Molnar schildert in seinem Roman den Kampf zwischen zwei rivalisierenden Gruppen (altersmäßig zwischen Kinder- und Jugendalter) um einen unbenutzten Bauplatz am Stadtrand von Budapest, der ihr Spielplatz ist. Der Ort der Handlung ist seine Heimatstadt bzw. die Stadt seiner Kindheit. Eine Gruppe von Jungen mit sehr unterschiedlichen Charakteren übt sich auf einem Bauplatz im militärischen Spiel. Die vordergründige Handlungsebene, auf der die Jungen vom „Vaterland" sprechen, womit sie ihren Spielplatz meinen, verweist auf zeitgenössische nationale und politische Spannungen und damit wiederum auf eine Metaebene der Handlung. Molnars Konzept eröffnet aber von Beginn an eine weitere Ebene: Der kindlichen Illusion – dass immer alles so bleibt, wie es ist – steht die Macht oder Autorität des Faktischen gegenüber, der zufolge sich jedes Sosein der Kindheit nicht zuletzt durch die materiellen Interessen der Erwachsenen (hier geschäftlich-spekulatives Interesse an dem Areal, das den Kindern als Spielplatz dient) radikal verändert. Durch den Vaterlandsbezug wird noch eine zusätzliche „Realitäts"- Ebene eingebracht, die zwar außerhalb der Perspektive der kindlichen Protagonisten liegt, jedoch aus der Sicht des auktorialen Erzählers einfließt: die Realität der österreichisch-ungarischen Monarchie und ihres Militarismus am Beginn des 20. Jahrhunderts. Der Kampf der (Kinder- bzw. Jugend-) Gruppen entspricht einem Kampf gegen die Entfremdung durch die Erwachsenenwelt und wird dadurch zur Form einer Ästhetik des Widerstands. Ihre Legitimation speist sich aus der moralischen Autonomie von Kindheit.

Epochen

3.16

3.4.2 Gattungswandel in der Neuen Sachlichkeit

Die in Österreich auch auf das Schaffen von Autorinnen der Literatur für Kinder und Jugendliche konzentrierte Frauenbiographieforschung (vgl. v.a. Susanne Blumesberger, im Rahmen des Projektes *biografiA, biografische datenbank und lexikon österreichischer frauen* am Institut für Wissenschaft und Kunst) hat in den letzten Jahren völlig neue Ergebnisse insbesondere für die Jahre der Ersten Republik hervorgebracht. Es ist dies eine Zeit, die in den ersten Ansätzen einer Geschichtsdarstellung zur Kinder- und Jugendliteratur, wie sie Richard Bamberger in seiner *Jugendlektüre* (1955) vorgetragen hat, fast völlig verdrängt bzw. ausschließlich auf die Schulreform der Wiener Sozialdemokratie reduziert dargestellt wurde. Dies gilt auch noch für den Österreich-Artikel, ebenfalls aus der Feder Bambergers, im *Lexikon der Kinder- und Jugendliteratur* Band 2 (1984). Eine erste von Bamberger sich abhebende zusammenfassende Darstellung der beiden Jahrzehnte zwischen 1918 und 1938 liegt mit dem Aufsatz von Viktor Böhm in der *Geschichte der österreichischen Kinder- und Jugendliteratur* vor (Ewers/Seibert bzw. Böhm 1997), aber auch hier fehlen wesentliche Namen. Die Reduktion ist um so befremdlicher, als sich für diesen Zeitraum festhalten lässt, dass das Verhältnis in der Popularität von Werk und Literaturschaffenden sich wieder umzukehren beginnt, d.h. wir haben es mit durchaus namhaften Autorinnen und Autoren zu tun, deren Werke allerdings ziemlich in Vergessenheit geraten sind.

Die erst jüngst in Angriff genommene Beschäftigung etwa mit Auguste Lazar (1887–1970) und ihrem jugendliterarischen Werk, die in Österreich fast vierzig Jahre nach ihrem Tod erstmals stattfindet, steht in engem Zusammenhang mit ähnlichen bereits durchgeführten und zum Teil auch schon publizierten Projekten zu Helene Scheu-Riesz [Abb. 3.17], Alex Wedding, Hertha Pauli und Adrienne Thomas. Diese unter dem Titel *Kinderbücher zwischen den Kriegen* eher plakative und daher nur bedingt zutreffende erste Zusammenfassung (vgl Seibert 2007 in: lili 25/26, S. 21–23) bedarf der Erweiterung sowohl in personeller als auch zeitlicher Hinsicht. Der intellektuelle Beitrag dieser Autorinnen, denen Auguste Lazar als kongeniale Mitstreiterin zuzurechnen ist, besteht darin, dass sie sich auf jeweils besondere Weise um die Fortschreibung eines Genres bemüht haben, das angesichts der Zeitumstände vor besonderen Herausforderungen stand.

Wenn die Frauenbiographieforschung – wie erwähnt – hier neue methodische Zugänge eröffnet hat, dann kommt ein solches Verdienst der in Österreich ebenfalls noch jungen Exilforschung zu. In einer Geschichte der Literatur für Kinder und Jugendliche wird es jedoch künftig darum gehen, bei allen Verdiensten der genannten Spezialdisziplinen nicht in Fokussierungen zu verharren, die dem Gegenstand nur bedingt gerecht werden. Zu erwähnen wäre etwa, dass für die in Salzburg als Margarete Bernheim geborene Alex Wedding und für die in Wien geborne Auguste Lazar der Begriff der Exilliteratur nur am Rande identitätsstiftend ist, dass vielmehr diese beiden Autorinnen als Wegbereiterinnen einer sozialistischen Kinderliteratur in der DDR zu sehen sind und nicht zuletzt auch deswegen von der österreichischen Literaturforschung, aber auch von der österreichischen Kinderbuchforschung die längste Zeit übersehen wurden.

Alex Wedding und Auguste Lazar haben in ihrem Exil Entfaltungsmöglichkeiten gefunden, die sie in ihrem Herkunftsland nicht hätten entwickeln können. Dennoch sind auch diese beiden Literaturschaffenden im Hinblick auf das Lebensproblem Exil völlig unterschiedliche Persönlichkeiten. Bei Alex Wedding hat man den Eindruck, dass sie ihr Schaffenspotential aus dem Ausloten der Möglichkeiten in ihrer neuen Heimat gefunden hat und ihre Herkunft im Laufe ihres literarischen Schaffens fast völlig zurückgedrängt hat. Darüber hinaus wurde Wedding sozusagen zur Internationalistin – sowohl in ideologischer Hinsicht, als auch in Begleitung ihres Mannes, des Schriftstellers und Diplomaten Franz Carl Weiskopf mit Aufenthalten u. a. in China und in Afrika, die sie auch kinderliterarisch gestaltete. Bei Auguste Lazar hingegen zeichnet sich ab, dass sie ihr Schreiben aus der Spannung zwischen ihrer alten Heimat Wien und den neuen Heimaten (Dresden, England und Kopenhagen/Dänemark bzw. Stockholm/Schweden) entwickelte und gedanklich immer eng mit ihrer Familie, v. a. mit ihrer Schwester Maria Lazar verbunden geblieben ist, was aus ihrer Autobiographie *Arabesken* (1957) hervorgeht.

Wir haben es in Bezug auf diese Zeit mit einer Schnittmenge von Forschungsfeldern zu tun, bei der sich Frauenbiographie- und Exilforschung, die Erforschung der jüdischen Literatur und Gattungsforschung überschneiden. Es ist gewiss nicht förderlich, die Gattungsfrage auf den Begriff „Proletarische Kinderliteratur" zu reduzieren, wenngleich dies fraglos jene Gattung ist, die sich in dieser Zeit am deutlichsten entwickelt hat. Der literarhisto-

Konegens Kinderbücher
herausgegeben von
72 Helene Scheu-Riesz und Eugenie Hoffmann 72
Künstlerische Leitung: Gustav Waltaschek

Märchen aus dem All

Von

Helene Scheu-Riesz

Konegens Jugendschriftenverlag
Ges. m. b. H.
Wien und Leipzig

3.17

rische Rahmen der Literatur für Kinder und Jugendliche dieser Zeit ist der Begriff der „Neuen Sachlichkeit" – eine Zuordnung, die für die Interpretation des Genres von großem Interesse ist: Immerhin wird in der Riege der meistgenannten Literaturschaffenden dieser Zeit im Umfeld der allgemeinen Literaturgeschichte zumindest ein Kinderbuchautor immer wieder genannt: Erich Kästner.

Wenn man als Charakteristika der „Neuen Sachlichkeit" die Idealisierung der modernen Technologie, die übersteigerte Amerikabegeisterung und die fehlende Fähigkeit zur Analyse (vgl. Stichwort Literatur, S. 317) ins Spiel bringt, ist allerdings festzustellen, dass ein Gutteil der für Kinder und Jugendliche geschriebenen Literatur aus dieser Zeit nur bedingt als neusachlich zu bezeichnen ist, vielmehr diesen Tendenzen entgegenwirkt, und zwar keineswegs nur in einem traditionalistischen, sondern auch in einem kritischen Sinn. Insbesondere die „fehlende Fähigkeit zur Analyse" trifft nicht zu; bei den avantgardistischen Kinder- und Jugendbüchern kann man tatsächlich von einer analytischen Literatur im weitesten Sinne sprechen.

Gudrun Wilcke (d. i. Gudrun Pausewang) hat mit ihrer Dissertation *Vergessene Jugendschriftsteller der Erich-Kästner-Generation* (1999) einen sehr treffenden Titel gefunden. Sie geht davon aus, dass die Bedeutung Erich Kästners für die Jugendliteratur in jüngerer Zeit immer mehr relativiert wird und dass zeitgenössische Autoren deshalb allmählich wieder aus seinem Schatten heraustreten. Unter den elf von ihr behandelten Kinder- und Jugendliteratur-Schaffenden sind insgesamt fünf Männer, insgesamt drei aus Österreich: Friedrich Feld [Abb. 3.18], Alma Holgersen und Anna Maria Jokl [Abb. 3.19]. Friedrich Feld war als Journalist bei der *Arbeiter Zeitung* in Wien tätig. Seine Flucht 1934 führte ihn zunächst nach Prag, dann nach London, von wo aus er nur selten nach Österreich zurückkam. Anna Maria Jokl kam 1927 nach Berlin, nach mehreren Zwischenstationen dann 1965 nach Jerusalem. Ausführlich befasst sich Wilcke mit dem Roman *Die Perlmutterfarbe*, den sie mit Kästners *Das fliegende Klassenzimmer* vergleicht. Insbesondere in Bezug auf die österreichischen Autoren wird die dringende Empfehlung nach Neuauflagen einiger Werke betont.

In einer Übersicht über die allgemeine Literatur dieser Zeit lässt sich eine deutliche Tendenz zur Thematisierung von Kindheit und Jugend feststellen, eine Ausprägung von Kinder- und Jugendfiguren, die allerdings in der Interpretation meist nicht als solche gesehen werden.

1922 Hans Carossa: *Eine Kindheit*
1923 Max Mell: *Das Apostelspiel*
1926 Ferdinand Bruckner: *Krankheit der Jugend*
1929 Erich Maria Remarque: *Im Westen nichts Neues*
1931 Erich Kästner: *Fabian*
1931 Werner Bergengruen: *Das Zwieselchen*
1937 Ödön von Horvath: *Jugend ohne Gott*
1938 Heimito von Doderer: *Ein Mord, den jeder begeht*
1941 Bertolt Brecht: *Mutter Courage und ihre Kinder*
1947 Wolfgang Borchert: *Draußen vor der Tür*
1948 Ilse Aichinger: *Die größere Hoffnung*
1948 Georg Kaiser: *Das Floß der Medusa*
1948 Bertolt Brecht: *Der kaukasische Kreidekreis*

Mit nochmaliger Betonung der Transaktionsanalyse als adäquater Methode literarischer Interpretation (s. o.) – der Unterscheidung von Kindheits-Ich, Eltern-Ich und Erwachsenen-Ich – ist festzustellen, dass sich dieses Ausweichen vor dem Befund einer Ballung von Protagonisten in kindlichem oder jugendlichem Lebensalter als methodisches Defizit, als interpretatorische Kindheitsverweigerung abzeichnet. Alle genannten Werke sind zu ihrer Zeit (auch) aus der Perspektive des Kindheits-Ich geschrieben worden und damit eng verbunden mit der Literatur für Kinder und Jugendliche.

Eng ist die auch biographisch bedingte Verflechtung zwischen Horvaths *Jugend ohne Gott* und dem Roman *Jugend nachher* (1959), gleichsam eine Fortschreibung der mit Horvath befreundeten Hertha Pauli. Zu den „[v]ergessene(n) Jugendschriftsteller(n) der Erich-Kästner-Generation", wie

3.18   3.19   3.20

Gudrun Wilcke jene Literaturschaffenden nennt, die gleichsam kinder- bzw. jugendliterarische Schlüsseltexte für ihre Zeit geschaffen haben, wäre mit Erweiterungen durch den Blick auf Österreich bzw. auf österreichische Herkunft und in verdeutlichender Gegenüberstellung von weiblicher und männlicher Autorschaft zu nennen:

1869–1939	A.Th. Sonnleitner	
1869–1945	Felix Salten	
1871–1963	Franz Karl Ginzkey	
1880–1970		Helene Scheu-Riesz
1883–1951		Hermynia Zur Mühlen [Abb. 3.20]
1884–1949	Béla Balász	
1887–1939?		Alma Johanna Koenig
1887–1970		Auguste Lazar
1887–1980		Adrienne Thomas
1892–1953	Siegfried Bernfeld	
1896–1976		Alma Holgersen
1902–1987	Friedrich Feld	
1905–1966		Alex Wedding
1906–1973		Hertha Pauli
1909–1979	Karl Hartl	
1909–2001	Ernst Gombrich [Abb. 3.21]	
1911–2001		Anna Maria Jokl

Die Aufzählung dieser Autorinnen und Autoren kann hier nur mit dem Hinweis verbunden werden, dass sich in dieser Szenerie zwei Phänomene abzeichnen,

- zum einen das der peripheren Genese, wobei darauf hinzuweisen ist, dass auch das biographische Moment der Immigration eine Rolle spielt, beiden gemeinsam die Entwurzelung, die Suche nach einer neuen Heimat und
- der Umstand, dass alle – außer Alma Johanna Koenig, die ins KZ deportiert wurde – zum Teil noch lange nach 1945 lebten und literarisch tätig waren, die meisten von ihnen dennoch in Vergessenheit gerieten.

Alma Johanna König war die Erste von ihnen, die mit ihrem jugendliterarischen Werk *Gudrun* hervortrat. Dann folgt Anfang bis Mitte der 1930er-Jahre eine Art Zusammenballung von Werken, die als Schlüsseltexte zu bezeichnen sind und denen die Sorge angesichts der faschistischen Bedrohung auch und gerade von Kindern und Jugendlichen gemeinsam ist. Der Antikriegsroman *Die Katrin wird Soldat* (1930) von Adrienne Thomas thematisiert noch den Ersten Weltkrieg aus der (autobiographischen) Sicht von Jugendlichen, aber auch die erneut spürbare Fanatisierung der Jugend in den frühen 1930er-Jahren. Sie fügt sich mit diesem Roman in die Reihe jener Autorinnen bzw. jener Mädchenbücher ein, die jenseits der Schonraumpädagogik ihrer Zeit und jenseits der restaurativen Tendenz der Nachkriegszeit heute wiederzuentdecken wären.

Vergleichbar damit ist der wenig später erschienene, ebenfalls autobiographische Roman von Helene Scheu-Riesz *Gretchen discovers Amerika*, der allerdings weder als Exilroman noch als Antikriegsroman bezeichnet werden kann, sondern als ein Versuch, den Konflikt zwischen erwachsener und heranwachsender Generation mit sehr eigenwilliger Bezugnahme auf die Psychoanalyse zu interpretieren. Das Erscheinen dieses Romans 1934 ist umso erstaunlicher, als die Ereignisse des Jahres 1933 – Hitlers Ernennung zum Reichskanzler, die Errichtung des Ständestaates und das Verbot der Sozialistischen Partei in Österreich – nicht einmal angedeutet werden. Ein solcher Roman – wenn auch nicht unbedingt für Jugendliche geschrieben, jedoch von einer sehr mit Kindheits- und Jugendfragen befassten Autorin drei Jahre nach Alex Weddings *Ede und Unku* – kann nur aus der europafernen Sicht der Autorin erklärt werden, die ihren Amerika-Aufenthalt nicht als Exil verstand.

Eine völlig andere Sicht Amerikas vermittelt Auguste Lazar mit *Sally Bleistift in Amerika* (1935), in dem Jahr, in dem auch zwei andere der hier genannten Autorinnen ihre großen jugendliterarischen Werke vorlegten: Hermynia Zur Mühlen mit ihrem antifaschistischen Mädchen-Adoleszenzroman *Unsere Töchter, die Nazinen*, [Abb. 3.22] der 1935 unter politisch erstaunlichen Umständen noch in Wien erscheinen konnte, und

3.21   3.22

Alma Holgersen mit dem in Leipzig erschienenen *Aufstand der Kinder* –
gewiss keine proletarische Kinderliteratur, jedoch eine religiöse Gesellschaftskritik und eine ganz besondere Facette kinderliterarischen Schreibens, die auch Gudrun Wilcke hervorhebt.

Die so genannte proletarische Kinder- und Jugendliteratur ist als anti-
faschistische Literatur ohne Zweifel die bedeutendste Gattung jener Periode
von der ersten bis in die zweite Nachkriegszeit. Man kann dabei von der
Dominanz einer Gattung sprechen, die andere Gattungen wie die des
Mädchenbuches, der Abenteuerliteratur, des Geschichtsromans, des Tier-
buches oder des Bilderbuches (Wedding) relativiert. Es zeichnet sich damit ein Phänomen ab, vergleichbar der Dominanz der Phantastischen Erzählung ab Mitte der 1950er- bzw. des Adoleszenzromans ab den 1970er-
Jahren. Insofern ließe sich auch von einem Paradigmenwechsel sprechen,
der ebenso bedeutsam ist wie jener der Nachkriegszeit. Man kann davon
ausgehen, dass die Entwicklung des Genres in dieser Zeit eine von der
Sorge um die Vereinnahmung von Kindheit und Jugend getragene Bewegung war, die Sorge einer Generation, die den Ersten Weltkrieg im
Kindheits- und Jugendalter erlebt hatte und sich in den intellektuellen
Bewegungen der Zeit – vor allem ab 1933 – generell an der Kritik nationa-
listischer Strömungen orientierte.

4.1 Entwurf einer genealogischen Poetik

Diesem letzten Kapitel gehen zwei Vorbemerkungen voraus, in denen das Gesamtkonzept auch als Einführung in eine genealogische Poetik zusammengefasst werden soll.

1. In den vorangehenden Kapiteln – Formenwandel, Interdisziplinarität und Geschichte – ging es jeweils nur mittelbar um die Literatur für Kinder und Jugendliche selbst bzw. wurde sie durch die verschiedenen Zugänge thematisiert. Diese Distanznahme ist im Rahmen einer wissenschaftlichen Annäherung unter verschiedenen Aspekten unabdingbar und notwendig. Denn insbesondere wenn es um das Genre Literatur für Kinder und Jugendliche geht, fällt es Studierenden erfahrungsgemäß schwer, sich einen theoretischen Standpunkt zu erarbeiten. Sobald dieses Genre nämlich als Gegenwartsliteratur wahrgenommen wird, wird es auch in der universitären Praxis zumeist als Metier gesehen, wodurch häufig persönliche, fast private Standpunkte produziert werden, wie sie in neun von zehn Einleitungen zu Seminar- und Diplomarbeiten direkt oder indirekt nachzulesen sind. Auch Lehrende sind – sofern sie sich überhaupt damit befassen – nicht gefeit vor einem eher persönlichen Zugang zu dem Genre. So bedarf es gern „legitimierender" Hinweise auf die eigene private Situation (wie Eltern- oder Großelternschaft), die die Auseinandersetzung mit dieser Literatur begründet.

Demgegenüber sollen im Folgenden – im Zusammenhang mit der Auseinandersetzung insbesondere mit Gegenwartsliteratur – einige Theorieansätze angeboten werden.

2. Diese Theorieansätze sollen die Konturen einer Periodisierung mit erweiterter und integrierender Berücksichtigung der Entwicklung in

Österreich nachzeichnen. Allerdings geht es dabei nicht um eine Weiterführung historischer Kontinuitäten bis zur unmittelbaren Gegenwart. Mit der Fokussierung auf Konturen in methodischer Hinsicht soll in diesem Abschnitt vielmehr die Vielfalt der gegenwärtigen Literatur für Kinder und Jugendliche vermittelt werden. Insofern handelt es sich um eine Weiterführung der beiden ersten Abschnitte der Einführung. Die dort ausgeführten Überlegungen zum Formenwandel einerseits und zur Intertextualität andrerseits sollen nun im Sinne einer genealogischen Poetik gebündelt werden.

Eine auf Genealogie bedachte Poetik hebt sich von der allgemeinen Poetik dadurch ab, dass sie Gattungen der Literatur für Kinder und Jugendliche primär in ihrer Adressierung an Heranwachsende betrachtet. Diese Adressierung, die etwa mit dem „impliziten Leser" (W. Iser) zum theoretischen Terminus geworden ist, ist jedoch nicht als Altersadressierung zu verstehen, wie das etwa bei Richard Bamberger der Fall war, der jedem Lesealter eine bestimmte Gattung zugeordnet hat (s. o.), sondern vielmehr als Ursache einer durch den Generationenwechsel bedingten Entwicklung der Gattungen. Unter dem Aspekt einer genealogischen Poetik erfolgen Gattungsentwicklungen in relativ kurzen Zeiträumen, und zwar schon von einer zur nächsten Kinder- oder Jugendgeneration, die das Lektüreangebot der ihr vorangehenden Generation bzw. das ihrer Eltern oder Großeltern nur mehr bedingt als das ihre betrachtet.

Bücher der so genannten Kinder- und Jugendliteratur haben eine verminderte Halbwertszeit. Von dieser Tatsache ist dann auszugehen, wenn die gegenwärtige Literatur für Kinder und Jugendliche als Metier verstanden wird. Während man die „Gegenwart" als Epoche in Literaturgeschichten nach wie vor mit 1945 beginnen lässt, erscheint es problematisch, die frühere Literatur für Kinder und Jugendliche der Großeltern- und Elterngeneration als Gegenwartsliteratur anzusehen, da jene Lektüre – abgesehen von wenigen Long- oder Bestsellern – heute für Kinder und Jugendliche nicht mehr aktuell ist und somit von ihnen nicht mehr rezipiert wird. In diesem Zusammenhang zeigt sich einmal mehr, dass die Literatur für Kinder und Jugendliche als Metier gänzlich anderen Distributionsbedingungen unterworfen ist als die allgemeine Literatur und insofern einen eigenen literarischen Sektor bildet.

Es erscheint angebracht, auch und gerade in diesem Metier von Gegenwartsliteratur zu sprechen und dabei den Horizont weiter zu stecken als bis zu den zuletzt vermerkten Neuerscheinungen in Fachzeitschriften oder bis zu den jeweils zuletzt vergebenen einschlägigen Literaturpreisen. Zwei temporale Parameter bieten sich dabei an, die aus heutiger Sicht auf einen Nenner zu bringen sind: Zum einen erscheint es sinnvoll, auch die frühen Titel der heute älteren und schon seit mehreren Kindergenerationen schreibenden Autorinnen und Autoren zur Gegenwartsliteratur zu zählen, auch wenn diese durch nachfolgende Werke an Attraktivität und Präsenz übertroffen werden. Ein Blick auf die Werdegänge von heute renommierten Autoren lässt erkennen, dass ihre literarischen Anfänge vorwiegend in die 1960er und -70er-Jahre fallen, d. h. auch in die Zeit des insbesondere bezüglich der Literatur für Kinder und Jugendliche einschneidenden Paradigmenwechsels nach 1968.

Auch hieran lässt sich noch einmal festmachen, dass die „Gegenwart" der Literatur für Kinder und Jugendliche mit diesem durch die Studentenrevolten bedingten Paradigmenwechsel begonnen hat, der vor allem Ausdruck eines genealogischen Umbruchs war. Selbstverständlich sind auch frühere Werke, die durch Tradierung über mehrere Generationen im Programm einzelner Verlage immer wieder neu aufgelegt wurden, der Gegenwartsliteratur zuzuordnen. In solchen Fällen kann man von Traditionstexten sprechen, wie auch immer sich diese Tradierung begründet, und nicht immer ist die literarische Qualität das Kriterium für solche Tradierungen. Mit dieser Zäsursetzung um 1970 sollte allerdings nicht jener Fehler wiederholt werden, der mit ähnlichen Periodisierungen in diesem Metier immer wieder unterläuft: Er besteht vor allem darin, das Metier als zeitlos zu betrachten, als wäre die jeweils neue Literaturpädagogik „richtig", die jeweils vorangehende hingegen „falsch".

Ebenso wie 1945 ist auch 1970 keine „Stunde null' Was sich nach dem Paradigmenwechsel entwickelt hat, hat vielfach sehr beachtliche Vorstufen zum einen bei den Autorinnen und Autoren, die den Krieg als Jugendliche oder schon junge Erwachsene erlebt haben und unmittelbar nach 1945 zu schreiben begannen, und zum anderen bei den nun einmal pauschal als „Frühwerk" bezeichneten Werken jener, deren literarischer Werdegang in den späten 1950er-Jahren begann und sich bis in die Gegenwart erstreckt.

4.2 Der „Würdigungspreis" als Spiegel der Gegenwartsliteratur

Der „Österreichische Würdigungspreis für Kinder- und Jugendliteratur" wurde seit 1980 in mehrjährigen Abständen zunächst nur an Autoren, später auch an Illustratoren und Übersetzer vergeben Den Preis kann ein Autor nur einmal und zwar für sein Gesamtwerk erhalten; die Intervalle der Vergabe sind, gemessen an jenen anderer Kinder- und Jugendbuchpreise, relativ groß und die Erstvergabe erfolgte erst 35 Jahre nach 1945. Somit hat die Würdigung zum einen eine zentrale Bedeutung und kann zum andern als Spiegel der Gegenwartsliteratur gesehen werden.

Als Erste erhielt Mira Lobe, geboren 1913, im Jahr 1980 diesen Preis, kurz nach Erscheinen ihres Werkes *Die Räuberbraut* Im Hinblick auf die zum Teil grotesken Reaktionen in der öffentlichen Diskussion mag der Eindruck entstehen, der Preis sei eigens für sie und wegen ihrer literarisch innovativen Schreibweise erfunden worden. Die Art und Weise, wie man in den Medien – ähnlich wie zwei Jahrzehnte zuvor auf den Roman *Schattennetz* von Käthe Recheis – auf Lobes *Räuberbraut* reagierte, erscheint aus heutiger Sicht wie der Reflex einer pädagogischen Gesinnungsautomatik, der zufolge jegliche Thematisierung von Zeitproblemen in der Kinderliteratur a priori schon verwerflich war.

Nach der Vergabe des Würdigungspreises an Mira Lobe, mit der indirekt auch diese reflexartige – und eben nicht reflektierte – Einstellung zu Kinderliteratur in die Schranken gewiesen wurde, folgte 1983 die Vergabe an Vera Ferra-Mikura, 1986 an Käthe Recheis, 1989 an Christine Nöstlinger, 1992 an Renate Welsh und 1995 an Lene Mayer-Skumanz. Alle diese Preisträgerinnen waren vor dem Zweiten Weltkrieg Geborene.

Ab 1996 wurde der Preis auch für Übersetzungen (Wolf Harranth, Senta Kapoun) und Illustrationen (Lisbeth Zwerger, Angelika Kaufmann) vergeben. Für ihr literarisches Schaffen wurden weiters Monika Pelz und Erwin Moser ausgezeichnet.

Die genannten Autorinnen und ihre jeweils ausgezeichneten Gesamtwerke sollen im Folgenden als für „Gegenwartsliteratur" beispielhaft herangezogen und näher betrachtet werden. Ihre Repräsentativität ergibt sich aus der umfassenden Würdigung sowie auch daraus, dass der zeitliche Rahmen rund 40 Jahre umspannt – ca. 1950 bis 1990 – und somit je 20 Jahre vor und nach dem Paradigmenwechsel einbezieht.

Mira Lobe (1913–1995)

Die Generation, die die ersten Kinderbücher von Mira Lobe gelesen hat, ist inzwischen schon im Großelternalter. 1951 erschien *Insu-Pu, die Insel der verlorenen Kinder*, ein frühes Werk, das hier jedoch u. a. deshalb erwähnt werden soll, weil es 2006 eine Neuauflage mit einem Nachwort von Claudia Lobe, Tochter der Autorin, erfuhr. Vermutlich war diese Neuauflage mitbedingt durch ein Mira Lobe-Symposion in Wien 2003, in dem durch etliche Beiträge grundlegend neue Aspekte zum Leben und Schaffen der Autorin zur Sprache kamen (Lexe/Seibert 2005).

Im Zusammenhang mit *Insu-Pu* ist auf William Goldings Roman *Lord of the Flies* zu verweisen, der 1954 erschien und frappante Ähnlichkeiten mit Mira Lobes Robinsonade aufweist, wiewohl nicht ohne markante Unterschiede insofern, als bei Golding der Versuch, einen demokratischen Kinderstaat aufzubauen, auf erschreckende Weise scheitert. Für *Insu-Pu* gibt es einen realen Hintergrund, der möglicherweise auch für Golding Anlass für seine Bearbeitung des Inselmotivs gewesen ist: 1940 wurde ein

Dampfer bombardiert, der englische
Kinder nach Kanada bringen sollte.
Nur wenige überlebten den Angriff
und trieben danach eine Woche lang
in einem Boot auf dem Meer, bis sie
schließlich von einem englischen Flug-
zeug gefunden und gerettet werden
konnten.

Als Mira Lobe 1995 im 82. Lebensjahr verstarb, hinterließ sie nicht nur
eines der umfangreichsten Werke der
österreichischen Kinder- und Jugendliteratur, sondern galt im In- und Ausland ohne Zweifel als die prominenteste Vertreterin eines literarischen
Sektors, der in diesen Jahrzehnten
auch und gerade in Österreich grundlegende Wandlungsprozesse in Gang

4.01

gesetzt hat. Aus den weit über 100 Titeln sind nicht wenige heute noch
mehreren Lesegenerationen als zeitlose Dokumente vertraut; sie bilden
damit einen unverrückbaren Bestand der für Kinder und Jugendliche verfassten österreichischen Gegenwartsliteratur. Aus ihren phantastischen
Werken sei *Die Omama im Apfelbaum* (1965) [Abb. 4.01] herausgehoben:
Mit dieser phantastischen Erzählung leistete Mira Lobe einen wahrhaft
bahnbrechenden Beitrag zu jener Gattung der Kinderliteratur, die jedenfalls in formaler Hinsicht den wohl nachhaltigsten Modernisierungsschub
der österreichischen Kinderliteratur mit sich brachte.

Ein weiteres wesentliches Charakteristikum von Mira Lobes Werk ist
der Sprachwitz, der Lobeschen Sprachphilosophie, die im Zusammenhang mit einer spezifisch österreichischen, auf Johann Nestroy zurückge-
henden Tradition zu interpretieren ist. Ihre Geschichten sind doppelbö-
dig, jedoch von einer Doppelbödigkeit, die Kinder durchschauen sollen.
Anstelle des Doppelsinns steht der Sprachwitz, statt Doppelsinn steht Wider-
sinn. Mit dem Begriff „Doppelsinn" ist eine Kategorie ins Spiel gebracht,
die gemeinhin als Inbegriff des modernen Kinderbuches gilt. Wenn hier
konstatiert wird, Mira Lobes Kinderbücher seien eben nicht doppelsinnig, wird ihnen damit ihre Modernität nicht abgesprochen. Vielmehr soll
darauf hingewiesen werden, dass die Autorin einen eigenen Weg einge-
schlagen hat, der in einer – im besten Sinne des Wortes – österreichischen
Tradition einer höchst anspruchsvollen und zugleich höchst unterhaltsa-
men Thematisierung von Sprache steht.

Zu einem geflügelten Wort ist Vera Ferra-Mikuras „Schachbrettvergleich" geworden, mit dem sie das Phänomen der phantastischen Kinderliteratur beschreibt. Sie sieht das Wesen dieser – von ihr Mitte der 1950er-Jahre in Österreich mit-kreierten – Gattung darin, dass der Boden der Geschichten wie ein Schachbrett angeordnet ist: mit einem realen und einem irrealen Anteil an Feldern. Damit hat sie die Aufmerksamkeit nachhaltig auf eine revolutionäre literarische Innovation gelenkt, die eine Fülle von Theorieansätzen nach sich zog, vor allem aber auch eine Fülle von phantastischen Erzählungen im gesamten deutschen Sprachraum (und darüber hinaus) zur Folge hatte. Bei näherer Betrachtung ist indes festzustellen, dass sich die österreichischen phantastischen Kindererzählungen von anderen, ebenfalls unter diesen Begriff subsumierten Werken – wie etwa Michael Endes Roman *Die unendliche Geschichte* (1979) – nicht unwesentlich unterscheiden, in erster Linie dadurch, dass der von Vera Ferra-Mikura entworfene Schachbrettvergleich in der österreichischen Literaturtradition tief verwurzelt ist und literarische Mischformen aus realistischen und märchenhaften bzw. magischen Elementen hervorgebracht hat. Immer wieder wurde und wird darauf hingewiesen, man finde Vera Ferra-Mikuras literarische Vorbilder unter den magischen Realisten des Prager Kreises – so etwa Gustav Meyrink, Franz Kafka oder Fritz von Herzmanovsky-Orlando.

Beim Versuch eines Überblicks über das Werk von Vera Ferra-Mikura ist davon auszugehen, dass sich die Motive in ihren Geschichten auf ein Kernmotiv zurückführen lassen, das mit dem der klassischen Kinderliteratur korrespondiert, allerdings in dessen Umkehrung. Während die Klassiker der Kinderliteratur – von *Alice im Wunderland* bis *Pippi Langstrumpf* – vom Motiv der Elternferne geprägt sind, ist für das Gesamtwerk von Vera Ferra-Mikura die Nähe zwischen den Generationen charakteristisch. Dieses Charakteristikum stellt sich in ihrem Werk in unterschiedlichen Varianten dar, die sich durch eine Gruppierung der Werke beschreiben lassen. Den jeweiligen Varianten gemeinsam ist, dass sie immer auf dasselbe Kernmotiv hinauslaufen, nämlich auf die Versöhnung zwischen den Generationen.

Wenn aus der hier nur angedeuteten literarischen Vielfalt nur ein Werk bzw. eine Figur übrigbleibt, die heute an sie erinnert, nämlich die Selbdritt-Figur aus *Stanisläuse* [Abb. 4.02], so ist das ernüchternd. Es ist dies jedoch auch ein symptomatischer Befund, der darauf verweist, dass die Gesetzlichkeiten der Kinderbuchwelt andere sind als in der sonstigen Literaturwelt. Überdauert ein Werk wie *Stanisläuse* entgegen dieser Gesetzlichkeiten doch, ist auch hier die Ursache vermutlich der skurrile Humor,

Gegenwart

4.02   4.03

mit dem die Autorin das Erbe der österreichischen Literaturtradition in
die Kinderliteratur hineinbringt.

Käthe Recheis (geb. 1928)

Eine nicht minder vielfältige Palette an Themen, Stoffen und Motiven
weist das seit 1961 angewachsene Werk der dritten Trägerin des Würdigungspreises auf.

Käthe Recheis ist Herausgeberin und Bearbeiterin von Märchen und
Sagen, Gespenster-, Spuk- und Kriminalgeschichten und schreibt realistische Umwelterzählungen, Phantastische Geschichten und Romane. Ein
besonderes Anliegen ist für sie die Auseinandersetzung mit bedrohten in-
digenen Völkern, die sie aus der bis in die zweite Hälfte des 20. Jahrhunderts nachwirkende Karl May-Romantik heraus zu einer realistischen Perspektive innerhalb dieser Gattung führt. Ein Beispiel dafür ist die Erzählung *Wo die Wölfe glücklich sind* [Abb. 4.03], in der sich schon 1979 die für
Käthe Recheis typische Symbiose der Themen Ökologie, Realität des Lebens
der Indianer-Völker und der symbolischen Figur des Wolfes ankündigt,
die dann in *Der weiße Wolf* und *Wolfsaga* zur großen Entfaltung des Motivs weitergeführt wird. Besonders hervorzuheben ist ihr Beitrag zum
zeitgeschichtlichen Roman, der in Kapitel 4.4.1 über Kriegskindheit ausführlicher behandelt werden soll.

Eine bislang ausstehende Gesamtdarstellung über das Werk von Käthe
Recheis soll 2009 im Gefolge eines Symposions, das anlässlich ihres 80. Ge-

burtstages am 27. 3. 2008 im Adalbert Stifter-Haus in Linz stattfand, in der Schriftenreihe der „Österreichischen Gesellschaft für Kinder- und Jugend-literaturforschung" erscheinen.

Christine Nöstlinger (geb. 1936)

Die vierte Würdigungspreisträgerin, die wohl den größten internationalen Bekanntheitsgrad aufweist, soll hier nur knapp dargestellt werden, weil auch auf sie ausführlicher im Kapitel „Kriegskindheit" zurückzukommen ist. Christine Nöstlinger betont selbst immer wieder ihre Herkunft aus dem Arbeitermilieu der Wiener Vorstadt. Nach dem Studium der Gebrauchsgraphik schrieb sie zunächst Artikel für Tageszeitungen, Magazine und den ORF. Ihr erstes Kinderbuch, *Die feuerrote Friederike*, das noch in die Phase der Phantastischen Erzählung fällt und das sie ursprünglich selbst illustriert hatte, erschien 1970. Seitdem weist sie eine große Produktivität in Bezug auf Bilder-, Kinder- und Jugendbücher auf, die sie in verschiedenen Verlagen in Österreich und Deutschland veröffentlichte und für die sie vielfach ausgezeichnet wurde, zuletzt mit der Hans-Christian Andersen-Medaille. Mit der erwähnten Phantastischen Erzählung und der nachfolgenden, *Wir pfeifen auf den Gurkenkönig* (1972) [Abb. 4.04], verbindet sie dieses Genre mit den Ideen der antiautoritären Erziehung nach 1968. Mit diesen sowie auch späteren Werken durchbricht sie pädagogische Tabus und findet dafür eine individuelle Kunstsprache, die nur vordergründig als Alltagssprache identifiziert werden kann. Eine Fülle von Selbstzeugnissen findet sich in dem Sammelband *Geplant habe ich gar nichts*, der 1996 anlässlich ihres 60. Geburtstages erschien. Darin ist u. a. auch eine intensive Beschäftigung mit den Werken von Alice Miller (um 1980) enthalten, die insofern nicht folgenlos blieb, als Christine Nöstlinger zu dem Schluss kam, dass man Kindern mit dem Rat, sich gegen alle Bevormundung zur Wehr zu setzen, nicht unbedingt Gutes tue. Man könnte hier ein Ende oder zumindest eine Relativierung ihrer bisherigen literarisch umgesetzten Überzeugungen sehen oder aber auch einen neuerlichen Paradigmenwechsel, der zumindest für diese Autorin zu einem Wechsel im Hinblick auf ihren Stil geführt hat.

Ein Beispiel für die nachfolgende Phase im Werk von Christine Nöstlinger ist der skurrile Roman *Nagle einen Pudding an die Wand* (1990), in dem zwei Familien aufeinandertreffen: zwei Elternpaare als Repräsentanten der 1968er-Generation, die ihr antiautoritäres Erziehungswerk in den Kindern fortgesetzt wissen wollen.

Ein Kulminationspunkt in der Auseinandersetzung mit dem Phantastischen und gleichzeitig ein singuläres literarisches Phänomen ist ihr Kinderroman *Hugo, das Kind in den besten Jahren* (1983) [Abb. 4.05], über den die

Gegenwart

4.04   4.05   4.06

Autorin selbst sagt, sie habe an keinem ihrer Werke so intensiv gearbeitet. Tatsächlich wird jeder erwachsene Leser des umfangreichen Romans einräumen, dass es sich zwar um ein äußerst komplexes und kunstvolles Werk handelt, das aber zugleich zu den von Kindern selbst kaum gelesenen Romanen der Gegenwartsliteratur zählt. Hier kommt wieder der Begriff „Kindheitsliteratur" zum Tragen, wobei es um die Thematisierung von Kindheit geht, allenfalls doppelsinnig in der Tarnung von Kindheitsadressierung, unübersehbar jedoch als literarische Botschaft über Kindheit an sich.

Renate Welsh (geb. 1935)

Die Veröffentlichung von Renate Welshs erstem Roman, *Der Enkel des Löwenjägers*, geht ins Jahr 1969 zurück. 1970 folgt *Ülkü, das fremde Mädchen*, worin sie die Probleme im Leben eines „Gastarbeiter"-Kindes aufzeigt. Das Gattungsspektrum wird zunehmend breiter: Bilderbücher, heitere Phantastische Erzählungen und Romane erscheinen, deren Thema vor allem die Identitätssuche junger Menschen in Krisen- und Konfliktsituationen ist – wie in *Zwischenwände* (1978) [Abb. 4.06] oder *Drachenflügel* (1988). Der Grundtenor bleibt das soziale Engagement. In zwei (herausragenden) Werken – *Johanna* (1979), ein kritischer Anti-Heimatroman, und *Dieda oder Das fremde Kind* (2002) – gestaltet Renate Welsh literarisch Kriegs- und Nachkriegszeiterfahrungen, wie noch zu zeigen sein wird. Vor allem in dem zuletzt genannten Roman kommt das erlebnishaft Authentische auch als Autobiographisches zum Ausdruck. Ihre intensive

Spracharbeit hat durchaus existentialistische Dimensionen, die besonders in der Innsbrucker Poetik-Vorlesung *Geschichten hinter den Geschichten* immer wieder deutlich werden und auch in ihren Schreibwerkstätten zur Geltung kommen. Eine weitere Stärke ist ihre akribische Recherchearbeit, die sie schon in ihrem Frühwerk *Der Staatsanwalt klagt an* (1975) unter Beweis stellte, nachdem sie fünf Wochen lang in das Wiener Jugendgericht fuhr und Protokolle über 14 Prozesse führte, sowie auch in *Constanze Mozart* (1990) und das *Lufthaus* (1994), worin sie die Geschichte ihrer Ahnin Pauline erzählt und wofür sie ein intensives Dokumentenstudium bis ins Jahr 1848 zurückführte.

Lene Mayer-Skumanz (geb. 1939)

Der Verdienst von Lene Mayer-Skumanz liegt – neben Veröffentlichungen von Erzählungen und Lyrik, Detektivgeschichten, Legenden sowie Bilderbüchern – im Schaffen einer neuen religiösen Kinderliteratur mit unaufdringlichen Botschaften. Eines der jüngeren Beispiele dafür ist *Die kleine Eule* [Abb. 4.07] In der Einleitung zu dem jüngst herausgegebenen Sammelband über die Autorin formuliert die Herausgeberin eine Charakteristik, die für Lene Mayer-Skumanz und auch generell für die Gegenwartsliteratur Gültigkeit hat:

> „Die Kinderliteratur der Gegenwart bezieht ihre spezifische Färbung zu einem guten Teil aus der konkreten Haltung ihrer AutorInnen, die sich längst nicht mehr von oben herab besserwisserisch, aber auch nicht länger in der Geste des emanzipatorisch Partnerschaftlichen manifestiert, sondern sich eng an der Seite der Kinder findet: die ihren Bedürfnissen, ihren Kränkungen und Verletzungen, ihren Krisen nachspürt – die Zumutungen des Lebens einfängt, die Kinder in der modernen, globalen Gesellschaft auf dem Weg zum Erwachsenwerden begegnen" (Cevela 2006, S. 9).

4.3 Mentalitätsgeschichtliche Spezifika in der österreichischen Kinder- und Jugendliteratur

Ebenso wie die immer wieder mehr oder minder subtil erörterte Frage der Eigenständigkeit einer österreichischen Literatur im großen Raum der deutschen Sprache gehört die Frage nach einem entsprechenden Literaturkanon zu den Standardthemen im Rahmen der österreichischen Germanistik. Beide Themen lassen sich auch auf die Literatur für Kinder und Jugendliche übertragen. Damit wird zugleich eine dritte Frage aufgeworfen: nämlich die nach der Literaturwürdigkeit von Kinder- und Jugendliteratur.

Gegenwart

In Deutschland beispielsweise steht der zuletzt genannte Aspekt inzwischen eindeutig weniger in Frage als in Österreich.

Ein Beleg dafür etwa ist die Präsenz von Autorinnen und Autoren von Literatur für Kinder und Jugendliche in allgemeinen Literaturlexika. Mit „Präsenz" ist ein Stichwort gegeben, das ein weites Feld dokumentierender Forschung eröffnet bis hin zur Untersuchung von Kinder- und Jugendbuchthemen in Forschung und Lehre an den deutschsprachigen Universitäten. Aus dem Jahr 1999 (!) liegt eine Auflistung aller einschlägigen 49 (!) universitären Institutionen in Deutschland vor, die sich permanent und in-

4.07

tensiv mit Kinder- und Jugendliteratur befassen (vgl. Otto Brunken 1999). Nimmt man diese Untersuchung und das darin aufscheinende Verhältnis zwischen Forschung und Lehre einerseits und der Quantität des kinder- und jugendliterarischen Schaffens andrerseits zum Maßstab, lässt sich feststellen, dass Österreich hinsichtlich der universitären Auseinandersetzung mit dem Thema im Hintertreffen liegt. Allerdings lässt sich die Situation nicht ohne weiteres vergleichen, weil bis 1999 Kinder- und Jugendliteratur als Gegenstand universitärer Forschung und Lehre in Österreich quasi nicht existierte.

In Deutschland gilt es seit dem Paradigmenwechsel als selbstverständlich, Kinder- und Jugendliteratur zu lehren. Seit den späten 1980er-Jahren gibt es an der Universität Frankfurt/M. Poetikvorlesungen bekannter Autorinnen und Autoren, die von dem Freundeskreis des Instituts für Jugendbuchforschung eingeladen werden. Reden von Peter Härtling, Benno Pludra, Paul Maar, Kirsten Boie oder Rafik Schami sind als Jahresgaben des Freundeskreises dokumentiert. In diesem Zusammenhang wurden auch Christine Nöstlinger (1992) und Käthe Recheis (1997) dorthin gebeten. So erfreulich es zu verzeichnen ist, dass Renate Welsh 1995 an der Universität Innsbruck zu einer Poetik-Vorlesung eingeladen wurde (Welsh 1995) und der rührige, heute nicht mehr bestehende Dachs-Verlag in Wien unter Hubert Hladej den schon erwähnten Sammelband *Geplant habe ich gar nichts* mit Reden und Aufsätzen von Christine Nöstlinger herausgegeben hat (Nöstlinger 1996), so täuscht dieses scheinbare Gleichgewicht mit der Präsenz österreichischer Autorinnen in Deutschland doch darüber hinweg, dass das Genre in Österreich nach wie vor um Anerkennung in Forschung und Lehre zu ringen hat.

Die universitäre Zurückhaltung in Österreich gegenüber dem Genre der Literatur für Kinder und Jugendliche hat mehrere Gründe, die nicht zuletzt darin liegen, dass es aufgrund der vergleichsweise starken Institutionalisierung als Genre gar nicht zur Kenntnis und als Metier einfach hingenommen wird. Ergiebiger als dieser Institutionalisierungsdiskurs, der aufgrund eines deutlichen Generationenwechsels eher der Vergangenheit angehört, ist es hingegen sinnvoll, literaturimmanente Vergleichsebenen in Bezug auf deutsche und österreichische Literatur für Kinder und Jugendliche zu finden und literarische Profile herauszuarbeiten, sich also weniger mit den Botschaften der Texte als mit den Texten selbst zu beschäftigen.

Wegbereitend für ein derartiges Profil war u. a. eine Vereinigung von Kinder- und Jugendliteraturschaffenden, die unter verschiedenen Namen firmierte und unter denen in den hier erörterten Zusammenhängen der 1968 gegründete „Wiener Autorenkreises" wohl der prominenteste und wichtigste ist. Alle im vorherigen Kapitel genannten Preisträgerinnen gehörten diesem Kreis an: Mira Lobe, Vera Ferra-Mikura, Käthe Recheis, Christine Nöstlinger, Renate Welsh und Lene Mayer-Skumanz, die als Lyrikerin ebenso geehrte Friedl Hofbauer, weiters Wilhelm Meissel und der früh verstorbene Ernst A. Ekker, Wolf Harranth, der als Übersetzer ausgezeichnet wurde, später auch die jüngere Monika Pelz (beide auch Würdigungspreisträger) und als einer der wenigen männlichen jüngeren Vertreter (das quantitative Ungleichgewicht zwischen Damen und Herren ist nur eine Erwähnung am Rande) der ebenfalls schon mehrfach ausgezeichnete Lyriker Georg Bydlinski. Die im „Wiener Autorenkreis" praktizierte sprachkritische und sprachspielerische Auseinandersetzung (vgl. *Das Sprachbastelbuch* 1975) spiegelt eine kinderliterarische Fortführung der oft zitierten literarischen Tradition wider, die mit besonderer österreichischer Ausprägung von Johann Nestroy und Karl Kraus initiiert, von Hugo von Hofmannsthal und Ludwig Wittgenstein ästhetisch und philosophisch weiterentwickelt wurde und bis in die Gegenwart reicht.

Kinderliteratur zum Gegenstand wissenschaftlicher Forschung zu erheben, steht bislang noch aus, wiewohl längst ausreichend Material dazu existiert. Vor allem könnte im Rahmen der germanistischen Disziplin endlich ein Profil des spezifisch Österreichischen insbesondere in der Kinderliteratur erarbeitet werden, das sich deutlich von dem der deutschen Kinderliteratur unterscheidet.

Um Gemeinsamkeiten zwischen den genannten Autorinnen und (wenigen) Autoren herauszuarbeiten, bieten sich mehrere Möglichkeiten an. Ein Grundproblem, das für die Literatur für Kinder und Jugendliche allgemein kennzeichnend ist, das jedoch eine besondere österreichische

Spielart aufweist, lässt sich in einem Begriffspaar zusammenfassen: Autorität und Identität. Es geht immer um Autoritätsfragen und um Identi-
tätsfragen, und es gibt gleichsam zwei Stilebenen, sich diesem Konflikt
zwischen Autorität und Identität bzw. (kindlich-jugendlicher) Identitätssuche gegen die (erwachsene) Attitüde der Autorität zu stellen:

(1) das Spiel mit der Autorität und

(2) die Auflehnung gegen falsche Autorität,

zwei thematische Schwerpunkte, die in der Folge auch als Anregung zu
weiterführenden Untersuchungen genannt werden sollen.

4.3.1 Spiel mit der Autorität

Spielen mit der Autorität geht in österreichischer Tradition auf die Figuren Hanswurst und Kasperl zurück. Diese Figuren unterscheiden sich von
den vermeintlich vergleichbaren Harlekin oder Pickelhering aus den
Nachbarländern und weisen auch in ihrem Fortleben spezifische natio-
nal- bzw. regionaltypische Ausprägungen auf. Ohne Zweifel gibt es in
Österreich eine besondere Tendenz zu Parodien und Travestien, wobei
eine Facette dieses komödiantischen Genres erneut das Spiel mit der
Sprache darstellt, wie es besonders im Wiener Volkstheater ausgeprägt
war. Solche Sprachspiele sind deutlich bei Mira Lobe, Vera Ferra-Mikura
und bei Christine Nöstlinger zu erkennen. Auch und gerade bei Nöstlinger
wird das vorgeblich Unernste eingesetzt, um das Ernste zu unterlaufen,
wobei dieses Spiel mit Sprache auch eine versöhnende Wirkung haben
kann, wenn der Ernst der Wirklichkeit durch das Infragestellen seiner
sprachlichen Repräsentation karikiert wird. Wenn hingegen Renate Welsh
meint, Sprachlosigkeit sei eines der schlimmsten Gefängnisse, die es überhaupt gibt, so ist damit die tragische Ebene der Verklammerung von Sprache und Wirklichkeit angesprochen. Sie mündet unter Umständen in die
rebellische Attitüde.

4.3.2 Auflehnung gegen falsche Autorität

Die Stilebene der Auflehnung ist vergleichbar mit der bzw. mündet letztlich in die Kritik der „schwarzen Pädagogik", die in anti-aufklärerischem
Sinne das Kind als ein Wesen betrachtet, das nur durch Zucht bzw. Züch-
tigung zur Vernunft gebracht werden kann. In diesem Zusammenhang ist
nochmals auf das an anderer Stelle erläuterte literaturgeschichtliche Phänomen der „peripheren Genese" zu verweisen: Die kinderliterarische Entwicklung in Österreich zeigt, dass Kinderliteratur seinen Autorinnen und
Autoren die Möglichkeit bietet – anders als im System der allgemeinen
literarischen Entwicklung –, gegen Autoritätsstrukturen anzuschreiben.

Dies lässt sich auch daran ablesen, dass faktisch alle die in diesem Zusammenhang bedeutenden Autoren – Charles Sealsfield, Adalbert Stifter, Marie von Ebner-Eschenbach, Franz Karl Ginzkey, Alois Sonnleitner, Franz Molnar und Felix Salten – aus den ehemaligen Kronländern Böhmen, Mähren und Ungarn immigriert sind und auf diese Weise gegen das von ihnen in den Erblanden bzw. in Wien vorgefundene Kindheitsbild und die damit verbundenen Autoritätsstrukturen angeschrieben haben. Es scheint kein Zufall zu sein, dass die Werke, die bis in die Gegenwart als Klassiker der österreichischen Kinderliteratur gelten (oder gelten könnten) und zumindest bis in die Nachkriegszeit auch von Kindern gelesen wurden, von Landsleuten des im heutigen Tschechien geborenen Adalbert Stifter wegbereitet und von Autoren aus den verschiedenen Kronländern fortgeschrieben wurden. So kann auch Mira Lobe – über Jahrzehnte die Doyenne der österreichischen Literatur für Kinder und Jugendliche, die, in Görlitz geboren, als Jüdin nach Israel emigrierte und erst in den 1950er-Jahren in Wien ansässig wurde – als ein weiteres Beispiel für diese periphere Genese gesehen werden.

4.3.3 Cross-over

Die Verflechtung der beiden genannten Tendenzen verweist auf einen Zusammenhang mit dem allgemeinen Literaturgeschehen in Österreich. Darin bestätigt sich die These von einer Art literarischer Mittelstellung der anspruchsvollen Werke aus dem Metier der so genannten Kinder- und Jugendliteratur, in der – wie schon bei Mira Lobes *Insupu* – die Trennung zwischen Kinder- und Jugendliteratur aufgehoben ist zugunsten einer berechtigten Einbettung in die allgemeine literarische Entwicklung. Dies spiegelt sich in Österreich nicht zuletzt darin wider, dass eine große Zahl von Autorinnen und Autoren der allgemeinen Literatur – wie Marlen Haushofer, H.C. Artmann, Barbara Frischmuth, Milo Dor, Friederike Mayröcker, Helmut Zenker, Felix Mitterer, Marianne Gruber, Peter Handke u. a. m. – kinderliterarische Werke verfassten.

4.4 Zwischen Paradigmenwechsel und Postmoderne

4.4.1 Kriegskindheit – ein genealogisches Thema

Wie bereits erwähnt, zeichnet sich in den Werken oben genannter Autorinnen, die mit dem Würdigungspreis ausgezeichnet wurden, ein gemeinsames Thema ab, das in der österreichischen Kinder- und Jugendliteratur seit den 1960er-Jahren zunehmend Verbreitung gefunden hat und mit

Gegenwart

dem Titel „Kriegskindheit" zusammenzufassen ist.

In der deutschsprachigen Literatur
bzw. in der Literatur aus dem Nach-
kriegsdeutschland gibt es dafür ein
markantes literarhistorisches Vorbild,
die Phase der „Trümmerliteratur".
Diese Phase ist in Deutschland und
Österreich mit sehr unterschiedlicher
Intensität und v. a. mit unterschiedlichen politischen Intentionen wirksam
geworden. Für jene Autorennamen, die
man mit dem Begriff Trümmerliteratur
verbindet – wie Heinrich Böll, Wolfgang Borchert, Erich Kästner oder
Wolfdietrich Schnurre – finden sich in
Österreich kaum vergleichbare Beispiele. Erwähnt sei am Rande, dass so-

4.08

wohl Kästner als auch Schnurre, beide Repräsentanten der Kinderliteratur, Mitglieder der „Gruppe 47" waren, während der österreichische Anteil an diesem Kollektiv der Literaturschaffenden bzw. an dieser Form des
literarischen Aufbruchs keinerlei Bezug zur Kinderliteratur hat. Die Trümmerliteratur bleibt in ihrer besonderen Ausprägung auf Deutschland beschränkt, und ihr Fortwirken weist im Bereich der zeitgeschichtlichen
und autobiographischen Kinder- und Jugendliteratur in Deutschland völlig andere Konturen auf als die zeitgenössische Literatur in Österreich.
Dabei spielt die Auffassung von der Opferrolle Österreichs, die bis zur
Unterzeichnung des Staatsvertrages 1955 vorherrschend war, eine entscheidende Rolle. Durch den darauf folgenden Abzug der Besatzungs-
mächte verfestigte sich der Eindruck einer Schuldlosigkeit.

Erst in den frühen 1960er-Jahren – als die „Gruppe 47" in bereits Auflösung begriffen war – entwickelte sich hierzulande eine eigene Tendenz,
die als autobiographisch bezeichnet werden kann. Auch lassen sich zu dieser Zeit die literarischen Anfänge des Antiheimatromans festmachen.
Man könnte in einem auf diese Zeit fokussierten Vergleich zwischen
Deutschland und Österreich davon ausgehen, dass in den genannten
Strömungen in Österreich aus anderer Perspektive aufgearbeitet wurde,
was in Deutschland fast eine Generation früher Thema der Trümmerliteratur war. Diese andere Perspektive wurde durch einen Roman initiiert,
dessen Erscheinen gewissermaßen als die Geburtsstunde der österreichischen Nachkriegsliteratur gilt: Ilse Aichingers *Die größere Hoffnung*
(1948) [Abb. 4.08]. Ilse Aichinger war zwar Mitglied der „Gruppe 47", je-

doch kann dieser Roman der Kategorie der Trümmerliteratur nicht direkt zugeordnet werden. Er bildet vielmehr den Beginn dessen, was als Kindheitsliteratur zu bezeichnen ist und damit einen anderen Genotyp einführt. Die Kindheitsperspektive, wie sie nach Ilse Aichinger auch von Ingeborg Bachmann und Marlen Haushofer eingenommen wurde, ist gleichsam als ein Gegenentwurf zur Trümmerliteratur in Deutschland zu verstehen.

Diese Entwicklungen sind als Hintergrund für eine erste Phase der autobiographischen Literatur über Kriegskindheit zu verstehen. Sie beginnt mit dem Kindheitsroman *Das Schattennetz* (1964) von Käthe Recheis und erstreckt sich bis zum Ende der 1970er-Jahre. Der dann folgende neue Ansatz ist mit *Johanna* von Renate Welsh 1980 zu datieren, der mit dem auf 1938 zurückblickenden Gedenkjahr 1988 einen v. a. auch quantitativen Höhepunkt hat und wieder mit Renate Welsh und ihrem Roman *Dieda oder Das fremde Kind* 2002 eine Zäsur erfährt.

Die hier erwähnten Werke, die zumindest in Österreich auf große Resonanz stießen, sollen als Beispiele dienen für eine Chronologie der autobiographischen Literatur, die in eine Frühphase (um 1964), eine Hochphase (um 1980) und eine Spätphase (1988) eingeteilt werden kann und aus der das speziellere Thema „Kriegskindheit" erwuchs. Erweitert man diese Argumentation um Beispiele aus der Literatur für Kinder und Jugendliche, wie dies in der Folge an einer Subgattung gezeigt werden soll, bewegt man sich methodisch auf dem Boden einer genealogischen Poetik.

4.4.2 Periodisierung im Sinne einer genealogischen Poetik

4.4.2.1 Frühphase

In der Poetikrede, die Käthe Recheis 1997 an der Universität Frankfurt/M. hielt und in der sie die wichtigsten ihrer Werke Revue passieren ließ, bezeichnete sie zwei darunter als autobiographisch: *Das Schattennetz* (1964) und (mehr als 20 Jahre später) *Lena. Unser Dorf und der Krieg* (1987). Insbesondere der Roman der 1964 noch nicht 40-jährigen, jedoch schon bekannten Autorin hat nach wie vor einen besonderen Stellenwert nicht nur im Œuvre selbst, das inzwischen an die hundert Titel umfasst, sondern auch im Kontext der jüngeren Kinderliteraturgeschichte in Österreich. Doch trotz wiederholter Betonung dieser Besonderheit widmete sich die Literaturwissenschaft dem Titel keineswegs in angemessener Weise.

Die Erwähnung beschränkt sich vornehmlich darauf, es handle sich um den ersten kinderliterarischen Beitrag zur österreichischen Vergangenheitsbewältigung, wobei hinzuzufügen ist, dass die Beiträge zur Vergangenheit im Österreich der frühen 1960er-Jahre auch in der allgemeinen Literatur noch nicht weit gediehen waren. Bezeichnend dafür ist die

Gegenwart

schockartige Wirkung des Einaktermonologs *Der Herr Karl* von Carl
Merz und Helmut Qualtinger aus dem Jahr 1961, eine Studie über einen
kleinbürgerlichen Raisonneur, der auf sein Leben zurückblickt und hinter
dessen Fassade der Gemütlichkeit ein abgründiger und faschistoider Op-
portunismus erkennbar wird, wie er im damaligen Gegenwartsbewusstsein
zwischen ängstlichem Verschweigen und unerschrockenem Verherrlichen
der Geschehnisse des Dritten Reiches Platz gegriffen hatte.

In diese Zeit fällt auch das Entstehen des Romans *Das Schattennetz*. Es
handelt sich um die Erlebnisse der 17-jährigen Käthe Recheis, die unmittelbar nach Kriegsende ihrem Vater, dem Arzt Hans Recheis, in einem nahezu
aussichtslosen Kampf um das Überleben von ehemaligen KZ-Häftlingen
unterstützend zur Seite stand. Der Vater wurde schließlich selbst Opfer
der grassierenden Fleckfieber-Epidemie. Die näheren Umstände gehen aus
den Ich-Erzählungen nicht genau hervor und lassen sich nur aus späteren
Berichten rekonstruieren: In den letzten Kriegswochen wurden ungari-
sche Juden, von Fleckfieber gezeichnet, über Mauthausen in das im März
1945 neu errichtete Waldlager Gunskirchen geschleppt. Nach der Befreiung wurden die vielfach todkranken Häftlinge mit amerikanischen Mili-
tärkrankenwagen nach Wels und in die umliegenden, eilig errichteten
Notspitäler gebracht. Eine dieser Stationen war ein Barackenlager bei
Hörsching, das von Hans Recheis geleitet wurde. Seine Versuche, den Da-
hinsiechenden zu helfen, scheiterten letztendlich daran, dass der amerika-
nische Kommandant, ein Jude, der im Zivilberuf Arzt war, jegliche Hilfe
und Unterstützung verweigerte.

Die Aufregung nach Erscheinen des Buches war – gemessen an der
eher marginalen Bedeutung, die die Kinderliteratur damals hatte – groß.
Walter Jambor, Vizepräsident des „Österreichischen Buchklubs der Jugend“
und konservativer Repräsentant des nach Proporzpraxis geführten Hauses,
kritisierte das Buch vehement, nicht zuletzt wegen der authentischen Figur
des jüdischen Arztes, der die Herausgabe der rettenden Medikamente für
die KZ-Häftlinge verweigerte – ein Umstand, dessen Schilderung Käthe
Recheis den Vorwurf des Antisemitismus einbrachte. Unterschwellig entsteht der Eindruck, Jambors Ablehnung des Buches war nur Ausdruck einer
grundsätzlichen Aversion gegenüber der Thematisierung von Kriegsver-
gangenheit in der Kinder- und Jugendliteratur. Auch Richard Bamberger,
Begründer und Präsident des „Österreichischen Buchklubs der Jugend“
und das sozialdemokratische Pendant Walter Jambors, urteilte in dieser
Zeit eher ablehnend (nachzulesen in seinem Standardwerk Jugendlektüre
in der Neuauflage von 1965).

Dass *Das Schattennetz* im Œuvre von Käthe Recheis einen singulären
Platz einnimmt, ist daran erkennbar, dass sich derartige biographische
Schilderungen mit der entsprechenden Authentizität in den über 20 Jahren

ihres Schaffensprozesses nicht wiederholte und sich auch nicht wiederholen konnte. Eine Reihe von Gattungen wäre zu nennen: Tiergeschichten, Phantastische Erzählungen, Sagen, Indianergeschichten, Gespensterge-schichten sowie eine Fülle von Werken aus diesen Gattungen, mit denen Käthe Recheis ihre Position als eine der wichtigsten Autorinnen des Kinder- und Jugendbuches in Österreich behauptete.

1975 erschien *London, 13. Juli*, worin ein 15-jähriges Mädchen im Jahr 1939 zwischen die Fronten des irischen Freiheitskampfes gerät – erstmals nach langer Zeit wieder ein historisches Thema, jedoch jenseits des per-sönlich Erlebten.

Erst 1987, 23 Jahre nach dem ersten Versuch einer literarischen Kind-heitsaufarbeitung, mit Ende 60, kehrte Käthe Recheis noch einmal in die eigene Kindheit zurück. In *Lena. Unser Dorf und der Krieg* schildert sie aus der Perspektive der 12-Jährigen am Beispiel eines kleinen Dorfes die Zeit der Blitzkriege, den Aufstieg und den Untergang des „Tausendjährigen Reiches". Sie selbst möchte ihren Roman nicht als autobiographisch ver-standen wissen, was sie in dem Nachwort zu dem umfangreichen Roman betont.

Dieser Roman kann mit Fug und Recht als zeitgeschichtlich gelesen werden. Er wird insbesondere auch der Gattung Roman gerecht durch die Fülle von Schicksalen, die hier ineinander verwoben sind und eindrucks-voll den Erkenntnisprozess eines 12-jährigen Mädchens in der NS-Zeit widerspiegeln. Überdies fließen sämtliche Erfahrungen der inzwischen versierten Kinder- und Jugendbuchautorin auf überzeugende Weise ein.

Friedl Hofbauer, die heute mit zu den prominentesten österrei-chischen Kinder- und Jugendliteratur-Autorinnen gehört, veröffentlichte im selben Jahr wie Käthe Recheis einen zeitgeschichtlichen Jugendroman: *Eine Liebe ohne Antwort* (1964). Sie schildert darin das Lebensgefühl Ju-gendlicher der ersten Nachkriegsgeneration. Dieser Roman folgte ihrer ersten Veröffentlichung überhaupt: *Der Schlüsselbund-Bund* (1962). Beide Werke sind jedoch in Vergessenheit geraten und stehen offenbar im Schat-ten von Friedl Hofbauers Lyrikbänden, begonnen mit der *Wippschaukel* (1966), für die sie 1999 den Staatspreis für Kinderlyrik erhielt. Auch ein zweiter Roman zur Zeitgeschichte wäre zu erwähnen, *Engel hinter dem Immergrün* (1981), mit dem sie etwa am Ende der hier so genannten Früh-phase steht.

1972 erschien die Anthologie *Der Eisstoß* [Abb. 4.09], herausgegeben von O. J. Tauschinski, zunächst in einer kleinen, der Öffentlichkeit nicht zu-gänglichen Auflage, 1983 in zweiter und zum 50. Jahrestag des 12. Februar 1934 (1984) in einer weiteren ergänzten Auflage, jeweils im Jungbrunnen Verlag. Die Anthologie ist aus mehreren Gründen ein Kristallisations-punkt in der neueren Geschichte der österreichischen Kinder- und Jugendliteratur. Signifikant ist, dass darin eine Reihe heute prominenter österreichischer Kinder- und Jugendliteratur-AutorInnen vertreten sind – wie Karl Bruckner, Vera Ferra-Mikura, Friedl Hofbauer, Mira Lobe, Willi Meissel und Käthe Recheis, neben AutorInnen der allgemeinen Literatur wie Milo Dor, Jeannie Ebner, Marlen Haushofer und Hilde Spiel. Insgesamt sind es 26 Erzählungen, die eine Homogenität der Autorschaft zur Geltung bringen, wie sie (auch von Seiten des Jungbrunnen Verlags gefördert) in der österreichischen Literatur der Nachkriegszeit noch völlig selbstverständlich war.

4.09

Mira Lobes und Käthe Recheis' Erzählungen vermitteln den Eindruck, eben nicht für Kinder oder Jugendliche verfasst worden zu sein, vielmehr handelt es sich um Begebenheiten, die die Grenzen des kinderliterarisch Zumutbaren überschreiten. Dabei tritt jedoch ein Phänomen in den Vordergrund, das einzigartig erscheint: Was Lobe oder Recheis hier literarisch erfassen, erweist sich als eine Relativierung ihres sonstigen literarischen Schaffens. Es ist eine Dechiffrierung dessen, was innerhalb der Grenzen der Kinder- und Jugendliteratur in dieser realistischen Weise nie gesagt wurde und nicht gesagt werden kann. Somit fungiert die Literatur dieser Autorinnen als Chiffre, sie wird zur Verschlüsselung, die ihre Ursache darin hat, dass das Schlimmste immer den Kindern angetan wurde und dass Kinder- und Jugendliteratur ihre Eigenart v. a. darin hat, dieses Wissen nicht zu verdrängen, sondern zu chiffrieren, unter der Oberfläche dieser Chiffren jedoch erkennbar zu machen.

Im Roman *Maikäfer flieg* (1980) schildert Christine Nöstlinger ein Stück Zeitgeschichte aus dem Leben im Wien der Nachkriegszeit aus der Sicht „kleiner Leute". Die liebevoll nachgezeichnete Begegnung mit dem Soldaten Cohn rückt gleichzeitig auch ein Stück Geschichte zurecht: Gezeichnet wird das Bild eines Angehörigen der russischen Besatzungsmacht, das dem damals gesellschaftlich „gepflegten", weitgehend negativen Erinnerungsbewusstsein widerspricht.

4.4.2.2 Hochphase

Neben dem schon erwähnten Roman *Lena. Unser Dorf und der Krieg* [Abb. 4.10] von Käthe Recheis ist die wohl meist beachtete Darstellung über die Zwischenkriegszeit Renate Welshs *Johanna* (1980) [Abb. 4.11], die dafür mit dem Deutschen Jugendbuchpreis ausgezeichnet wurde. Eine österreichische Prämierung bleibt diesem Buch trotz hervorragender Kritiken versagt. Gerade in dieser Nachzeichnung einer Lebensentwicklung wird sichtbar, mit welchem Tiefgang sich Welsh auf jene Themen einlässt, deren literarische Verarbeitung sie sich zum Ziel gesetzt hat. *Johanna* ist ein Entwicklungsroman sowie eine politisch-soziale Situationsbeschreibung der Zwischenkriegszeit gleichermaßen, darüber hinaus Dokument der Emanzipation einer jungen Frau von verschiedensten Abhängigkeiten – und somit Dokument der Identitätsfindung in besonderer Weise, aufgezeigt an einem Einzelschicksal und dennoch Spiegelbild der Willensstärke für viele Frauen jener Generation aus dieser sozialen Herkunft. Eine Literarisierung der Biographie verpflichtet zur Redlichkeit in der Darstellung sowohl der politischen als auch der persönlichen Ereignisse und Entwicklung. Für jugendliche Leser erfordert sie aber auch die Einbeziehung von Realitäten und Lebensbereichen, die bisher für eine Thematisierung in der Kinder- und Jugendliteratur als kaum geeignet galten.

4.4.2.3 Spätphase

Renate Welshs *In die Waagschale geworfen* ist eine Anthologie zum Gedenkjahr 1988 (zur Erinnerung an den 11. März 1938, als die Regierung Schuschnigg zurücktrat bzw. den 12. März 1938, als die deutschen Truppen nach Österreich einrückten). Es sind acht Berichte von WiderstandskämpferInnen unterschiedlichster Herkunft, die Bekannteste von ihnen die Schauspielerin Dorothea Neff, weiters einer Hausgehilfin, eines Priesters, eines kommunistischen Funktionärs, eines KZ-Häftlings und der 13-jährigen Tochter eines Salinenarbeiters.

Ähnlich wie Renate Welsh mit der Anthologie *In die Waagschale geworfen* gab Friedl Hofbauer im gleichen Jahr – und aus gleichem Anlass – zusammen mit dem Journalisten Herbert Riesz eine Anthologie heraus, in der sie sich als Autorin ebenfalls gänzlich zurücknimmt, die sich jedoch in einem wesentlichen Punkt unterscheidet. Es sind insgesamt 63 Beiträge, deren Verfasser anonym bleiben. In dem knappen, aber aufschlussreichen Vorwort erläutern die Herausgeber, dass sie die Beiträge in Gesprächen gesammelt und dabei viele neue Facetten dieser Zeit eingesammelt haben, dass es aber fast unmöglich gewesen sei, „Aussagen von überzeugten Nationalsozialisten zu bekommen." Anstelle dessen haben sie Zeitungsausschnitte der letzten Kriegswochen einbezogen sowie Dokumente vom Dokumentationszentrum der Österreichischen Widerstandsbewegung.

Gegenwart

4.10   4.11   4.12

Unter der Voraussetzung der „Namenlosigkeit" war es möglich, authentische Aussagen zu erhalten.

Sie bezeichnen ihre Sammlung im Vorwort als „kollektives Tagebuch"
und kreieren damit eine neue Gattung, die eine konsequente Weiterentwicklung des Themas bzw. der Gattung darstellt und trotz bzw. gerade
wegen des fragmentarischen Charakters eine Weiterführung dessen ist,
was mit dem Roman *Johanna* von Renate Welsh begonnen wurde.

Martin Auers *Küss die Hand, gute Nacht, die liebe Mutter soll gut schlafen!*
(1996) [Abb. 4.12] entstand letztlich aus einem Interview zwischen dem
Autor und seiner Mutter. Die Motivation für dieses Buch war Martin Auers
Neugierde, mehr über die Kindheit und Jugend seiner Mutter zu erfahren.
Er fragte – und sie erzählte in sehr persönlicher und unmittelbarer Weise,
geprägt vom Wiener Lokalkolorit, ohne ihre tiefsten Überzeugungen und
Empfindungen zu verschweigen. Dazwischen finden sich jeweils die Refle-
xionen des Sohnes. Ungeschönt übernimmt der Autor das auf Tonband
Aufgenommene, wodurch der Duktus gesprochener Sprache in all seinen
Eigenheiten und Brüchen in der schriftlichen Fassung beibehalten bleibt.
Entstanden ist so ein Buch, in dem einerseits die lieblose Kindheit in einem
Waisenhaus in den 1930er-Jahren und die entbehrungsreiche Jugend während des Krieges lebendig wird, andererseits eine Zeit porträtiert wird, die
von politischen Repressalien Andersdenkender, von Diktatur und (Aus-
tro-)Faschismus gekennzeichnet war.

In *Besuch aus der Vergangenheit* (1999) [Abb. 4.13] schildert Renate Welsh
die Begegnung der 14-jährigen Lena und ihrer Familie mit einer alten

Exilösterreicherin: die Konfrontation mit österreichischer Vergangenheit und Gegenwart. Die in Kanada lebende Jüdin Emma Greenburg und die Protagonistin Lena treffen sich vor der Wohnung, aus der Emma als 13-Jährige fliehen musste und in der Lena mit ihrer Familie nun wohnt. Unbefangen zeigt das Mädchen der Unbekannten ihr Zimmer, doch Lenas Mutter reagiert befremdet, und Lenas Großmutter ist mehr als unhöflich zu Frau Greenburg. Aus der wechselnden Perspektive der Frauen aus drei verschiedenen Generationen (Lena, ihre Mutter, die Großmutter) versucht die Autorin, die aktuelle Haltung und Meinung österreichischer (nicht-jüdischer) Menschen über die Judenverfolgung wiederzugeben. Für Lena scheint das vergleichsweise leicht zu sein: Sie hat das Tagebuch der Anne Frank gelesen, ist aber noch nie mit der jüdischen Kultur in Kontakt gekommen. Für ihre Mutter ist es anders: Seit zwei Jahren ist ihr Mann beruflich im Ausland – und erst am Ende des Buches erfährt man, dass er überraschenderweise nach Hause zurückkehrt. Da die Großmutter den Haushalt führt, ist die erwachsene Frau ständig der mütterlichen Kritik ausgesetzt, zusätzlich zum eigenen beruflichen Stress. Es gelingt ihr nicht, sich einzugestehen, dass die Verdrängung des Geschehenen ein furchtbarer Irrweg war, den ein Großteil der Bevölkerung gegangen ist. Es ist ihr nicht möglich einzusehen, dass es niemals normal sein kann, andere Menschen auszugrenzen, ihnen das Wohnrecht abzusprechen, Besitz wegzunehmen, sie zu verfolgen und zu ermorden.

Renate Welsh spricht in *Besuch aus der Vergangenheit* diverse aktuelle Themen an: internationale politische Konflikte wie den Balkankrieg und die NATO-Bombardements, innenpolitisch etwa die Waldheim-Affäre, individualpolitisch das Alleinerzieherinnenproblem mit z. B. damit einhergehenden Schulschwierigkeiten des Kindes u. v. a. m.

Was einerseits als Überfrachtung des Buches ausgelegt wurde, kann auch als Qualität gewertet werden, denn es handelt sich nicht um bloße Aneinanderreihungen, sondern um authentische Einbeziehung aus der Sicht einer Autorin, die ihr Können – auch was akribisches Recherchieren betrifft – mehrfach unter Beweis gestellt hat.

Mit ihrem großen Roman, *Dieda oder Das fremde Kind* (2002), hat Renate Welsh in der hier als Spätphase bezeichneten Periode des zeitgeschichtlichen Romans erneut deutlich gemacht, dass das zentrale Thema dieser Gattung die Kriegskindheit ist. Ihre Protagonistin ist ein vorpubertäres Mädchen, das bei der Stiefmutter aufwächst und den „unechten" Großvater hasst, ihren Namen verweigert und unterdrückt wird. Die Geburt einer Stiefschwester bringt die innere Wende und ein bedingtes Bekenntnis zur Familie mit sich. Der Roman hat in der Kritik großen Zuspruch erfahren, wurde spontan mit Preisen ausgezeichnet und ist gegenwärtig wohl eines der meistgelesenen Werke dieses Genres.

Damit ist nur eine der kinder- und jugend-literarischen Gattungen bzw. Themenstellungen aus österreichischer Sicht näher beleuchtet worden.

Deutlich sollte werden, dass dem Thema der Kriegskindheit ein besonderer Stellenwert zukommt, dass damit in der österreichischen Kinder- und Jugendliteratur gleichsam ein Thema zum Rang einer Gattung aufsteigen konnte und dass der autobiographische Kinderroman vielleicht als einer der prägendsten poetologischen Modernitätsschübe wahrzunehmen ist.

4.13

4.5 Kindheitsliteratur

Die im vorangehenden Unterkapitel ausführlicher erläuterte Auseinandersetzung mit dem Thema Kriegskindheit, das durch die qualitative und quantitative Intensität literarischer Bearbeitungen quasi zu einer Gattung geworden ist, ließe sich mit anderen Themen oder Gattungen in ähnlicher Weise nachvollziehen. Aus induktiver Sicht sollen dabei nochmals die wesentlichen Charakteristika zusammengefasst werden, wie sie als Modellvorstellung möglicherweise zu verallgemeinern wären. Als methodischer Gedanke steht dahinter die Vorstellung, dass die Literatur für Kinder und Jugendliche sehr intensiven und rapiden Wandlungsprozessen unterworfen ist und dass der dadurch bedingte Formenwandel, wie er im ersten Abschnitt in Bezug auf größere Zeithorizonte beschrieben wurde, sich auch für die so genannte „Gegenwartsliteratur" abzeichnet. Methodisch ist von der Überlegung auszugehen, dass die Entwicklung eines Themas bzw. einer Gattung in der Abfolge dieser drei Phasen auch den Zeitraum umfasst bzw. bis zum Beginn des Zeitraumes zurückreicht, den man noch als literarische Gegenwart in der Literatur für Kinder und Jugendliche bezeichnen kann.

• Die erste Phase des kinder- bzw. kindheitsliterarischen Themas, das zur Gattung werden kann, stellt sich als eine Ablöse von der allgemeinen Literatur dar. Die auf diese Weise sich von der allgemeinen Literatur merkbar emanzipierende Entwicklung – oft schon als kinderliterarische Innovation bezeichnet – ist meist noch nicht dezidiert kinderlite-

rarisch adressiert, sondern im Hinblick auf den „impliziten Leser"
kindheitsliterarisch gestaltet, d. h. es handelt sich darum, die Aufmerksamkeit des erwachsenen Lesers auf das Thema Kindheit zu lenken.
Aus den bisher genannten Beispielen sei nochmals auf den Roman
Anton Reiser von Karl Philipp Moritz verwiesen, oder, um ein neueres
Beispiel im Zusammenhang mit diesen Überlegungen zu nennen,
wäre der Roman *Die Kinder von Wien* (EA *Children of Vienna*, 1946, dt.
1974) von Robert Neumann zu erwähnen.

- In der zweiten Phase entwickelt sich aus dieser innovativen, an sich
  noch allgemeinliterarischen Kindheitsthematisierung im kinderliterarischen poetologischen System ein neues Genre der Kinderliteratur.
  Ein weiter zurückliegendes Beispiel mit besonderer österreichischer
  Ausprägung ist die Phantastische Erzählung, die – von Erica Lillegg
  und Vera Ferra-Mikura Mitte der 1950er-Jahre über Mira Lobe bis
  Christine Nöstlingers Erstling, *Die feuerroter Friederike* (1970) – heute
  nur mehr bedingt wahrgenommen wird, jedoch auch und gerade in der
  deutschen Theoriediskussion besondere Beachtung fand. Von besonderem Interesse bezüglich der Gegenüberstellung von deutschen und
  österreichischen Beispielen der Phantastischen Erzählung sind die
  Ausführungen von Gerhard Haas, dessen z. T. weit zurückreichende
  Aufsätze nunmehr in einem Sammelband (2003) vorliegen. (Zu Erica
  Lillegg s. a. Kaminski, in: Doderer 1988, 185; Mattenklott 1989, 40 u. a.;
  vgl. a. Seibert 2005, 192 ff.) Vor diesem Hintergrund ist es aus österreichischer Sicht mehr als befremdlich, einen wenn auch spannenden
  Artikel über die phantastische Kinder- (und Jugend-)Literatur auf
  Beispiele aus Deutschland zu beschränken – eine ziemliche (bzw. un-
  ziemliche) Verkennung der Gattung oder Gattungsentwicklung.
- Die dritte Phase kann sich als künstlerische Weiterführung dieser
  neuen Form sehen lassen, wie etwa bei Christine Nöstlinger mit dem
  Phantastischen Roman *Hugo, das Kind in den besten Jahren* (1983),
  kann aber auch ein Abdriften ins Epigonale mit einer Überladung an
  Stoffen, Themen und Motiven bewirken. Dabei sind oft Gattungsver-
  mengungen zu beobachten, wie etwa nach der Hochphase der phantastischen Erzählung eine Überlagerung dieses sehr spezifischen kinderliterarischen Genres durch Fantasy-Elemente, verbunden mit einem Ausufern in epische Breiten – wie bei Michael Ende oder Joanne
  K. Rowling, deren *Harry Potter* auch schon als Entwicklungsroman
  diskutiert wurde – eine noch durchaus optimistische Sicht auf diese
  andere Form einer unendlichen Geschichte (Lexe, 2003, S. 187–192).

Zusammenfassend lässt sich im Rahmen einer genealogischen Poetik und
mit Konzentration auf das Problem der Abgrenzung von Gegenwartsliteratur behaupten, dass Kinderliteratur sich sowohl als Genre wie auch als

Gegenwart

Metier zum einen selbstverständlich aus der Tradition dieses literarischen Sektors entwickelt, zum andern aber auch aus dem spezifischen Phänomen der Kindheitsliteratur, die als literarische Gattung noch nicht Gegenstand eines poetologischen Diskurses geworden ist. Dazu kommt, dass – ähnlich wie in der Jugendliteratur und in besonderer Weise in der Adoleszenzliteratur – Differenzen in der nationalen Repräsentation zu verzeichnen sind, was auch für die Kinderliteratur gilt. Beispiele für die Thematisierung von Kindheit in Form von Kindheitsliteratur finden sich in der österreichischen Literatur sehr zahlreich: von Ilse Aichingers *Die größere Hoffnung*, Ingeborg Bachmanns *Jugend in einer österreichischen Stadt*, Elias Canettis *Die Blendung* bis Joseph Zoderers *Das Glück beim Händewaschen* lässt sich das ganze Alphabet mit Namen der Autorinnen und Autoren füllen. Eine in diesem Zusammenhang weiterführende Dissertation, die auch als Buch erschienen ist, liegt von Monika Spielmann vor (siehe Literaturverzeichnis).

In Österreich zeichnet sich – nicht zufällig nach dem Paradigmenwechsel um 1970 – in der avantgardistischen Literatur ein Phänomen ab, das man als Antikinderliteratur bezeichnen kann. Sie ist von den Neuansätzen innerhalb der Kinderliteratur durch Negation von gattungsimmanenten Erzählformen als Infragestellung der Gattung insgesamt grundsätzlich zu unterscheiden. Paradigmen dafür sind die drei schon erwähnten Romane österreichischer Autorinnen: Elfriede Jelinek, *Michael, ein Jugendbuch für die Infantilgesellschaft* (1972), Barbara Frischmuth, *Die Klosterschule* (1978) sowie *Die amoralische Kinderklapper* (1985). Romane dieser Art erschließen offensichtlich ein Defizit der avantgardistischen Literatur, in der das Thema Kindheit weitgehend ausgeklammert war bzw. einer nach wie vor pädagogisierenden Kinderbuch-Szene überlassen wurde. Die Thematisierung von Kindheit ist als Stilprinzip in einer ganzen Reihe von Werken Elfriede Jelineks von ihren Anfängen bis zur Gegenwart zu verfolgen. Bereits in ihrer Romanparodie *wir sind lockvögel baby!* (1970) verwendet sie Heftchenromane, Comics, aber auch beliebte Kinderbücher als Sprachmaterial. *Michael. Ein Jugendbuch für die Infantilgesellschaft* ist im Übrigen auch eine Anspielung auf Joseph Goebbels faschistischen Entwicklungsroman *Michael. Ein deutsches Schicksal in Tagebuchblättern*. Romane wie *Die Liebhaberinnen* (1975) oder *Die Ausgesperrten* (1980) sind als besondere Varianten des Adoleszenzromans zu lesen.

Deutlicher als Elfriede Jelinek, die den Infantilismus der Kindermedienlandschaft, damit aber der Medien und der (un-)geistigen Landschaft schlechthin kritisiert, nimmt Barbara Frischmuth auf Zitate aus der Kinder- und Jugendliteratur als Versatzstücke Bezug. Ihre 1985 erschienene *Amoralische Kinderklapper* ist – mit Jelineks *Michael* vergleichbar – nicht ihrer sonstigen Erwachsenenliteratur zuzurechnen, jedoch auch außerhalb des Genres Kinder- oder Jugendliteratur gelegen, sowie außerhalb ihrer sonstigen Kinderliteratur. *Die Amoralische Kinderklapper* zitiert jedenfalls im Titel und auch in ihrem Motto die *Moralische Kinderklapper* des Johann Karl August Musäus: „Jedoch die treflichen Moralen sind bey der Jugend Nullen ohne Zahlen." Es handelt sich um die Geschichte eines Kindermädchens, die mit der Horde der ihm anvertrauten, ungebändigten Kinder nicht zurechtkommt. Die Namen der Kinder erinnern deutlich an Rudyard Kiplings *Dschungelbücher* bzw. an Heinrich Hoffmanns *Struwwelpeter*, weitere Passagen beinhalten ebenfalls postmoderne Anspielungen wie etwa Zitate in Anlehnung an Else Urys *Nesthäkchen* (vgl. Seibert 2005, 366 f).

Als Erklärung für die hier angedeuteten Unterschiede innerhalb nationaler Webmuster lässt sich einmal mehr auf die Dichotomie zwischen aufklärerischem und romantischem Kindheitsbild rekurrieren mit dem schon erläuterten Hinweis darauf, dass in der österreichischen Literaturgeschichte eben diese beiden Epochenbegriffe, wenn überhaupt, dann nur unter anderen Vorzeichen zu verstehen sind. Im Zusammenhang mit diesen beiden Kindheitsbildern ist zu konstatieren, dass sich in der neueren österreichischen Literatur seit geraumer Zeit eine ausgeprägte Kindheitsliteratur ausbildet, die den Mangel an aufklärerischer und romantischer Kindheitsdiskussion zu kompensieren versucht bzw. unbelastet davon ihre eigenen Kindheitsbilder entwickelt, was in dieser Form in Deutschland kaum anzutreffen ist.

Als besondere Form der Reflexion von Zeitfenstern, die seit Julia Kristeva und Michael Bachtin mit dem Begriff „Intertextualität" umschrieben wird, ist die zur literarischen Methode entwickelte Befassung mit der eigenen Kindheit zu verstehen. Sie wäre so zu erklären, dass auf der ontologischen Ebene von Literatur immer auch eine kindliche Ontologie miteingeschlossen ist. Im Allgemeinen bleibt diese Ebene der kindlichen Ontologie unerwähnt oder unbewusst, sie kann jedoch dort, wo sie reflektiert wird, auch zur literarischen Methode werden. Für die Thematisierung von Kindheit und von kindlicher Ontologie bieten sich eine Reihe von Möglichkeiten an:

- Gestaltung von Kindheitsfiguren
- Erwähnung der Kindheit der Protagonisten
- Wahl einschlägiger Gattungen wie Eulenspiegel, Märchen, Erziehungsroman, Schülerroman etc.
- Tagtraum oder Selbstgespräch als Modelle literarischen Erzählens
- Wahl einschlägiger Stoffe, Themen und Motive (vgl. E. Frenzel). Aus der Motivgeschichte von Elisabeth Frenzel sei insbesondere verwiesen auf das ausgesetzte Kind, das geraubte Kind, das untergeschobene Kind und das vertauschte Kind.

- Autobiographie von der so genannten autobiographischen Welle bis zum aktuellen Werk von Conny Hannes Meyer, *Ab heute singst du nicht mehr* (Wien, Molden 2006) mit dem Untertitel *Aufzeichnungen einer Kindheit*.

Die Behauptung, Kinderliteratur und Jugendliteratur seien als Fortschreibung von so genannter Kindheitsliteratur zu verstehen, erfährt ihre Grundlegung durch das folgende metapoetologische Theorem: Jeder Wahrnehmung einer Situation liegt eine eidetische Primärerfahrung zu Grunde, ein individuelles, außerliterarisches Ausgangsbild, das die Bedingung für die Möglichkeit ist, eine konkrete Situation abgehoben vom Kontinuum der Realitätserfahrung als eine in sich geschlossene und somit individuell apperzipierbare Erfahrung zu verstehen. Wenn dieses Herauslösen des konkreten Erlebens aus der Kontinuität zu seiner Isolation führt, stellt sich das Phänomen des Déjà-vu ein – und damit ein extremes Maß an Unsicherheit. Das andere Extrem der Unsicherheit wird durch die Hingabe an die Kontinuität des Erlebens hervorgerufen und durch das Absehen von den eidetischen Primärerfahrungen bewirkt. Dies führt zu einem Vortäuschen von Verstehen, das durch kommunikative Attitüden kompensiert werden muss. Der literarische Anspruch sowohl von Kinder- als auch von Jugend-, insbesondere aber von Kinderliteratur lässt sich daran messen, wie sehr sie sich diesen Unsicherheiten aussetzt und dabei von der bloßen Wiedergabe des Gewohnten absehen kann.

5.1 Bibliographie

5.1.1 Primärliteratur

Aichinger, Ilse: Die größere Hoffnung. [1948] S. Fischer, Frankfurt a. M. 1991.

Andersen, H.C.: Satiren. Bearbeitet und eingeleitet von Egon Friedell. Ed. Hölzel, Wien [1914].

Auer, Martin: Küss die Hand gute Nacht, die liebe Mutter soll gut schlafen. Verlag Kerle im Verlag Herder, Wien 1996.

Barrie, James M.: Peter Pan. Illustrationen von Horst Lemke. Hoch Verlag, Stuttgart/Wien 1992.

Bernhard, Thomas: Viktor Halbnarr. Ein Wintermärchen, in: Dichter erzählen Kindern. Hrsg. von Gertraud Middelhauve. dtv, München 1969.

Busch, Wilhelm: Humoristischer Hausschatz mit 1500 Bildern. Volksausgabe. 22. Aufl., Bassermann Verlag, München 1956.

Carroll, Lewis: Alice im Wunderland. Aus dem Englischen von Barbara Teutsch. Zeichnungen von John Tenniel. Cecilie Dressler Verlag, Hamburg 1989.

Cole, Brock: Celine oder Welche Farbe hat das Leben. Aus dem Englischen von Sybil Gräfin Schönfeldt. Hanser, München/Wien 1996.

Collodi, Carlo: Pinocchio. Aus dem Italienischen von Helga Legers. Umschlagillustrationen von Carlo Chiostri. Diogenes, Zürich 1978.

Coupland, Douglas: Generation X: Geschichten für eine immer schneller werdende Kultur. Goldmann, München 1991.

Dichter erzählen Kindern. Hrsg. von Gertraud Middelhauve. dtv, München 1969.

Dickens, Charles: David Copperfield. Ein Lebensschicksal. Mit 16 Bildern von H. K. Browne. Ueberreuter, Wien/Heidelberg 1962.

Dickens, Charles: Oliver Twist. Mit Zeichnungen der Erstausgabe von George Cruikshank. Buchgemeinschaft Donauland, Wien o. J.

Ebner-Eschenbach, Marie von: Ein Buch für die Jugend. Aus meinen Schriften. 4. Aufl., Verlag von Gebrüder Paetel, Berlin 1912.

Feld, Friedrich: Der Flug ins Karfunkelland. Eine fast wahre Geschichte voll seltsamer Abenteuer. Jungbrunnen, Wien [1948].

Ferra-Mikura, Vera: Die Mäuse der drei Stanisläuse. Bilder von Romulus Candea. 5. Aufl., Jungbrunnen, Wien 1986.

Ferra-Mikura, Vera: Unsere drei Stanisläuse. Jungbrunnen, Wien 1963.

Frischmuth, Barbara: Amoralische Kinderklapper. dtv, München 1989.

Frischmuth, Barbara: Die Schrift des Freundes. Residenz, Salzburg 1998.

Geiger, Arno: Es geht uns gut. Hanser, München/Wien 2005.

Geiger, Arno: Irrlichterloh. Hanser, München/Wien 1999.

Ginzkey, Franz Karl: Der Träumerhansl. Jungbrunnen, Wien 1952.

Gombrich, Ernst: Weltgeschichte von der Urzeit bis zur Gegenwart. Steyrermühl-Verlag, Wien/Leipzig, 1952.

Gruber, Marianne: Esras abenteuerliche Reise auf den blauen Planeten. Jugend und Volk, Wien 1992.

Gruber, Reinhard P.: Das Schaf. Residenz, Salzburg/Wien 1996.

Handke, Peter: Lucie im Wald mit den Dingsda. Suhrkamp, Frankfurt a. M. 1999.

Hauff, Wilhelm: Märchen. Mit 8 farbigen und 41 Tondruckbildern von Rolf Winkler. Thienemann, Stuttgart 1917.

Haushofer, Marlen: Brav sein ist schwer. 8. Aufl., Jugend und Volk, Wien 1979

Haushofer, Marlen: Das fünfte Jahr, in: Wir töten Stella und andere Erzählungen. dtv, München 1995, S. 7–53.

Hochgatterer, Paulus: Caretta caretta. Deuticke, Wien/München 1999.

Hochgatterer, Paulus: Über Raben. Deuticke, Wien/Frankfurt a. M. 2002.

Hoffmann, e.t.a.: Das fremde Kind, in: Kindermärchen, S. 148–204.

Hoffmann, e.t.a.: Nussknacker und Mausekönig, in: Kindermärchen, S. 67–148.

[Hoffmann, Heinrich:] Die Geschichte von den schwarzen Buben, in: Der Struwwelpeter. Otto Moravec, Wien o. J.

Jelinek, Elfriede: Die Liebhaberinnen. Rowohlt, Reinbek bei Hamburg 1986.

Jelinek, Elfriede: Michael, ein Jugendbuch für die Infantilgesellschaft. Rowohlt, Reinbek bei Hamburg 1972.

Jokl, Anna Maria: Die wirklichen Abenteuer des Basilius Knox. Illustr. von W. Jaruska. Globus, Wien 1948. Tschechische Ausgabe Prag 1957, Illustr. von Kamil Lhótak. Insel, Frankfurt a. M. 1997.

Kindermärchen von C. W. Contessa, Friedrich Baron de la Motte Fouqué
  und E.T.A. Hoffmann. Mit 12 Vignetten von E.T.A. Hoffmann. Hrsg.
  von Hans-Heino Ewers. Reclam, Stuttgart 1987.
Kofler, Werner: Guggile. Edition Falter im ÖBV, Wien 1991.
Köhlmeier, Michael: Der Tag, an dem Emilio Zanetti berühmt war. Deuticke,
  Wien/Frankfurt a. M. 2002.
Köhlmeier, Michael: Telemach. Piper, München/Zürich 1995.
Lagerlöf, Selma: Wunderbare Reise des kleinen Nils Holgersson mit den
  Wildgänsen. Ein Kinderbuch. Volksausgabe in zwei Bänden. Einzige
  berechtigte Übersetzung aus dem Schwedischen von Pauline Klaiber.
  Albert Langen, München o. J.
Lillegg, Erica: Feuerfreund. Thienemann, Stuttgart 1957.
Lillegg, Erica: Vevi. [1955] Obelisk, Wien 1969.
Lindgren, Astrid: Pippi Langstrumpf. Illustr. von Rolf Rettich. Bücher-
  gilde Gutenberg, Frankfurt a. M./Wien/Zürich 1970.
Lobe, Mira: Die Omama im Apfelbaum. Jungbrunnen, Wien 1965.
Lobe, Mira: Das Städtchen Drumherum. Jungbrunnen, Wien/München
  1970.
Lobe, Mira: Die Räuberbraut. Jugend und Volk, Wien 1974.
Mayer-Skumanz, Lene; Salvatore Sciascia [Illustr.]: Die kleine Eule. Tyrolia,
  Innsbruck/Wien 1998.
Mayröcker, Friederike: Ich, der Rabe und der Mond. Ein Kinderbuch zum
  Lesen und Weiterzeichnen. Mit Zeichnungen der Autorin. Droschl,
  Graz 1981.
Menasse, Robert: Schubumkehr. 4. Aufl., Residenz, Salzburg 1995.
Mitterer, Felix: Superhenne Hanna. J. F. Schreiber, Esslingen/Wien 1977.
Molnar, Franz: Die Jungen der Paulstraße. [1904] Ins Deutsche übertragen
  von Edmund Alkaly. Nachwort von György Sebestién. Styria, Graz/
  Wien/Köln 1978.
Nöstlinger, Christine: Hugo, das Kind in den besten Jahren. Phantastischer
  Roman. Beltz Gelberg, Weinheim/Basel 1983.
Nöstlinger, Christine: Rosa Riedl Schutzgespenst. Dachs Verlag, Wien 1998.
Nöstlinger, Christine: Wir pfeifen auf den Gurkenkönig. Beltz Gelberg,
  Weinheim/Basel 1972.
Plenzdorf, Ulrich: Die neuen Leiden des jungen W. Suhrkamp, Frankfurt
  a. M. 1976.
Recheis, Käthe: Das Schattennetz. Herder, Wien 1964. Neu unter dem Titel
  „Geh heim und vergiss alles", Herder, Wien 1980; dtv, München 1988.
Recheis, Käthe: Der weiße Wolf. Herder, Wien 1982.
Recheis, Käthe: Lena, unser Dorf und der Krieg. Herder, Wien 1987.
Recheis, Käthe; Alicia Sancha: Wo die Wölfe glücklich sind. Herder,
  Wien/Freiburg/Basel 1987.

Röggla, Kathrin: Abrauschen. Residenz, Salzburg/Wien 1997.

Rosegger, Peter: Als ich noch der Waldbauernbub war. L. Staackmann, Leipzig 1923.

Salinger, J. D.: Der Fänger im Roggen. Rowohlt, Reinbek bei Hamburg 1966.

Salten, Felix: Bambi. Eine Lebensgeschichte aus dem Walde. Ullstein, Berlin 1923.

Scheu-Riesz, Helene; Eugenie Hoffmann (Hrsg.): Konegens Kinderbücher. Konegens Jugendschriftenverlag, Wien/Leipzig 1910 ff.

Sealsfield, Charles: Tokeah der Häuptling. Breitschopf, Wien 1974.

Slupetzky, Stefan: Ein Ei im Getreide. Middelhauve, München 1999.

Slupetzky, Stefan: Pechleins Glück. Bitteböse Geschichten. Middelhauve, München 1999.

Sonnleitner, A. Th.: Die Hegerkinder von Aspern. Jugend und Volk, Wien 1923.

Sonnleitner, A. Th.: Die Höhlenkinder im Steinhaus. ⌐1931⌐ dtv, München 1976.

Sprachbastelbuch, Das: Bild und Schrift von Gerri Zotter. Jugend und Volk, Wien/München 1975.

Spyri, Johanna: Heidi. Eine Geschichte für Kinder und solche, die Kinder lieb haben. Reinhard Mohn, Gütersloh o. J.

Stifter, Adalbert: Bunte Steine: in: Stifter A.: Sämtliche Werke V. Hrsg. von Franz Egerer und Rudolf Raschner. Gerstenberg, Hildesheim 1972.

Tauschinski, Oskar Jan (Hrsg.): Der Eisstoß. Erzählungen aus den sieben verlorenen Jahren Österreichs. [EA 1972] 2. Aufl., Jungbrunnen, Wien/München 1983.

Torberg, Friedrich: Der Schüler Gerber. [EA 1930 bzw. 1954]. dtv, München 1977.

Welsh, Irving: Trainspotting. Goldmann, München 1996.

Welsh, Renate: Besuch aus der Vergangenheit. Obelisk, Wien 1999

Welsh, Renate: Dieda oder Das fremde Kind. Obelisk, Wien 2002.

Welsh, Renate: Johanna. Jugend und Volk, Wien 1979.

Welsh, Renate: Zwischenwände. Jungbrunnen, Wien/München 1978.

Zur Mühlen, Hermynia: Unsere Töchter die Nazinen [EA 1935]. Promedia, Wien 2000.

Zur Mühlen, Hermynia: Was Peterchens Freunde erzählen. Märchen. Globus, Wien 1946.

Ariés, Philippe: Geschichte der Kindheit. Mit einem Vorwort von Hartmut von Hentig. dtv, München 1978.

Baader, Meike Sophia: Die romantische Idee des Kindes und der Kindheit. Auf der Suche nach der verlorenen Unschuld. Neuwied 1996.

Bamberger, Richard: Jugendlektüre. Mit besonderer Berücksichtigung des Leseunterrichts und der Literaturerziehung. Wien 1955, 2. Aufl. 1965.

Baumgärtner, Alfred Clemens u. Heinrich Pleticha (Hrsg.): Kinder- und Jugendliteratur. Ein Lexikon [Loseblattsammlung]. Meitingen 1995 ff.

Benjamin, Walter: Alte Kinderbücher, in: ders.: Über Kinder, Jugend und Er-ziehung. Mit Abbildungen und Spielzeug aus der Sammlung Benjamin. Frankfurt a. M. 1982, S. 39–47.

Berne, Eric: Spiele der Erwachsenen. Psychologie der menschlichen Bezie-hungen. Reinbek bei Hamburg 1995.

Berg, Christa (Hrsg.): Kinderwelten. Frankfurt a. M. 1991.

Bohn, Volker: Deutsche Literatur seit 1945. Frankfurt a. M. 1993.

Culler, Jonathan: Dekonstruktion. Derrida und die poststrukturalistische Literaturtheorie. Hamburg 1999.

Dankert, Birgit: Klassiker – Bestseller – Lieblingsbuch, in: Informationen, S. 37–51

Daubert, Hannelore u. Ewers, Hans-Heino (Hrsg.): Veränderte Kindheit in der aktuellen Kinderliteratur. Braunschweig 1995.

Derrida, Jacques: Marx' Gespenster. Der Staat der Schuld, die Trauerarbeit und die neue Internationale. Frankfurt a. M. 1996.

Doderer, Klaus: Jugendliteratur heute. o. O. 1965.

Doderer, Klaus (Hrsg.): Ästhetik der Kinderliteratur. Plädoyers für ein poetisches Bewußtsein. Weinheim 1981.

Doderer, Klaus (Hrsg.): Zwischen Trümmern und Wohlstand. Literatur der Jugend 1945–1960. Weinheim/Basel 1988a.

Doderer, Klaus (Hrsg.): Walter Benjamin und die Kinderliteratur. Aspekte der Kinderkultur in den zwanziger Jahren. Weinheim/München 1988b.

Doderer, Klaus: Literarische Jugendkultur. Kulturelle und gesellschaftliche Aspekte der Kinder- und Jugendliteratur in Deutschland. Weinheim/ München 1992.

Erdheim, Mario: Die gesellschaftliche Produktion von Unbewußtheit. Frankfurt a. M. 1984.

Ewers, Hans-Heino: Kinder, die nicht erwachsen werden. Die Geniusgestalt des ewigen Kindes bei Goethe, Tieck, E.T.A. Hoffmann, J.M. Barrie, Ende und Nöstlinger, in: Kinderwelten. Kinder und Kindheit in der neueren Literatur. Festschrift für Klaus Doderer. Weinheim/Basel 1985, S. 42–70.

Ewers, Hans-Heino: Erzählkunst und Kinderliteratur. Walter Benjamins Theorie des Erzählens, in: Doderer 1988, S. 196–213.

Ewers, Hans-Heino, Maria Lypp, Ulrich Nassen (Hrsg.): Kinderliteratur und Moderne. Ästhetische Herausforderungen für die Kinderliteratur im 20. Jahrhundert. Weinheim/München 1990a.

Ewers, Hans-Heino: Das doppelsinnige Kinderbuch. Erwachsene als Mitleser und Leser von Kinderliteratur, in: Grenz 1990b, S. 15–24.

Ewers, Hans-Heino (Hrsg.): Jugendkultur im Adoleszenzroman. Jugendliteratur der 80er und 90er Jahre zwischen Moderne und Postmoderne. Weinheim/München 1994.

Ewers, Hans-Heino u. Ernst Seibert (Hrsg.): Geschichte der österreichischen Kinder- und Jugendliteratur vom 18. Jahrhundert bis zur Gegenwart. Wien 1997.

Ewers, Hans-Heino: Literatur für Kinder und Jugendliche. Eine Einführung. München 2000.

Ewers, Hans-Heino: Kinderliteraturhistorische Schlüsseltexte und kinderliterarischer Traditionskanon. Ein Diskussionsbeitrag, in: KJLF 06/07, S. 97–102.

Frenzel, Elisabeth: Motive der Weltliteratur. 2. verb. Aufl., Stuttgart 1980.

Frischmuth, Barbara: Traum der Literatur – Literatur des Traumes. Münchner Poetik-Vorlesungen. Salzburg/Wien 1991.

Fuchs, Sabine: Christine Nöstlinger. Eine Werkmonographie. Wien 2001.

Gansel, Carsten: Systemtheorie und Kinder- und Jugendliteraturforschung, in: Hans-Heino Ewers u. a. (Hrsg.): Kinder- und Jugendliteraturforschung 1994/95. Stuttgart/Weimar 1995, S. 25–42.

Genette, Gérard: Die Erzählung. München 1998.

Grenz, Dagmar (Hrsg.): Kinderliteratur – Literatur auch für Erwachsene? Zum Verhältnis von Kinderliteratur und Erwachsenenliteratur. München 1990.

Grenz, Dagmar: Jugendliteratur und Adoleszenzroman, in: Ewers 1990a, S. 197–213.

Groebner, Valentin: mundus inversus, in: Wiener Zeitung vom 20.2.1987.

Grotzer, Peter: Die zweite Geburt. Figuren des Jugendlichen in der Literatur des 20. Jahrhunderts. 2 Bände. Zürich 1991.

Haas, Gerhard: Die phantastische Erzählung [Lexikonartikel], in: Baumgärtner 1995 ff.

Habermas, Jürgen: Erkenntnis und Interesse. Mit einem neuen Nachwort. Frankfurt a. M. 1968. [zit. nach 3. Aufl., 1975].

Handbuch zur Kinder- und Jugendliteratur, Bd. 1: Vom Beginn des Buchdrucks bis 1750, hrsg. v. Theodor Brüggemann in Zusammenarbeit mit Otto Brunken. Stuttgart 1986; Bd. 2: Von 1570 bis 1750, hrsg. v. Theodor Brüggemann in Zusammenarbeit mit Otto Brunken. Stuttgart 1991;

Bd. 3: Von 1750 bis 1800, hrsg. v. Theodor Brüggemann in Zusammenarbeit mit Hans-Heino Ewers. Stuttgart 1982; Bd. 4: Von 1800 bis 1850, hrsg. v. Otto Brunken, Bettina Hurrelmann und Klaus-Ulrich Pech. Stuttgart 1997; [Bd. 5: Von 1850 bis 1900 (in Arbeit)].

Hazard, Paul: Kinder, Bücher und große Leute [1952]. Vorwort von Erich Kästner. Hamburg 1970.

Heller, Friedrich C.: Die bunte Welt. Handbuch zum künstlerisch illustrierten Kinderbuch in Wien 1890–1938. Wien 2008

Hermanni, Anneliese von: Adoleszenz und Identität als Romanthemen. Ein Beitrag zum besseren Verständnis eines jugendliterarischen Typus, in: Fundevogel. Kritisches Kinder-Medien-Magazin Nr. 4/5, 1984, S. 33–36.

Horkheimer, Max/Adorno, Theodor W.: Dialektik der Aufklärung. Philosophische Fragmente. Frankfurt a. M. 1969.

Hürlimann, Bettina: Europäische Kinderbücher in drei Jahrhunderten. Zürich 1959.

Hurrelmann, Bettina: Stand und Aussichten der historischen Kinder- und Jugendbuchforschung, in: Internationales Archiv für Sozialgeschichte der deutschen Literatur 17 (1992), H. 1, S. 104–142.

Hurrelmann, Bettina (Hrsg.): Klassiker der Kinder- und Jugendliteratur. Frankfurt a. M. 1995.

Informationen des Arbeitskreises für Jugendliteratur 1/1984. Frankfurter Jugendbuchkongress „Von Robinson bis Micky Maus". München 1984.

Internationales Institut für Jugendliteratur und Leseforschung (Hrsg.): Einführung in die Kinder- und Jugendliteratur der Gegenwart. Wien 1992.

Iser, Wolfgang: Der Akt des Lesens. 2. Aufl., München 1984.

Jolles, André: Einfache Formen. 4. unveränd. Aufl., Tübingen 1968.

Kaminski, Winfred: Kinder- und Jugendliteratur in der Zeit von 1945 bis 1960, in: Doderer 1988, S. 17–208.

Kaminski, Winfred: Einführung in die Kinder- und Jugendliteratur. Literarische Phantasie und gesellschaftliche Wirklichkeit. 2., korr. Aufl., Weinheim/München 1989

Keller, Johannes, Michael Mecklenburg u. Matthias Meyer (Hrsg.): Das Abenteuer der Genealogie: Vater-Sohn-Beziehungen im Mittelalter. Göttingen 2006.

Kinder- und Jugendliteraturforschung 2006/07. Mit einer Gesamtbibliographie der Veröffentlichungen des Jahres 2006. In Zusammenarbeit mit der Gesellschaft für Kinder- und Jugendliteraturforschung in Deutschland und der deutschsprachigen Schweiz, der Österreichischen Gesellschaft für Kinder- und Jugendliteraturforschung. Hrsg. vom Institut für Jugendbuchforschung der Johann Wolfgang Goethe-Universität

(Frankfurt a. M.) und der Staatsbibliothek Preußischer Kulturbesitz (Berlin), Kinder- und Jugendbuchabteilung unter der Verantwortung von Bernd Dolle-Weinkauff, Hans-Heino Ewers und Carola Pohlmann. Frankfurt a. M. u. a. 2007.

Klingberg, Göte: Die Gattungen des Kinder- und Jugendbuches, in: Wirkendes Wort 17, 1967, S. 329 ff.

Kümmerling-Meibauer, Bettina: Klassiker der Kinder- und Jugendliteratur. 2 Bände. Stuttgart 1999.

Lange, Günther: Taschenbuch der Kinder- und Jugendliteratur. 2 Bände. Baltmannsweiler 2000a.

Lange, Günther: Erwachsen werden: jugendliterarische Adoleszenzromane im Deutschunterricht; Grundlagen – Didaktik – Unterrichtsmodelle. Baltmannsweiler 2000b.

Leitner, Gerald u. Silke Rabus (Hrsg.): Kinder- und Jugendliteratur. Einführung – Strukturen – Vermittlung in Bibliotheken. Wien 1999.

Lexe, Heidi: Unendliche Weiten... Auf der Suche nach Spannungselementen in der Welt von Kinderbuchserien., in: 1000 & 1 Buch 6/1997, S. 15–30.

Lexe, Heidi: Pippi, Pan und Potter. Zur Motivkonstellation in den Klassikern der Kinderliteratur. Wien 2003. (= Kinder- und Jugendliteraturforschung in Österreich, Bd. 5)

Lypp, Maria: Einfachheit als Kategorie der Kinderliteratur. Frankfurt a. M. 1984.

Machreich, Wolfgang: mundus inversus, in: Die Furche Nr. 52–54 / 24.12.1998, S. 11.

Magris, Claudio: Der habsburgische Mythos in der österreichischen Literatur. Salzburg 1966.

Mattenklott, Gundel: Kinderliteratur – eine Reise ohne Ankunft?, in: 1000 & 1 Buch 4/1992, S. 4–13.

Mattenklott, Gundel: Zauberkreide. Kinderliteratur seit 1945. Frankfurt a. M. 1994.

Mause, Lloyd de: Hört ihr die Kinder weinen. Eine psychogenetische Geschichte der Kindheit. Frankfurt a. M. 1977.

Meißner, Wolfgang: Phantastik in der Kinder- und Jugendliteratur der Gegenwart. Theorie und exemplarische Analyse von Erzähltexten des Jahres 1983 und 1984. Würzburg 1989.

Monschein, Johanna: Kinder- und Jugendbücher der Aufklärung. Aus der Sammlung Kaiser Franz I. von Österreich in der Fideikommissbibliothek an der Österreichischen Nationalbibliothek. Salzburg/Wien 1994.

Nöstlinger, Christine: Geplant habe ich gar nichts. Aufsätze – Reden – Interviews. Wien 1996.

O'Sullivan, Emer: Gibt es eine Weltliteratur für Kinder? Internationalität der Kinder- und Jugendliteratur zwischen Mythos und Realität, in:

Kinder- und Jugendliteraturforschung 1996/97, hrsg. v. Hans-Heino Ewers u. a., Stuttgart/Weimar 1997, S. 86–104

Paukner, Gertrud: Die realistische Kindergeschichte und die Erzählung für junge Menschen, in: Internationales Institut 1992, S. 72–113.

Pellatz, Susanne: Körperbilder in Mädchenratgebern. Pubertätslektüre zur Zeit der Formierung bürgerlicher Kultur. Weinheim/München 1999.

Richter, Dieter: Pinocchio oder Vom Roman der Kindheit. Frankfurt a. M. 1996.

Schmidt-Dengler, Wendelin: Bruchlinien. Vorlesungen zur österreichischen Literatur 1945 bis 1990. Salzburg 1995a.

Schmidt-Dengler, Wendelin: Die Blumen des Bösen und der Baum der Erkenntnis, in: „Von denen, die auszogen und das Fürchten lernten“. Zum Bösen und Hässlichen in der Kinder- und Jugendliteratur. Ergebnisse der 30. Tagung des Internationalen Instituts für Jugendliteratur und Leseforschung. Wien 1995b, S. 5–26.

Seeber, Ursula (Hrsg.): Kleine Verbündete. Vertriebene österreichische Kinder- und Jugendliteratur. Wien 1998.

Seibert, Ernst: Jugendliteratur im Übergang vom Josefinismus zur Restauration, mit einem bibliographischen Anhang über die österreichische Kinder- und Jugendliteratur von 1770 bis 1830. Wien/Köln/Graz 1987.

Seibert, Ernst: Postromantisches Kindheitsbild und Klassiker der Kinderliteratur, in: Fundevogel. Kritisches Kinder-Medien-Magazin Nr. 132, 1999b, S. 5–31.

Seibert, Ernst: Kindheitsmuster in der österreichischen Gegenwartsliteratur. Zur Genealogie von Kindheit. Ein mentalitätsgeschichtlicher Diskurs im Umfeld von Kindheits- und Kinderliteratur. Frankfurt a. M. u. a. 2005.

Seibert, Ernst: „Sprachliche Narben“ – von Käthe Recheis zu Elisabeth Reichart, in: Gabriele von Glasenapp u. Gisela Wilkending (Hrsg.): Geschichte und Geschichten. Die Kinder- und Jugendliteratur und das kulturelle und politische Gedächtnis. Frankfurt a. M. u. a. 2005 (= Kinder- und Jugendkultur, -literatur und -medien Bd. 41), S. 199–211.

Seibert, Ernst: Kinderliteratur-Akzeptanz – der doppelte Boden des Kanons, in: KJLF 06/07, S. 103–108.

Seidler, Herbert: Die Dichtung. 2., überarb. Aufl. Stuttgart 1965.

Spielmann, Monika: Aus den Augen des Kindes. Die Kinderperspektive in deutschsprachigen Romanen seit 1945. Innsbruck 2002 (= Innsbrucker Beiträge zur Kulturwissenschaft. Germanistische Reihe Bd. 65).

Steinlein, Rüdiger: Kinder- und Jugendliteratur als Schöne Literatur. Gesammelte Aufsätze zu ihrer Geschichte und Ästhetik. Frankfurt a. M. u. a. 2004 (= Kinder- und Jugendkultur, -literatur und -medien 25)

Todorov, Tzvetan: Einführung in die phantastische Literatur. München 1972.

Weixelbaumer, Ingrid: „Wien ist anders" – Bekenntnisse einer Insiderin, in: Almanach zur österreichischen Kinderliteratur. Hrsg. v. der Katholischen Akademie (u. a.) Hamburg 1991, S. 71–74.

Welsh, Renate: Geschichten hinter den Geschichten. Innsbrucker Poetik-Vorlesung. Innsbruck 1995 (= Innsbrucker Beiträge zur Kulturwissenschaft. Germanistische Reihe. Sonderband).

Wilcke, Gudrun: Vergessene Jugendschriftsteller der Erich-Kästner-Generation. Frankfurt am Main u. a. 1999.

Wild, Reiner (Hrsg.): Geschichte der deutschen Kinder- und Jugendliteratur. Stuttgart 1990.

Wild, Reiner (Hrsg.): Gesellschaftliche Modernisierung und Kinder- und Jugendliteratur. St. Ingbert 1997.

Wilkending, Gisela: Der Widerspruch in der klassischen Kinder- und Jugendliteratur: Grenzüberschreitung und Erziehungsfunktion, in: Informationen 1984, S. 52–67

Wilkending, Gisela: Kinder- und Jugendbuch. Bamberg 1987

Zelewitz, Klaus: Jugend und Buch in den fünfziger Jahren in Österreich. Eine Tragödie, in: „Abgelegte Zeit"? Österreichische Literatur der fünfziger Jahre. Beiträge zum 9. Polnisch-Österreichischen Germanistenkolloquium Lodz 1990, hrsg. v. Hubert Lengauer (= Zirkular. Sondernummer 28, September 1992, Redaktion: Ursula Seeber).

5.2 Konkordanz

5.2.1 Verzeichnis der Illustrationen

1.01 Christine Nöstlinger: Geplant habe ich gar nichts (Titel). 23
1.02 E.T.A. Hoffmann: Nußknacker und Mausekönig, S. 66. 23
1.03 Adalbert Stifter: Bunte Steine. Titelblatt der ersten Aufl. 1853, Bd. II, gezeichnet von Ludwig Richter (sw S. 50 f.). 23
1.04 Lewis Carroll: Alice, S. 83. 25
1.05 Stefan Slupetzky: Ein Ei […] (Titel) 28
1.06 Stefan Slupetzky: Ein Ei […] (innen, unpag.) 28
1.07 Stefan Slupetzky: Ein Ei […] (innen, unpag.) 29
1.08 Heinrich Hoffmann: Die Geschichte von den schwarzen Buben, in: Der Struwwelpeter (unpag).   29
1.09 Stefan Slupetzky: Ein Ei […] (Schluss, unpag.) 31
1.10 Stefan Slupetzky: Ein Ei […] (Schluss, unpag.) 31
1.11 Paulus Hochgatterer: Caretta caretta (Titel). 37
1.12 Lewis Carroll: Alice, S. 23. 44
1.13 Carlo Collodi: Pinocchio (Titel). 44
1.14 Rudyard Kipling: Die Dschungelbücher. 44
1.15 James M. Barrie, Peter Pan (Titel). 45
1.16 Selma Lagerlöf: Nils Holgersson (Innentitel). 45

5.2.2 Verzeichnis der Schemata

Anhang

5.3.1 Personenregister

Anhang

5.3.2 Sachregister

Anhang